I Draghi

Opera pubblicata con il contributo del ministero francese della cultura - Centro nazionale del libro
Ouvrage publié avec l'aide du ministère français chargé de la culture - Centre national du livre

Traduzione dal francese di Marco Enrico Giacomelli

Titolo originale: *L'obsession anti-américaine. Son fonctionnement, ses causes, ses inconséquences*

© Plon, 2002

© 2004 Lindau s.r.l.
Via Bernardino Galliari 15 bis – 10125 Torino
tel. 011/669.39.10 – fax 011/669.39.29

Prima edizione: ottobre 2004
ISBN 88-7180-517-8

Jean-François Revel

L'OSSESSIONE ANTIAMERICANA

A Olivier Orban, istigatore di questo libro, in gratitudine e amicizia.

L'OSSESSIONE
ANTIAMERICANA

Capitolo primo

Esposizione dei motivi

Gli editori sono i migliori amici degli autori. Visto che da qualche tempo pubblicavo solo uno o due libri all'anno, il mio amico Olivier Orban aveva paura di vedermi sprofondare nell'apatia. Temeva gli effetti devastanti che l'ozio mi avrebbe causato. Così, calpestando la Dichiarazione universale dei diritti dell'uomo, che proibisce la tortura, nel 2000 mi suggerì di «festeggiare», se devo osare questa antifrasi, il trentesimo anniversario del mio libro *Né Cristo né Marx*[1], in parte consacrato agli Stati Uniti, tentando l'impresa di un secondo libro, che avrebbe costituito il seguito del primo e in cui avrei fatto il punto sull'evoluzione di quel paese dopo il 1970.

Di primo acchito l'idea non mi sembrò folle. Soprattutto fra il 1970 e 1990, in seguito un po' meno, avevo viaggiato molto spesso attraverso gli Stati Uniti. Talvolta vi avevo anche soggiornato a lungo. In particolare, credo di essere stato un attento osservatore dell'ampliamento del ruolo degli Stati Uniti nel mondo, visto sia da dentro che da fuori, dopo la scomparsa dell'Unione Sovietica e durante la lenta e incessante decomposizione del comunismo cinese. Inoltre, penso di essermi tenuto passabilmente al corrente, anche per mezzo della lettura, dei lavori e dei reportage consacrati sia all'evoluzione della società americana che alla metamorfosi delle relazioni internazionali, dopo il raggiungimento da parte degli Stati Uniti dell'inedito rango di prima e unica «superpotenza» mondiale, per impiegare il termine politologicamente corretto.

Cionondimeno, assai rapidamente fui portato a riconsiderare la mia reazione iniziale e a frenare l'entusiasmo con il quale avevo accettato il compito a cui mi aveva impegnato l'allegria comunicativa di Olivier. Man mano che il lavoro procedeva, o piuttosto non procedeva, l'impresa mi appariva di una difficoltà e di una complessità sempre più schiaccianti. Era sempre più arduo aprirmi un varco «à travers les épines et les ronces de la dialectique» («attraverso le spine e i rovi della dialettica»), come dice Taine, e soprattutto nel roveto dell'osservazione e della sintesi.

Prima di spiegarne la ragione, e per poterlo fare, chiedo al lettore il permesso di cominciare raccontando in quali circostanze e mosso da quali esperienze nel 1970 fui portato, direi quasi ispirato, a scrivere *Né Cristo né Marx*.

Fu un libro che, in mancanza di un aggettivo migliore, posso definire involontario o accidentale. Rileggendolo oggi, cosa che non facevo da una quindicina d'anni (allora si trattava di prepararne la riedizione nella collana Bouquins, nel 1986), riscoprendolo, sono colpito dal suo ritmo affannoso. È vero, l'avevo scritto di getto. Era stato un precipitato piuttosto che un'elaborazione. Anche la ragione per cui ebbe luogo il soggiorno negli Stati Uniti che servì da stimolo per il libro ebbe un carattere fortuito.

Nel 1969, il celeberrimo settimanale americano «Time» concepì il progetto di pubblicare un'edizione francese. La difficoltà consisteva nel trovare in francese l'equivalente dell'inglese sintetico, conciso, direi quasi compresso, quel succedersi di frasi brevi, senza prolissità né ridondanza, che caratterizza lo stile di «Time», il quale, dalla sua fondazione negli anni '20, è servito da modello ai giornalisti di numerosi periodici. Quello stile coniuga concisione e chiarezza, è più semplice da praticare in inglese piuttosto che in francese o in altre lingue latine. L'inglese giustappone, il francese subordina. L'inglese può frequentemente fare a meno di preposizioni fra le parole, cioè di congiungere e coordinare le frasi, mentre il francese, erede della sintassi latina, non potrebbe farne a meno. Per raccontare una *story*, il giornalista americano enuncia, quello latino disserta. I traduttori dall'inglese al francese lo sanno bene. La loro versione francese, quali che siano gli sforzi per restare fedeli al testo, è sempre più lunga dell'originale inglese.

Comunque, anche in francese ci si può approssimare alla densità della redazione giornalistica moderna, a patto di impegnarcisi. All'«Express», François Giroud ha fatto scuola, non solo nei propri articoli, ma anche riassumendo i suoi collaboratori più prolissi. Perché la concisione è particolarmente necessaria in una rivista di news, dove il posto è poco e al lettore non piace dover apprendere in dieci righe ciò che si sarebbe potuto dire in quattro, che si tratti di un reportage o di un editoriale, di fatti o di idee.

Conoscevo bene il caporedattore e i corrispondenti dell'ufficio di «Time» a Parigi, prima in qualità di colleghi, poi perché «Time» allora era l'azionario principale di Robert Laffont, del quale ero uno dei consulenti letterari. Apparentemente, giudicarono compatibile la fattura dei miei articoli sull'«Express» con la loro concezione di efficacia giornalistica, poiché suggerirono alla casa madre di chiedermi se avrei accettato di tentare l'esperienza di una trasposizione in francese dell'inglese di «Time». Mi dissero che sarei andato a stare qualche settimana a New York e mi sarei sforzato di ricomporre nella mia lingua materna qualche numero della rivista, secondo le norme richieste. Se il risultato si fosse rivelato convincente, i responsabili del celebre settimanale avrebbero allora dato seguito al progetto di un'edizione francese.

Tutto andò molto in fretta. I miei effimeri «datori di lavoro» mi avevano prenotato una camera in un hotel newyorchese. Avevo il visto e il biglietto aereo. Fu in quel momento tardivo che fui colto da un dubbio e tormentato da uno scrupolo improvviso: evidentemente, un «Time» in francese sarebbe stato chiamato a diventare il concorrente dell'«Express», al quale mi legava un contratto e profonde amicizie. Era dunque fuori questione accettare la proposta americana senza avere in anticipo l'autorizzazione dell'autore di La sfida americana [2], Jean-Jacques Servan-Schreiber, il mio direttore. Questi non esitò un attimo prima di esprimermi la sua netta opposizione alla mia partecipazione ai preparativi del progetto. Françoise Giroud, caporedattrice, naturalmente presente al nostro incontro, lo approvò vigorosamente e anch'ella mi spronò senza circonlocuzioni a ritirarmi immediatamente dall'operazione. Per me non fu questione di resistere un istante alle loro obiurgazioni, poiché i buoni rapporti e il mio lavoro all'«Express» mi erano molto più preziosi della divertente ma marginale ed eventuale avventura americana.

Mogio mogio, andai subito a trovare Prendergast, il capo dell'ufficio parigino di «Time», per comunicargli il veto dei miei capi e pregarlo di scusare la mia sbadataggine. Perché, gli dissi, avrei dovuto consultarli prima di accettare. Per colpa mia, avevo commesso una scorrettezza nei confronti suoi e dei suoi dirigenti a New York. Prendergast era un uomo cordiale e benevolo. Sebbene visibilmente contrariato, non mi mosse alcun rimprovero. Del resto, dopo questo episodio, non sentii mai più parlare del progetto di un «Time» francese, che restò nato-morto.

Ma, dopo qualche giorno, un'altra idea mi venne in mente, di nuovo con un certo ritardo. Poiché «L'Express» mi aveva obbligato, indubbiamente a buon diritto ma comunque obbligato, a desistere, il giornale mi doveva un compenso sotto forma di un viaggio negli Stati Uniti. Invitai Françoise Giroud a pranzo – da Taillevent, ricordo – e le esposi le mie aspettative in cambio di ciò che consideravo un giusto risarcimento. Non esitò nemmeno un attimo e, appena arrivata in ufficio, diede le istruzioni necessarie affinché mi preparassero tutti i biglietti aerei e gli anticipi sulle spese che avrei richiesto.

Non tornavo negli Stati Uniti dall'autunno del 1952, quando, rientrando dal Messico dopo tre anni di appartenenza alla missione universitaria francese, mi fermai a lungo a New York (come avevo fatto all'andata), prima di prendere il battello per Le Havre. Durante quei tre anni in Messico avevo avuto parecchie occasioni per andare negli Stati Uniti, soprattutto nel Sud naturalmente. Dal 1953 al 1969, durante gli anni che seguirono il mio ritorno, vivendo in Italia e poi in Francia, avevo percepito l'America e mi ero fatto un'opinione su di essa esclusivamente dall'Europa e attraverso la stampa europea. Vale a dire che questa opinione non poteva che essere cattiva. Per gli europei, allora, l'America era il maccartismo, l'esecuzione dei coniugi Rosenberg, sicuramente innocenti, era il razzismo, la guerra di Corea, che era finita proprio nel 1953, l'assoggettamento della stessa Europa – l'«occupazione americana in Francia», come dicevano Simone de Beauvoir o il partito comunista. Nel decennio seguente la guerra in Vietnam fornì la principale ragione per odiare gli Stati Uniti.

Dopo il crollo dell'Unione Sovietica, che comportò la liberazione dei suoi stati satellite in Europa centrale, dopo la fine della guerra fredda e del mondo bipolare, si racconta volentieri che «il grido universale di antiamericanismo» – *the universal shout of antiamericanism*, come dice Alexander Pope – deriva dal fatto che, in seguito a questi sconvolgimenti, gli Stati Uniti sono diventati l'unica superpotenza mondiale, o «iperpotenza», secondo il termine reso alla moda da un ministro degli esteri francese, Hubert Védrine. Questa interpretazione presuppone che la preponderanza americana sembrasse più giustificata in precedenza, in primo luogo perché era esercitata su un numero più ristretto di nazioni e inoltre perché rispondeva alla necessità di proteggere quelle stesse nazioni dall'imperialismo sovietico.

Nei paesi democratici, o almeno in alcuni di essi, una parte della popolazione, alcuni partiti politici e la maggioranza degli intellettuali aderivano al comunismo, o almeno sostenevano in qualche modo idee prossime al comunismo. Secondo loro, l'antiamericanismo era dunque razionale, poiché l'America si identificava col capitalismo, e il capitalismo col male. Certo, meno razionale era il fatto che, per tener fede alla loro credenza, quei comunisti e l'immenso gregge dei loro compagni tranguggiassero le menzogne più palesi e stupide in merito alla società o alla diplomazia americane e fuggissero accuratamente ogni informazione esatta sulla realtà dei sistemi comunisti. A dire il vero, l'antiamericanismo irrazionale e il rifiuto dell'informazione vera e verificabile sugli Stati Uniti e sui nemici della democrazia erano ancora più paradossali in quei settori dell'opinione pubblica occidentale, peraltro maggioritari, che temevano e rigettavano il comunismo. E tuttavia trionfavano, e ancora trionfano all'inizio del XXI secolo. Però l'antiamericanismo di destra e anche di estrema destra, tanto ciecamente passionale quanto differente nelle sue ragioni dall'antiamericanismo di sinistra, è una caratteristica soprattutto francese.

In Europa l'antiamericanismo di destra deriva dal fatto che il nostro continente ha perso, dopo il XV secolo, il ruolo di principale centro di iniziativa – e di conquista – del pianeta, di maggiore centro scientifico e di signore quasi assoluto dell'organizzazione politico-strategica e dell'attività economica mondiale. Talvolta un paese europeo, talvolta un altro, guidavano questa mondializzazione *ante litteram*, ma tutti bene o male vi partecipavano, simultaneamente o a turno. Oggi non solo l'Europa non è più in grado di agire da sola su scala mondiale, ma essa stessa – in misura diversa a seconda dei problemi, ma sempre in qualche misura – è posta nella scia del raggio d'azione degli Stati Uniti e costretta a ricorrere al loro aiuto. È in Francia che la perdita dello statuto, reale o immaginario, di grande potenza causa l'amarezza più acuta. Quanto all'antiamericanismo di estrema destra, ha come quello di estrema sinistra il proprio motore semplicemente nell'odio per la democrazia e per l'economia liberista che ne è alla base[3].

Nel corso degli anni '60, avevo cominciato a nutrire dei dubbi in merito alla fondatezza di questo antiamericanismo meccanicista, che denigrava alla rinfusa e *in toto* al contempo la politica estera americana, l'«imperialismo» – quello dei sovietici non era altro che filantropia – e la società americana nel suo funzionamento interno. Ma quando effettuai il viaggio di qualche settimana in America, all'inizio dell'inverno del 1969, che mi condusse dalla costa est a quella ovest, passando per un soggiorno a Chicago, fu lampante che tutto ciò che si raccontava in Europa su quel paese era falso. Laddove si dipingeva una società conformista, trovai invece una società agitata dall'effervescenza della «contestazione» e dalla messa in discussione di tutte le abitudini sociali e fondamentali della sua cultura. I francesi credevano, e tuttora credono, di essere stati gli inventori, nel maggio 1968, di quella contestazione che infiammava le università e le minoranze americane già da diversi anni. Non solo i contestatori americani avevano preso slancio ben prima dei francesi, ma i contestati, cioè i dirigenti e gli eletti, si comportavano in maniera molto più democratica. Inoltre, la contestazione americana, sebbene non esente da sciocchezze, conservò nondimeno la sua originalità, senza sforzarsi di copiare vecchi precedenti, mentre la contestazione europea perse rapidamente la sua freschezza per fondersi nella noia dei vecchi modelli ideologici, soprattutto il maoismo, attendendo di versare in un terrorismo sanguinario e ottuso, soprattutto in Germania e Italia. Fui anche colpito, nel 1969, negli Stati Uniti, dalla profondità dell'abisso che separava le nostre informazioni televisive – controllate dallo Stato, ampollose, verbose e monotone, votate alla versione ufficiale dell'attualità – dalle rutilanti, aggressive «Evening News» della Nbc o della Cbs, la cui vivacità tracimava di informazioni e immagini inattese, senza alcun riguardo né per le tare sociali o politiche dell'America né per la sua azione all'estero. Beninteso, la guerra in Vietnam costituiva il loro principale obiettivo. Allora era sempre più avversata, va detto, in settori sempre più vasti dell'opinione pubblica, e i media vi avevano contribuito non poco. Ed era questa che gli europei, dall'alto della loro ignara sicumera, descrivevano come una società di censori! Un'altra esperienza che mi sorprese, sono tentato di dire che mi sostenne, furono le conversazioni con tutto un ventaglio di americani: personalità politiche, giornalisti, uomini d'affari, professori universitari, repubblicani, democratici, liberali o radicali, semplici passanti o vicini di posto in aereo, numerosi studenti, pittori, cantanti, attori, impiegati e operai (*blue collars*). Laddove in Francia conoscevo in anticipo più o meno il discorso che ognuno di essi mi avrebbe fatto in funzione della sua categoria o famiglia socio-politico-intellettuale, quel che sentivo in America era molto più variegato e, assai spesso, imprevisto. In parole povere, significava che molti più americani che europei avevano quel che banalmente si chiama opinione personale – intelligente o stupida, è un'altra questione –, invece di limitarsi a ripetere l'opinione appresa nell'ambiente in cui erano cresciuti. In breve, l'America che scoprivo contrastava *in toto* con il quadro convenzionale che era costantemente proposto e accettato in Europa. Da questo choc fra l'immagine che portavo con me dalla Francia e la realtà che bruscamente si dispiegava sotto i miei occhi zampillò *Né Cristo né Marx*.

Anche senza lasciare la Francia, non era necessario un lavoro di sovrumana investigazione per dimostrare la falsità di alcuni argomenti particolarmente grossolani della vulgata antiamericana. Così, per quanto odiosi fossero stati il maccartismo e McCarthy, perché omettere di constatare che erano gli americani stessi, repubblicani in testa, ad aver screditato in meno di quattro anni l'ingombrante senatore? Inoltre, è un fatto che lo spionaggio sovietico permise a Mosca di guadagnare diversi anni nella costruzione della bomba atomica[4]. Oggi è stato abbondantemente confermato, e nel 1970 era già stato provato, che effettivamente i coniugi Rosenberg erano agenti del Komintern e che il loro ruolo fu dei più nefasti; o che Alger Hiss, uno dei collaboratori più vicini al presidente Franklin Roosevelt, specie alla conferenza di Yalta, lavorava anch'egli per i servizi dell'Est e informava Stalin. A lungo truccati da martiri dell'isteria anticomunista, questi e molti altri agenti hanno ormai trovato il posto adeguato nella storia, almeno agli occhi di coloro che rispettano la verità storica[5].

O ancora, per stupefacente che questa enormità possa apparire circa mezzo secolo più tardi, la propaganda sovietica, grazie ai numerosi relè di cui disponeva nel mondo «libero» (ma ingenuo), per anni era riuscita a far credere a milioni di persone, non tutte in cattiva fede, che era stata la Corea del Sud ad attaccare la Corea del Nord nel 1950, e non il contrario. Picasso stesso si era arruolato in questa coorte dell'inganno ideologico, dipingendo *Massacro in Corea*, nel quale un drappello di soldati americani apre il fuoco su un gruppo di donne e bambini nudi. Con ciò dimostrava che si può essere allo stesso tempo un genio pittorico e un lacchè morale. I cosiddetti massacri non potevano essere, beninteso, che quelli perpetrati dagli americani, poiché è noto che Stalin e Kim Il Sung da sempre ripugnavano per natura ogni atto che attentasse alla vita umana. Menziono solo per la memoria l'immensa fandonia della «guerra batteriologica» americana in Corea, inventata sul posto da un agente sovietico, il giornalista australiano Wilfred Burchett[6]. Pierre Daix, allora caporedattore del quotidiano comunista «Ce soir», nel 1976 ha raccontato, in *J'ai cru au matin*[7], come fu montata questa truffa giornalistica. Non stupisce che i comunisti l'abbiano montata, ma che all'epoca abbia goduto di un certo credito, fuori dai circoli comunisti, in paesi in cui la stampa era libera e semplice la possibilità di vagliare le informazioni. Il mistero dell'antiamericanismo non è la disinformazione – l'informazione sugli Stati Uniti è molto facile da procurare – ma la volontà di essere disinformati.

Dispiegando questo antiamericanismo, ispirato o piuttosto decuplicato nel 1969 dalla guerra in Vietnam, gli europei, e soprattutto i francesi in modo notevolmente più ingiustificato, dimenticavano o fingevano di dimenticare che la guerra americana in Vietnam era l'emanazione diretta dell'espansione coloniale europea in generale e della guerra francese di Indocina in particolare. Perché la Francia, ciecamente, aveva rifiutato ogni decolonizzazione dopo il 1945; perché si era sconsideratamente smarrita in una guerra lontana e interminabile, durante la quale d'altronde aveva innumerevoli volte implorato e talvolta ottenuto l'aiuto americano; perché la Francia, battuta a Dien Bien Phu, aveva dovuto firmare nel 1954 i disastrosi accordi di Ginevra, che consegnavano la metà settentrionale del Vietnam a un regime comunista, che rapidamente aveva violato quegli stessi accordi; dunque, indubbiamente è in seguito a un lungo succedersi di errori politici e di scacchi militari *della Francia* che più tardi gli Stati Uniti furono costretti a intervenire.

Si svolgeva così una sceneggiatura che si ritrova frequentemente alla base delle relazioni geostrategiche e psicologiche fra l'Europa e l'America. In un primo tempo, gli europei o un dato paese europeo supplicano un'America reticente di volare in loro soccorso, di divenire attori e, in generale, committenti e operatori di un intervento destinato a far scampare un pericolo che loro stessi hanno creato. In un secondo tempo, gli Stati Uniti vengono trasformati nell'unico istigatore di tutta la faccenda. Nondimeno, se quest'ultima volge al meglio, come nel caso della guerra fredda, non gli si è affatto riconoscenti. Al contrario, se volge al peggio, come nel caso della guerra in Vietnam, su di loro si concentra tutto lo sdegno.

In *Né Cristo né Marx* [8] avevo già avuto occasione di enumerare diversi esempi del carattere intrinsecamente contraddittorio dell'antiamericanismo passionale. Qui dovrò allungare la lista, poiché la mentalità è cambiata poco in trent'anni. Questa illogicità consiste nel rimproverare agli Stati Uniti di volta in volta o simultaneamente una cosa e il suo contrario. Questo è un segno probante che siamo in presenza non di un'analisi, bensì di un'ossessione. Gli esempi che ho menzionato, presi dal periodo degli anni '60, ma dei quali si possono facilmente trovare antenati ben anteriori e rampolli ben posteriori, rivelano un'abitudine profondamente radicata. Essa non si è affatto modificata oggi, l'ho appena detto, malgrado le lezioni che si potrebbero trarre dagli eventi dell'ultimo terzo del XX secolo, i quali non hanno precisamente dato torto agli Stati Uniti. Prima di trattarne più diffusamente, vorrei servirne come antipasto una delle manifestazioni più flagranti, poiché sopravviene nel momento in cui scrivo queste righe (all'inizio del settembre del 2001). Fino a circa il maggio del 2001, e da molti anni, la principale lagnanza formulata nei confronti dell'America era quella di «unilateralismo», proprio di una «iperpotenza» che si impicciava di tutto, credendosi il «gendarme del mondo». Poi, nel corso dell'estate del 2001, emerse che l'amministrazione di George W. Bush era meno incline delle precedenti a imporsi come soccorritore universale nelle crisi del pianeta, in particolare nella crisi israelo-palestinese, in via di allarmante aggravamento. Quindi il rimprovero verso gli Stati Uniti si mutò improvvisamente in quello di «isolazionismo», proprio di un grande paese che mancava a tutti i suoi doveri e si preoccupava, a costo di un mostruoso egocentrismo, dei suoi soli interessi nazionali... Con un'ammirevole illogicità, lo stesso astio ispirava la prima e la seconda requisitoria, sebbene fossero spettacolarmente antitetiche. Questa illogicità mi ricordò quella di un ragionamento del generale De Gaulle che, per spiegare nel 1966 il ritiro della Francia dal comando integrato della NATO, argomentò che, per due volte, nel 1914 e nel 1940, mentre la Francia si trovava in difficoltà, gli Stati Uniti avevano tardato a venirle in soccorso. Ora, appunto, a cosa serviva, nella sua stessa concezione, l'Organizzazione del Trattato dell'Atlantico del Nord (NATO), se non in funzione delle esperienze passate, a rendere automatico e immediato l'intervento militare americano (e quello degli altri firmatari) in caso di aggressione contro uno degli stati membri? La passione può accecare un grand'uomo al punto da fargli proferire delle enormità. Così, Alain Peyrefitte riporta in *C'était de Gaulle* [9] questa frase del generale: «Nel 1944 gli americani non si preoccupavano più di liberare la Francia di quanto i russi si preoccupassero di liberare la Polonia». Poiché è nota la maniera in cui i russi hanno trattato la Polonia, prima durante l'ultima fase delle operazioni della seconda guerra mondiale (ritardando l'avanzata dell'Armata rossa per lasciare ai tedeschi il tempo di massacrare gli abitanti di Varsavia), poi quando hanno satellizzato il paese, il lettore non può che essere allibito di fronte all'audacia di un simile paragone, stabilito da o a dispetto di una tale intelligenza.

Ma un terzo di secolo più tardi si è visto ben di peggio. Dopo la distruzione terroristica delle Twin Towers a Manhattan e di una parte del Pentagono a Washington, martedì 11 settembre 2001, rari furono i francesi che si rifiutarono di associarsi ai tre minuti di silenzio osservati in tutto il paese in omaggio alla memoria delle migliaia di morti. Fra i recalcitranti si trovarono i delegati e i militanti della CGT, alla festa dell'«Humanité» che ebbe luogo durante il weekend del 15 e 16 settembre [10]. Poi, durante il weekend seguente, venne il turno degli adepti del Fronte nazionale di Jean-Marie Le Pen, alla tradizionale festa del tricolore. Era la prima volta che la CGT disobbediva in maniera tanto pubblica al partito comunista! Dunque, si ritrovavano riuniti sotto la bandiera dell'antiamericanismo, nello stesso campo, aldilà dei rispettivi ritornelli ideologici e dell'apparente antagonismo, tutti gli xenofobi, i partigiani dei regimi retrogradi e repressivi, senza dimenticare i no global e gli pseudo-Verdi.

Nel campo dell'antiamericanismo, il picco della decadenza intellettuale – non menziono nemmeno l'ignominia morale, nei confronti della quale si è disincantati, parlo solo dell'incoerenza delle idee – è stato raggiunto nel settembre del 2001, dopo gli attentati contro le città di New York e Washington. Passato l'istante della prima emozione e delle condoglianze, spesso puramente formali, si iniziò a dipingere gli atti terroristici come una giusta replica al male che gli Stati Uniti farebbero nel mondo. Questa reazione fu dapprima quella della maggior parte dei paesi musulmani, ma anche di dirigenti e giornalisti di alcuni paesi dell'Africa subsahariana, non tutti a maggioranza musulmana. Si tratta dell'abituale scappatoia di società in cronico fallimento, che hanno completamente mancato l'evoluzione verso la democrazia e lo sviluppo, e che invece di ricercare la causa nella loro incompetenza e corruzione hanno l'abitudine di imputare il loro scacco all'Occidente in maniera generale e agli Stati Uniti in particolare. Ma, aldilà di questi classici dell'auto-accecamento volontario, la teoria della colpevolezza americana affiorò nel giro di qualche giorno anche sulla stampa europea, soprattutto francese naturalmente, presso gli intellettuali e qualche politico, non solo di sinistra ma anche di destra.

Non bisognava forse interrogarsi sulla cause profonde, sulle «radici» del male che aveva spinto i terroristi alla loro azione distruttrice? Gli Stati Uniti non avevano una parte di responsabilità nella loro disgrazia? Non si dovevano prendere in considerazione le sofferenze dei paesi poveri e il contrasto fra la loro miseria e l'opulenza americana?

Questa argomentazione non fu formulata unicamente nei paesi la cui popolazione esaltata dal jihād acclamò, sin dai primi giorni, la catastrofe di New York, ai suoi occhi un castigo ben meritato. Si aprì un varco anche nelle democrazie europee, dove, piuttosto rapidamente, si lasciò intendere qui e là che il dovere di piangere i morti non doveva negare il diritto di analizzare i motivi.

In questo caso si riconosce il ragionamento marxista rudimentale, ripreso dagli avversari della globalizzazione, secondo il quale i ricchi diventano sempre più ricchi e i poveri sempre più poveri, e secondo cui la ricchezza degli uni è la causa della povertà degli altri. Marx aveva creduto di poter predire che, nei paesi industrializzati che studiava, il capitale si sarebbe concentrato nelle mani di un gruppo sempre più ristretto di proprietari sempre più opulenti, che avrebbero fatto fronte a orde sempre più numerose di proletari sempre più miserabili.

Alla prova della storia, questa teoria si è rivelata falsa sia in merito alle relazioni fra classi sociali all'interno delle società sviluppate sia in merito alle relazioni fra le società sviluppate e le cosiddette società in via di sviluppo. Ma la falsità non ha mai impedito a una costruzione mentale di prosperare, quando è sostenuta dall'ideologia e protetta dall'ignoranza. L'errore sfugge ai fatti quando soddisfa un bisogno.

Un passo ulteriore in direzione della decadenza intellettuale che segnalavo fu rapidamente compiuto quando cominciarono a fiorire le dichiarazioni che intimavano agli Stati Uniti di non far scoppiare una guerra a causa della quale tutto il pianeta avrebbe sofferto. Così, dunque, alcuni fanatici suicidi, indottrinati, addestrati e finanziati da una potente e ricca organizzazione terroristica multinazionale assassinavano almeno tremila persone in un quarto d'ora in America ed era quella stessa America che diventava l'aggressore! Perché? Perché tentava di difendersi e di sradicare il terrorismo. Obnubilati dal loro odio e sprofondati nella loro illogicità, questi incoscienti dimenticavano inoltre che, così facendo, gli Stati Uniti lavoravano non solo nel loro interesse ma anche nel nostro, in quello degli europei, e in quello di molti altri paesi minacciati o già sovvertiti e disastrati dal terrore.

Così dunque, oggi come ieri e ieri come un tempo, un libro sugli Stati Uniti è in qualche modo condannato a essere un libro consacrato alla disinformazione sugli Stati Uniti. Compito temibile e interminabile, continuamente e invano ricominciato, poiché questa disinformazione non risulta da errori che sempre sono possibili, perdonabili e rettificabili, ma da un bisogno psicologico profondo, insito nei disinformatori e in quelli che credono loro. Il meccanismo della «menzogna sconcertante» [11] che avvolge l'America e del rifiuto di tutto ciò che potrebbe dissiparla evoca la menzogna simmetrica e generalizzata che dopo il 1917 giocava in senso inverso, non a detrimento, ma a favore dei paesi comunisti. Anche in quel caso, una specie di scacciamosche mentale allontanava ogni informazione esatta, almeno in coloro i quali, assai numerosi, si nutrivano politicamente dell'immagine falsificata e idealizzata del «socialismo reale».

Oltre alla contraddizione fra il ritratto degli Stati Uniti che tracciava la routine europea e quel che effettivamente era il paese che riscoprivo nel 1969 – contrasto tanto più sorprendente poiché il paese era scosso da una metamorfosi accelerata –, identificai ciò che credetti di poter battezzare una rivoluzione.

Questo termine può prestarsi a una contestazione. Spesso con rivoluzione si intende, in senso stretto e tecnico, il rimpiazzamento di un regime politico con un altro, generalmente per mezzo di un colpo di stato violento, accompagnato da insurrezioni e seguito da proscrizioni, epurazioni, arresti, eventualmente esecuzioni. Ma ciò significa confondere il soggetto con lo sfondo. Molte «rivoluzioni» conformi a questo schema scolastico sono nei fatti sfociate in regressioni e dittature. A più riprese precisai, in *Né Cristo né Marx*, che per rivoluzione americana intendevo non tanto un epifenomeno politico sulle sommità visibili del potere, quanto una serie di trasformazioni che sopravvenivano spontaneamente nelle viscere della società. Quelle radicali trasformazioni erano nate, cresciute e proseguivano indipendentemente dalle alternanze di maggioranza che già si erano date o ancora si sarebbero date sul piano federale. Si può cambiare regime senza cambiare società, e si può cambiare società senza cambiare regime. Il Free Movement americano sorse e perseverò tanto sotto presidenze democratiche quanto sotto presidenze repubblicane. Non è mai ricaduto, come le sue repliche europee, o l'ha fatto molto raramente, nelle arretrate ideologie del XIX secolo e nelle costrizioni teoriche delle pseudorivoluzioni marxiste del XX. Chi dice rivoluzione, sostenevo, dice per definizione evento che non ha ancora mai avuto luogo, che sopravviene per vie diverse dai canali storici noti. Chi dice rivoluzione parla di ciò che non si può né pensare né percepire servendosi di vecchi concetti. Per me era evidente: la rivoluzione autentica non era a Cuba, ma in California. Questa evidenza colpì nello stesso momento anche Edgar Morin, e se ne fece narratore nel suo *Diario di California* [12], senza che ci fossimo mai lontanamente messi d'accordo. Abbiamo giusto scambiato qualche idea in merito dopo la pubblicazione delle rispettive opere, avendo constatato la convergenza delle nostre impressioni.

La controprova alla quale avevo proceduto, quel confronto brutale fra ciò che si ripeteva ovunque sugli Stati Uniti e ciò che vi si vedeva quando si acconsentiva a osservarli sul posto, nella loro vita reale, mi ispirò dunque un processo verbale che apparentemente toccò una corda sensibile in numerose persone nel mondo. *Né Cristo né Marx* fu un successo editoriale in Francia e, nella traduzione inglese, negli Stati Uniti. Un successo che decollò da solo in modo prodigioso, prima di ogni recensione, e proseguì malgrado le riserve e spesso le critiche ostili. Il libro fu tradotto in una ventina di lingue. Questo maremoto metteva in luce il divario fra il desiderio di sapere delle «maggioranze silenziose» e la volontà di ignorare dei poteri intellettuali, dei signori dell'informazione, non solo nei paesi sotto dichiarata influenza comunista, come la Francia, l'Italia o la Grecia, ma anche nei paesi socialdemocratici, che di principio si opponevano al totalitarismo ed erano legati alla verità, per esempio la Svezia. Il mio editore svedese, un amante della bella vita e ghiotto di gamberi, mi invitò a Stoccolma per il lancio del libro. Ma non riuscì a ottenere nemmeno un passaggio televisivo, cosa che comunque non ostacolò affatto le vendite. In Finlandia fui messo a confronto con due delegazioni di quadri intellettual-comunisti psico-rigidi, una proveniente dalla Romania, l'altra dalla Polonia. Fu lo scrittore tedesco Hans Magnus Enzensberger ad aiutarmi caritatevolmente per tentare di mantenere il dibattito a un livello decente, benché i suoi tentativi fossero critiche violente dell'«imperialismo» americano. L'editore greco spinse il suo masochismo fino a scrivere egli stesso (senza consultarmi né avvisarmi, fra l'altro) una prefazione in cui chiedeva perdono ai suoi compatrioti per aver fatto tradurre e pubblicare nella loro lingua una tale trama di errori e imbecillità. Mi trattò da settario quando protestai timidamente contro questo tipo di comportamento. «Il Corriere della Sera», pur onorandomi con un'approvazione misurata, fece il resoconto dello scalpore indignato suscitato in Francia e in Italia dalla mia tesi così oltraggiosamente controcorrente. Il mio traduttore italiano disseminò la sua versione di note, condannando le mie idee. Mi divertii a complimentarmi con lui in un articolo che intitolai *Il traduttore bollente*. A giudicare dal successo internazionale del mio libro, si deve comunque credere che talvolta certi attacchi sono redatti in maniera tale che, lungi dal mettere in fuga il lettore, hanno al contrario il pregio di pungolare la sua curiosità. Si dice che convulsioni di questo genere non avrebbero luogo se l'autore, almeno su qualche punto, non cogliesse nel segno e non portasse i critici più al panico che a un ragionamento.

La sinistra aveva visto giusto: in quel libro si trattava più della lotta del secolo fra socialismo e liberismo che dell'America e dell'antiamericanismo. Temeva che la vittoria cominciasse a propendere per il liberismo. La funzione principale dell'antiamericanismo era, ed è ancora, di nuocere al liberismo nella sua incarnazione suprema. Dipingere gli Stati Uniti come società repressiva, ingiusta, razzista, quasi fascista, era un mezzo per proclamare: vedete cosa accade mettendo in opera il liberismo?! Quando descrivevo gli Stati Uniti non solo come un sistema democratico classico che funzionava meglio che altrove, ma come una società in pieno mutamento rivoluzionario, che scuoteva i propri valori tradizionali, turbavo brutalmente il sonno dogmatico e il conforto ideologico della maggior parte delle élite mondiali. Ivi comprese quelle statunitensi, poiché l'antiamericanismo esisteva, ed esiste tuttora, prospera fra le élite universitarie, giornalistiche e letterarie. Il *Blame America first* («Cominciate col biasimare l'America») a proposito di ogni problema fu a lungo e resta largamente in quel paese la massima dei signori della cultura.

Quando Richard Nixon fu rieletto presidente, il 7 settembre del 1972, schiacciando George McGovern, il suo avversario democratico «liberale» (sinistra del partito democratico, nel lessico di oltre-Atlantico), in Francia fu vittima di vari lazzi. Il trionfo di un repubblicano ritenuto di destra non ridicolizzava forse la mia tesi? Ah, bella la mia rivoluzione americana! Obiettarmi questa elezione significava non aver capito nulla di ciò che intendevo per rivoluzione, nel caso degli Stati Uniti di quel periodo. Al cuore della realtà sociale e culturale, il Movement non arrestò mai la sua marcia in avanti, sino alla fine del secolo e oltre. Gertrude Himmelfarb, nel suo libro del 1999, *One Nation, Two Cultures* [13], mostra chiaramente che la società americana contemporanea costituisce «una sola nazione» ma «è composta da due culture». Secondo l'autrice, la contro-cultura rivoluzionaria degli anni '60 e '70 (alla quale attribuisce solo qualità, come faccio io, e dovrò riparlarne) attualmente è la cultura dominante. Sono i sostenitori dei valori morali tradizionali a rappresentare a loro volta la cultura minoritaria e dissidente. Quest'ultima ha continuato a sprofondare in questo statuto minoritario, anche durante la «rivoluzione conservatrice» [14] di Ronald Reagan, per la buona ragione che la rivoluzione reaganiana non fu una rivoluzione dei costumi, ma una rivoluzione dell'economia, una rivoluzione liberista, nel senso europeo dell'aggettivo.

Credetemi, non è un paradosso: deregolamentando l'economia, sottraendola per quanto possibile alla ferula dello stato, aprendola per ciò maggiormente al mondo nel suo complesso, Reagan non ostacolava la contro-cultura degli anni '60 e '70: al contrario, la rendeva compiuta. In effetti, la tesi che è al centro di *Né Cristo né Marx* è la seguente: la grande rivoluzione del XX secolo sarà stata, in fin dei conti, non la rivoluzione socialista, che già nel 1970 era patente avesse fallito ovunque, ma la rivoluzione liberista. Una serie di capitoli del libro constata questo fallimento del socialismo, tanto nei paesi del «socialismo reale» (ahimè, troppo reale!) quanto in quelli del terzo mondo (ahimè, troppo numerosi!) che avevano creduto di trovare in ricette social-dirigiste la chiave dello sviluppo, e il suo fallimento infine nelle democrazie industriali, in cui la statalizzazione dell'economia continuava a diminuire, pressata dalla realtà, sin dalla fine del secolo.

Inoltre, la rivoluzione americana liberista stava diventando il centro motore e propagatore di ciò che più tardi si chiamerà mondializzazione (il termine «globalizzazione», a mio avviso è meno esatto, pur essendo impiegato nella maggior parte delle lingue). In effetti, mi permetto di ricordare che *Né Cristo né Marx* è sottotitolato *Dalla seconda rivoluzione americana alla seconda rivoluzione mondiale*. Questa mondializzazione liberista – che trionferà in modo eclatante soprattutto a partire dal 1990, dopo la disintegrazione dei comunismi – è ciò che Francis Fukuyama chiamerà, nel momento di questa débâcle, «la fine della storia», espressione che gli è stata rimproverata poiché mal compresa, visto che sfortunatamente molti ritengono di aver letto un libro quando ne hanno letto il titolo. Fukuyama non vuol dire che la storia si è fermata, sarebbe assurdo, ma che l'esperienza ha rifiutato la concezione hegeliana e marxista della storia, immaginata come un processo dialettico che deve necessariamente giungere a un modello finale verso il quale l'umanità tenderebbe, a sua insaputa e indipendentemente dalla sua azione, sin dall'origine dei tempi.

Dunque, *Né Cristo né Marx* non era affatto un libro sugli Stati Uniti in quanto tali, ma un libro sull'America come *laboratorio della mondializzazione liberista*. In effetti, in ogni epoca, almeno in ogni epoca di progresso, esiste ciò che possiamo chiamare una società-laboratorio, in cui sono inventate e sperimentate le soluzioni di civiltà – non necessariamente tutte buone, ma che prevalgono irresistibilmente – che in seguito le altre nazioni importeranno, di buon o cattivo grado. Atene, Roma, l'Italia del Rinascimento, l'Inghilterra e la Francia nel XVIII secolo, sono state nel corso dei secoli una di queste società-laboratorio, non a causa di un «processo» ma dell'azione degli uomini. Nel XX secolo è stata la volta degli Stati Uniti. Non è dunque immotivato, anche se al prezzo di un'esagerazione manifesta, il fatto che per miliardi di esseri umani, all'inizio del XXI secolo, mondializzazione liberista sia sinonimo di americanizzazione. Questa è l'evoluzione di cui avevo tentato di descrivere il decollo in *Né Cristo né Marx*. In quale misura la si deve attribuire alla sola America e alla sua «iperpotenza»? Gli Stati Uniti hanno assunto volontariamente o involontariamente questa funzione di laboratorio? È dovuta al loro «imperialismo», al loro «unilateralismo» o al vigore della loro capacità di innovazione? Il modello americano non è la creatura almeno quanto il creatore di un bisogno mondiale? A queste domande tento di rispondere nel presente libro.

[1] Jean-François Revel, *Né Cristo né Marx. Dalla seconda rivoluzione ame-*

ricana alla seconda rivoluzione mondiale, Rizzoli, Milano 1971. [*N.d.T.*]
[2] Jean-Jacques Servan-Schreiber, *La sfida americana*, Etas Kompass, Milano 1968.

[3] Se ne troverà un esempio, fra altre pubblicazioni della stessa origine, nel numero 23 (luglio-settembre 1996) della «Rivista di Studi Nazionali», intitolato *Identité*. Il titolo di copertina è: «L'America avversaria dei popoli». Un articolo afferma che essa procede alla «vassallizzazione del mondo» per mezzo, in particolare, della NATO e dell'Organizzazione Mondiale del Commercio (OMC). Anche qui, la similitudine con i temi *gauchistes* dei no global di Seattle o di Genova è sorprendente. Anche per il Fronte nazionale, il cosiddetto stato di diritto americano è in realtà un totalitarismo. Lepenismo, gauchismo, maoismo surriscaldati si ritrovano nell'antiamericanismo.

[4] Fra le numerose opere che hanno fatto luce su questo argomento, mi limiterò a citarne una, basata sullo studio degli archivi sovietici, accessibili dal 1991: Vladimir Tchikov, Gary Kern, *Comment Staline a volé la bombe atomique aux Américains*, Robert Laffont, Paris 1996.

[5] Oltre ad Alger Hiss, anche un altro agente sovietico, Joseph Lash, fu l'amante della moglie del presidente Roosevelt.

[6] Cfr. la sua biografia in Jean-François Revel, *La nuova censura. Un esempio di come si instaura la mentalità totalitaria*, Rizzoli, Milano 1978. [*N.d.T.*]

[7] Pierre Daix, *J'ai cru au matin*, Robert Laffont, Paris 1976. [*N.d.T.*]

[8] Cfr. il capitolo «L'antiamericanismo e la rivoluzione americana».

[9] Alain Peyrefitte, *C'était De Gaulle*, De Fallois-Fayard, Paris 1997, vol. II.

[10] La CGT (Confédération Générale du Travail) è il principale sindacato francese, fondato nel 1895. «L'Humanité» è un quotidiano socialista fondato nel 1904. [*N.d.T.*]

[11] L'espressione è desunta dal titolo originale di un noto libro di Anton Ciliga sull'Unione Sovietica: Anton Ciliga, *Dix ans au pays du mensonge déconcertant*, UGE, Paris 1977 (trad. it., *Dieci anni dietro il sipario di ferro*, Casini, Roma 1951). [*N.d.T.*]

[12] Edgar Morin, *Diario di California*, Moretti & Vitali, Bergamo 1993.

[13] Gertrude Himmelfarb, *One Nation, Two Cultures. A Searching*

Examination of American Society in the Aftermath of Our Cultural Revolution, Knopf, New York 1999. [*N.d.T.*]

[14] Titolo del libro di Guy Sorman, *La révolution conservatrice américaine*, Fayard, Paris 1983.

Capitolo secondo

Alcune contraddizioni dell'antiamericanismo

È un paradosso: gli Stati Uniti sono più detestati e disapprovati, anche dagli alleati, dalla fine della guerra fredda di quanto non lo fossero durante quest'ultima dai partigiani, confessi o no, del comunismo. Si pensi alla rapidità con la quale alcune autorità democratiche o religiose costantemente prendono partito per Fidel Castro, per la sola ragione che è sottoposto all'embargo americano, d'altronde ribattezzato in modo menzognero «blocco» per le necessità della causa. Ora, Cuba ha continuato a commerciare con il mondo intero, tranne con gli Stati Uniti; e il basso tenore di vita dei cubani deriva innanzi tutto dal regime socialista. Durante l'inverno 1997-1998, l'annuncio da parte di Bill Clinton di un eventuale intervento militare in Iraq, per forzare Saddam Hussein a rispettare gli impegni del 1991, fece salire di diversi punti in Europa il sentimento ostile nei confronti degli Stati Uniti. Solo il governo britannico prese posizione in loro favore.

Tuttavia il problema era chiaro. Da diversi anni, Saddam si rifiutava di distruggere gli stock di armi di distruzione di massa, impediva agli ispettori delle Nazioni Unite di controllarli, violando così una delle principali condizioni accettate all'epoca della pace conseguente alla disfatta nel 1991. Poiché è noto ciò che quel personaggio è stato in grado di fare, non si poteva negare la minaccia per la sicurezza internazionale rappresentata dall'accumulazione nelle sue mani di armi chimiche e biologiche. Ma, anche in questo caso, lo scandalo principale che una larga parte dell'opinione internazionale riteneva di dover denunciare era l'embargo inflitto all'Iraq. Come se il vero colpevole delle privazioni subite dal popolo iracheno non fosse Saddam, che aveva mandato in rovina il proprio paese lanciandosi in guerra contro l'Iran nel 1981, contro il Kuwait nel 1990, infine opponendosi alle risoluzioni dell'ONU sui suoi armamenti. D'altronde Saddam vendeva all'estero molto più petrolio di quanto il programma ONU «Oil for Food» lo autorizzasse, ma non utilizzava quel denaro per nutrire il suo popolo. Preferiva acquistare armi. Ciononodimeno, il sostegno apportato per odio verso gli Stati Uniti a un dittatore sanguinario veniva tanto dall'estrema destra quanto dall'estrema sinistra (Fronte nazionale e partito comunista in Francia), dai socialisti di sinistra (il settimanale «The New Statesman» in Gran Bretagna o Jean-Pierre Chevènement, allora ministro dell'Interno, in Francia), dalla Russia e da una parte dell'Unione Europea. Dunque si tratta di un comune denominatore antiamericano passionale più che di un ragionamento strategico condiviso.

Molti paesi, fra i quali la Francia, non negavano la minaccia rappresentata dagli armamenti iracheni, ma dichiaravano di preferire la «soluzione diplomatica» all'intervento militare. Ora, da sette anni Saddam rifiutava la soluzione diplomatica e varie volte aveva messo alla porta i rappresentanti dell'ONU. Quanto alla Russia, proclamò che l'uso della forza contro Saddam avrebbe messo in pericolo i propri «interessi vitali». Non si capisce perché. La verità è che la Russia non perdeva occasione per manifestare il suo rancore per non essere più la seconda superpotenza mondiale, ciò che era o credeva di essere al tempo dell'Unione Sovietica.

Ma l'Unione Sovietica è morta a causa dei propri vizi, dei quali la Russia patisce ancora le conseguenze.

Nel passato ci sono stati imperi e potenze di scala mondiale, prima degli Stati Uniti della nostra epoca. Ma mai nessuno raggiunse una preponderanza planetaria. È ciò che sottolinea Zbigniew Brzezinski, l'ex consigliere della Sicurezza del presidente Jimmy Carter, nel suo libro The Grand Chessboard [1]. Per meritarsi il titolo di superpotenza mondiale, un paese deve primeggiare in quattro campi: economico, tecnologico, militare e culturale. Attualmente l'America è l'unico – e il primo – paese nella storia che soddisfi queste quattro condizioni al contempo su scala planetaria e non solo più continentale. In economia, dopo la ripresa del 1983 fino all'abbozzo di recessione nel 2001, spicca, unendo crescita, pieno impiego, pareggio di bilancio (per la prima volta dopo trent'anni) e assenza di inflazione. In tecnologia, in particolare dopo il folgorante sviluppo che ha impresso agli strumenti di comunicazione di punta, gode di un quasi-monopolio. Dal punto di vista militare, è l'unica potenza in grado di intervenire in ogni momento in qualunque punto del globo.

Quanto alla superiorità culturale, è più discutibile. Si tratta di sapere se si intende «cultura» in senso stretto oppure ampio. Nel primo senso, cioè quello delle alte manifestazioni creatrici, nei campi della letteratura, della pittura, della musica o dell'architettura, la civiltà americana è certo brillante, ma non è la sola né sempre la migliore. Non si potrebbe, a questo prestigioso livello, comparare il suo ascendente a quello un tempo rappresentato dalla Grecia antica, da Roma, dalla Cina. Si potrebbe anche dire che la cultura artistica e letteraria americana ha la tendenza al provincialismo, nella misura in cui, in ragione della dominazione dell'inglese, sempre meno americani, anche acculturati, leggono in altre lingue.

Quando gli accademici o i critici americani si aprono a una scuola di pensiero straniera, talvolta è più per un conformismo di moda che a seguito di un giudizio originale.

D'altro canto, Brzezinski ha ragione per ciò che concerne la cultura in senso ampio, la cultura di massa. La stampa e i media americani raggiungono il mondo intero. Lo stile di vita americano – abbigliamento, musica popolare, alimentazione, distrazioni – seduce ovunque i giovani. Il cinema e i telefilm americani attirano, in ogni continente, milioni di spettatori, al punto che alcuni paesi, fra i quali la Francia, cercano di stabilire un protezionismo in nome dell'«eccezione culturale». L'inglese si impone *de facto* come la lingua di Internet e si trova ad essere, da parecchio tempo, la principale lingua di comunicazione scientifica. Una buona parte delle élite politiche, tecnologiche e scientifiche delle nazioni più diverse sono laureate in università americane.

Più decisiva ancora è stata senza dubbio, non se ne dispiacciano i socialisti passati e presenti, la vittoria globale del modello liberista, conseguente al crollo del comunismo. Allo stesso modo, la democrazia federalista all'americana tende a essere imitata altrove, a cominciare dall'Unione Europea. Serve da principio organizzatore a molti sistemi di alleanze, fra i quali la NATO e l'ONU. Non si tratta qui di negare i difetti del sistema americano, le sue ipocrisie e le sue distorsioni. Resta il fatto che né l'Asia né l'Africa né l'America Latina hanno molto da insegnargli in materia di democrazia. Quanto all'Europa, ha inventato le grandi ideologie criminali del secolo. Proprio per ciò gli Stati Uniti sono dovuti intervenire per due volte sul nostro continente, durante le due guerre mondiali. Ed è questa défaillance europea all'origine della loro attuale situazione di unica superpotenza.

La preponderanza dell'America deriva dunque indubbiamente dalle sue qualità, ma anche dagli errori commessi dagli altri, in particolare dall'Europa. Ancora recentemente, la Francia ha rimproverato agli Stati Uniti di volerle strappare la sua influenza in Africa. Ora, sulla Francia grava una pesante responsabilità nella genesi del genocidio ruandese del 1994 e nello smembramento dello Zaire che ne è seguito. Dunque si è discreditata da sola, e questo discredito ha scavato il vuoto riempito in seguito da una crescente presenza degli Stati Uniti. L'Unione Europea stessa non avanza di molto verso la realizzazione di un centro unico di decisione diplomatica e militare. È un coro ove ciascun membro crede di essere un solista. Senza unità, come potrebbe fungere da contrappeso all'efficacia della politica estera americana, quando, per accennare la minima azione, deve preliminarmente raggiungere l'unanimità dei suoi membri? E cosa succederà quando saranno di più, e ancor più disparati di oggi?

La superpotenza americana risulta solo in parte dalla volontà e dalla creatività degli americani; d'altro canto, è dovuta alle défaillance accumulate dal resto del mondo: il fallimento del comunismo, il naufragio dell'Africa, le divisioni europee, i ritardi democratici dell'America Latina e dell'Asia.

Poiché il termine «superpotenza» gli pareva troppo debole e banale, Hubert Védrine, ministro degli esteri francese nel governo della «sinistra plurale», gli sostituì nel 1998 il neologismo «iperpotenza», più forte e appropriato, secondo lui, all'attuale egemonia degli Stati Uniti nel mondo. Non se ne vede la ragione, perché il prefisso greco «iper» ha esattamente lo stesso significato del prefisso latino «super». Secondo Védrine, il nuovo termine definisce la posizione di un paese dominante o predominante in tutte le categorie, ivi comprese «le attitudini, i concetti, la lingua, lo stile di vita». Il prefisso

«iper», commentò il ministro, è considerato dai media americani come aggressivo, e tuttavia non ha niente di peggiorativo. Semplicemente, «non possiamo accettare un mondo politicamente unipolare e culturalmente uniforme, così come non
possiamo accettare l'unilateralismo di un'unica iperpotenza». Argomentazione contraddittoria: se il termine iperpotenza non è peggiorativo, perché la realtà che indica è inaccettabile? Che lo sia oppure no, il fatto è che esiste. E quel che
manca nella riflessione europea, che è lungi dall'essere isola-
ta in questo caso, è il domandarsi per quali ragioni si è instau-
rata. Solo identificando e interpretando correttamente queste
ragioni avremo la possibilità di approntare i mezzi per controbilanciare la preponderanza americana.

In particolare, gli europei dovrebbero riuscire a interrogarsi sulle proprie responsabilità nella sua genesi.

Sono gli europei, a quanto mi risulta, che hanno reso il XX
secolo il più nero della storia – nei campi politico e morale,
s'intende. Sono loro che hanno provocato due cataclismi di
un'ampiezza senza precedenti, le due guerre mondiali; sono
loro che hanno inventato e realizzato i due regimi più criminali mai inflitti alla specie umana. E queste sommità nel
male e nell'imbecillità, noi europei le abbiamo raggiunte in
meno di trent'anni! Quando dico che questi flagelli non possono essere paragonati ad alcun altro nel passato, naturalmente mi riferisco ai disastri causati dall'uomo, escluse le
catastrofi naturali e le epidemie. Se alla decadenza europea,
generata dalle due guerre mondiali e dai due totalitarismi, si
aggiungono i rompicapi risultanti nel terzo mondo dalle
conseguenze della colonizzazione, ancora una volta è in
Europa che bisogna cercare i responsabili, almeno parziali,
delle impasse e delle convulsioni del sottosviluppo. È
l'Europa, sono l'Inghilterra, il Belgio, la Spagna, la Francia,

l'Olanda, più tardivamente e in misura minore la Germania e l'Italia, che hanno conquistato o voluto appropriarsi degli altri continenti. Invano si obietterà con lo sterminio degli indiani e la schiavitù dei neri negli Stati Uniti. Poiché alla fine chi erano gli occupanti dei futuri Stati Uniti, se non colonizzatori bianchi giunti dall'Europa? E quei coloni europei a chi acquistavano gli schiavi, se non ai negrieri europei?

Ai tentativi di suicidio europei (le due guerre mondiali) e alla propensione a generare regimi totalitari, anch'essi intrinsecamente suicidi, si è venuto ad aggiungere, a partire dal 1990, l'obbligo di sistemare il campo di rovine lasciato dal comunismo dopo il suo crollo. Anche in questo caso, l'Europa non aveva molte soluzioni da proporre. Poiché i suoi dirigenti politici, mediatici e culturali non avevano mai capito niente del comunismo (pensiamo agli encomi con i quali, anche a destra, fu coperto Mao nei peggiori momenti del suo fanatismo distruttore), erano mal equipaggiati intellettualmente per comprendere l'uscita dal comunismo e per accompagnarla[2]. Di fronte a questo problema supplementare e inedito, l'«iperpotenza» americana attuale non è altro che la conseguenza diretta dell'impotenza europea antica e contemporanea. Riempie un vuoto derivato dalle insufficienze non certo delle nostre forze, ma del nostro pensiero e della nostra volontà di agire. Si pensi alla perplessità di un cittadino del Montana o del Tennessee, apprendendo dell'intervento americano nell'ex Jugoslavia. A buon diritto si può chiedere quale interesse abbiano gli Stati Uniti a immergersi nel pantano sanguinante dei Balcani, capolavoro plurisecolare dell'ineguagliabile ingegno europeo. Ma in questo caos assassino che ha confezionato con le proprie mani, l'Europa è incapace di mettervi buon ordine da sola. Per far cessare o diminuire i massacri balcanici, gli Stati Uniti devono incaricarsi dell'operazione, successivamente in Bosnia, in Kosovo e in Macedonia. In seguito, gli europei li ringraziano trattandoli da imperialisti, tremando dalla paura e dandogli dei vigliacchi isolazionisti appena accennano a ritirare le proprie truppe.

Le critiche infondate rivelano le debolezze o le ossessioni di quelli che le formulano piuttosto che i torti o i crimini di quelli ai quali esse mirano. Certo, come tutte le società, anche democratiche, la società americana ha molti difetti e si merita numerose critiche. Ma, per esprimere una cosa diversa dalle fobie dei suoi detrattori, le critiche dovrebbero essere giustificate e i difetti dovrebbero essere quelli veri. Ora, i sogghigni impietositi di cui l'America è la testa di turco rituale nei media europei, per la maggior parte emanano da un'assenza di informazione così profonda che finisce per apparire intenzionale. Per attenersi al solo periodo dell'emergere degli Stati Uniti come unica superpotenza, decine di libri e centinaia di articoli seri sono apparsi sull'America, scritti da autori americani ed europei. Contrastano con il qualunquismo della letteratura e del giornalismo puramente ossessivo. Recano, a chi la vuole intendere, un'informazione esatta, calibrata ed equilibrata sul funzionamento interno ed esterno della società americana, sui suoi successi e i fallimenti, sui meriti e i demeriti, sulle lucidità e le cecità. Poiché la pigrizia non spiega tutto, l'ignoranza della massa degli opinionisti europei nei confronti di questa documentazione spesso non può che essere voluta e spiegata con le idee fisse di coloro i quali vi si confinano. Non che non si possano trarre da questi scrupolosi inventari alcune conclusioni molto severe su diversi punti. Almeno però non sono dettate dall'incompetenza.

L'intenzionale rifiuto dell'informazione, il caso più frequente, concerne innanzitutto le questioni sociali statunitensi, la presunta assenza di protezione e solidarietà, la famosa

«soglia di povertà» (espressione impiegata a vanvera da persone che evidentemente non ne conoscono il senso tecnico,
come se questo indicatore avesse lo stesso valore numerico
in Canada e nello Zimbabwe) o ancora il tasso di disoccupazione. Che quest'ultimo, dopo il 1984, fosse sceso al di sotto
del 5%, quando quello francese s'involava intorno al 12%,
secondo i commentatori non significava nulla di buono per
l'America, poiché gli impieghi erano solo «lavoretti». Ah, il
mito dei lavoretti, come ci ha consolati! Nel corso del rallen-
tamento economico del primo semestre 2001, la disoccupazione americana risale dal 4,4% della popolazione attiva al...
5,5%. Immediatamente, ed è solo un esempio, il quotidiano
economico francese «La Tribune» (7 maggio 2001) titola a
nova colonne in prima pagina: «È finito il pieno impiego
negli Stati Uniti». Nello stesso periodo, il governo francese si
autoincensava freneticamente per aver riportato la disoccupazione all'... 8,7%, ossia circa il doppio della disoccupazione americana (senza contare le decine di migliaia di disoccupati effettivi che in Francia sono tenuti artificialmente fuori
dalle statistiche). Nel settembre del 2001, la disoccupazione
francese era già risalita sopra il 9%. «Le Monde» (15 febbraio
2001) pubblica un articolo intitolato *La fin du rêve economique
américain*. Così, una crescita quasi ininterrotta durata diciassette anni (1983-2000), una rivoluzione tecnologica senza
precedenti a partire dal XIX secolo, la creazione di decine di
milioni di nuovi posti di lavoro, una disoccupazione scesa al
4%, una crescita enorme quanto imprevista della popolazione (passata da 248 a 281 milioni di abitanti fra il 1990 e il
2000)[3], tutto ciò non era altro che un «sogno». Peccato che la
Francia non abbia fatto lo stesso sogno! È vero, riprendendo
anch'egli la tiritera dei «lavoretti», l'autore dell'articolo
deplora il fatto che la Francia si sia americanizzata, talvolta

sino a «copiare il triste esempio dei *working poors*».
Evidentemente è l'unico esempio fornito dall'economia
americana, dalla quale non ci sarebbe alcun'altra lezione da
trarre. Senza dubbio, la Francia si è comportata meglio,
restando fedele al modello dei *not working poors*.

Avremo occasione di tornare sul desolante catalogo che gli
accusatori pubblici stilano della civiltà americana. In questo
breve scorcio, mi sono limitato a segnalare il carattere intrinsecamente contraddittorio delle loro diatribe. Infine, se
secondo il quadro che dipingono, quella civiltà non è altro
che un ammasso di calamità economiche, politiche, sociali e
culturali, perché il resto del mondo si preoccupa a tal punto
della sua ricchezza, del suo primato scientifico e tecnologico,
dell'onnipresenza dei suoi modelli culturali? La sciagurata
America dovrebbe far pietà piuttosto che invidia, suscitare
commiserazione piuttosto che animosità. Il successo del
popolo americano è un enigma, un successo interamente nato
dalla sua abissale nullità e mai, secondo noi, dai suoi meriti!

Dopo le questioni sociali, è il funzionamento delle istituzioni americane a non essere compreso o a non volerlo essere. Per ora citerò un solo esempio: le reazioni al contempo
gioiose e sprezzanti che, nel mondo intero e in Europa specialmente, hanno accolto la lunga incertezza sull'esito dell'e-
lezione presidenziale americana nel novembre del 2000.

Molti anni fa, al varietà *El Salón México* (reso immortale
dalla composizione per orchestra di Aaron Copland che
porta quello stesso titolo) guardavo un numero comico: era
una discussione fra un *peón* (uomo del popolo) messicano e
un turista americano. Il turista vantava le prodezze del proprio paese fornendo quest'esempio: «Noi, negli Stati Uniti,
conosciamo il nome del nuovo presidente tre minuti dopo la
chiusura dello scrutinio». E il *peón* replicava: «Mio buon

signore, noi lo conosciamo sei mesi prima». In effetti, a quell'epoca e ancora per molto tempo, in Messico il partito rivoluzionario istituzionale si accaparrava tutti i poteri e brogliava alle elezioni. In pratica, ogni presidente designava il suo successore.

Come sono cambiati i tempi! Per la prima volta, nel 2000, il candidato di un partito d'opposizione messicano ha conquistato la presidenza, grazie a elezioni oneste, il cui risultato non era noto in anticipo. D'altra parte, negli Stati Uniti sono state necessarie diverse settimane per conoscerne l'esito. La democrazia è dunque incontestabilmente progredita in Messico. Significa che negli Stati Uniti è regredita? È l'interpretazione che molti commentatori stranieri hanno creduto di poter fornire della lunga incertezza seguita all'elezione del 7 novembre del 2000.

È un palese controsenso. In primo luogo, ricordiamo la verità elementare secondo la quale uno scrutinio molto serrato, che rende addirittura necessario ricontare le schede, costituisce un simbolo di democrazia piuttosto che del suo contrario. È nelle dittature, anche quando sono travestite da regimi presidenziali, che il vincitore ha la meglio con un margine colossale. In secondo luogo, il sistema dei grandi elettori, che alcuni si azzardano a chiamare antidemocratico, non lo è affatto. È un meccanismo per convertire lo scrutinio proporzionale in uno scrutinio maggioritario, mediante l'eliminazione dei piccoli candidati e il «premio» al candidato giunto in testa, Stato per Stato.

Esistono vari metodi per indurre gli elettori a esprimere un voto utile. La Francia ha un metodo a due turni: al secondo turno delle elezioni presidenziali possono partecipare i due candidati arrivati in testa al primo turno. Il metodo inglese di scrutinio maggioritario a un solo turno per le elezioni della Camera dei Comuni è ancora più brutale, quando gli aspiranti a un seggio sono numerosi. Per vincere, a un candidato può bastare anche un quarto o un terzo dei voti.

Al confronto, il sistema americano dei grandi elettori sembra notevolmente più equo. In effetti, il loro numero è proporzionale alla popolazione di ciascuno Stato. Il candidato che supera il 50% dei suffragi popolari in uno Stato acquisisce la totalità dei suoi grandi elettori, esattamente come in Francia un candidato acquisisce la totalità dei poteri presidenziali al secondo turno, anche se il 49,9% degli elettori ha votato contro di lui. Nessuno contesta la sua legittimità. Allora perché parlare di «elitismo» a proposito del sistema americano dei grandi elettori? Questi ultimi, nella tradizione così come nella Costituzione, hanno un mandato imperativo in trenta Stati su cinquanta. In diciannove altri Stati, così come nel District of Columbia, teoricamente possono non ratificare lo scrutinio popolare e scegliere il candidato minoritario. Ma non è mai avvenuto dall'inizio del XIX secolo.

Con ciò si misura la cattiva fede di alcuni dirigenti o intellettuali di paesi poco o per nulla democratici, quando trattano gli Stati Uniti come una «Repubblica delle banane». Quando proviene da un Gheddafi o da un Robert Mugabe, patentati affossatori della democrazia nei loro rispettivi paesi, questo apprezzamento diventa comico. Da parte dei russi, presso i quali la restaurazione del suffragio universale fu certo incoraggiante ma non esente da qualche ombra, è ipocrita. E come non sorridere quando si legge dalla penna del romanziere Salman Rushdie che «l'India fa meglio degli Stati Uniti, grazie al suo sistema di elezioni a suffragio universale diretto»? Rushdie sembra essere il solo a ignorare che l'India batte ogni record di frode elettorale. Fingiamo di non vederlo, poiché siamo troppo felici che, bene o male, resti una democrazia.

Quel che la stampa europea ha continuato a chiamare con condiscendenza il «telefilm» americano, era dunque un processo perfettamente conforme alla Costituzione. Quest'ultima ha previsto l'eventualità di una partita patta: la soluzione consiste nel far eleggere il futuro presidente dalla Camera dei rappresentanti.

Si è anche commentato con un certo sdegno, in Europa e altrove, il ricorso ai tribunali, chiamati a pronunciarsi sull'eventuale diritto dei candidati a far ricontare le schede di voto in Florida. Trattandosi di assegnare la posizione mondiale più in vista, questo cavillo è parso di infimo livello.

Innanzitutto obiettiamo che l'arbitrato dei giudici è comunque preferibile a quello di piazza. Ora, durante l'intero periodo critico, malgrado l'intensità della polemica, negli Stati Uniti non si è verificata la benché minima violenza né l'ombra di una zuffa, a fronte di una confusione che avrebbe portato numerosi altri paesi al colpo di stato, alla guerra civile, se non a qualche massacro.

Inoltre, le ironiche osservazioni sui giudici americani tradiscono un'incomprensione del ruolo del potere giudiziario negli Stati Uniti e della sua azione sul potere politico. Già nel 1835 Tocqueville scriveva: «Quel che negli Stati Uniti uno straniero comprende con maggiore difficoltà è l'organizzazione giudiziaria. Per così dire, non c'è evento politico nel quale non si senta invocare l'autorità del giudice»[4].

Dal fatto che questioni politiche si trasformino in questo modo in questioni giudiziarie, ancora oggi spesso lo straniero deduce che i giudici usurpano il potere politico. Tocqueville mostra chiaramente perché ciò è falso. In effetti, negli Stati Uniti la giustizia resta sempre nei limiti classici del suo esercizio. Per tre ragioni: funge sempre e unicamente da arbitro; si pronuncia solo su casi particolari e non su principi generali; agisce solo quando a essa si fa appello, mai quando non si adisce a vie legali.

Dunque, è errato parlare di «governo dei giudici». Questi ultimi non possono sostituirsi né al potere esecutivo né a quello legislativo. È vero che, nelle istituzioni come nella mentalità americana, il diritto prevale sullo Stato. Solo mediante il ricorso all'interpretazione del diritto, il potere giudiziario ha un'incidenza politica, e solo se questa interpretazione viene sollecitata.

Infine, non senza ragioni è stata criticata la complessità delle schede di voto, che alcuni elettori decifrano con difficoltà, e le (presunte) incertezze di lettura da parte delle macchine elettroniche. In effetti, negli Stati Uniti si vota lo stesso giorno non solo per il presidente, ma anche per rappresentanti, senatori, governatori di stato, sindaci, sceriffi o… giudici. Certo, si può cercare di rendere più semplici e sicure queste procedure. Ma si tratta di scongiurare un inconveniente tecnico, non di una minaccia per la democrazia.

In realtà, la democrazia nell'Unione Europea funziona assai meno bene rispetto all'Unione degli Stati Americani. Il rispettivo peso di ciascun paese europeo in seno al Parlamento e alla Commissione ha solo lontani rapporti con il reale peso demografico. Nell'Europa dei quindici, i dieci paesi meno popolati hanno nel complesso una popolazione equivalente a quella della Germania. Ma nel Consiglio dei Ministri hanno trentanove voti, mentre la Germania ne ha solo dieci. In Parlamento, la Germania ha un eurodeputato ogni milione e duecentomila abitanti, il Lussemburgo uno ogni sessantasettemila abitanti. Il vertice di Nizza, nel dicembre del 2000, ha solo accennato a correggere questi squilibri. Gli europei hanno dunque trovato, in modo meno equo rispetto agli americani, un compromesso consistente nell'assicurare agli stati più piccoli una rappresentanza e poteri minimali, pur rispettando una certa proporzionalità nella rappresentazione fra il peso demografico e i poteri politici degli stati più grandi.

Le descrizioni falsificate delle relazioni sociali e del tenore di vita negli Stati Uniti, mentre soddisfano la passione antiamericana, hanno come obiettivo la denigrazione dell'economia liberista. Allo stesso modo, non conoscere o rendere caricaturali le istituzioni americane diffonde l'idea che gli Stati Uniti non siano realmente una democrazia e, per estensione, che le democrazie liberiste siano democratiche solo in apparenza. Ma, evidentemente, è nel campo delle relazioni internazionali che l'«iperpotenza» viene vituperata con tutta l'esecrazione che meritano i mostri. Lo preciso nuovamente: sotto diversi aspetti, la politica estera americana merita indubbiamente delle critiche. La stampa americana è la prima a muoverne. Queste critiche, anche quando non convincono pienamente, sono legittime e utili, a condizione che si basino su un minimo di argomentazione razionale. Ma quando Vladimir Putin afferma, con ammirevole certezza, che i «crimini» della NATO – cioè, secondo il suo parere, dell'America – compiuti in Kosovo nel 1999 e la comparizione di Slobodan Milosevic davanti al Tribunale penale internazionale nel 2001, hanno «destabilizzato» la Jugoslavia – la quale si è «destabilizzata» da sola nel 1991 –, non siamo al cospetto di una critica razionale, ma di una menzogna deliberata o di un'allucinazione intrinsecamente contraddittoria. Essa non consiste forse nel confondere l'effetto con la causa? Il suo unico obiettivo è psicologico: solleticare non so quale amor proprio slavo. L'utilità politica, per l'interessato come per i serbi, è nulla. Se Putin spera di restaurare lo statuto di «grande potenza» della Russia ricorrendo a favole di questo genere, rischia di constatare piuttosto rapidamente che non si può agire in modo efficace partendo da analisi errate. Se, all'inizio del XXI secolo, la Russia non è una superpotenza, è perché nel 1917 si è imbarcata nell'esperienza assurda del comunismo, che l'ha resa una società molto più arretrata di quanto non fosse prima di quell'esperienza. A partire da questa realtà, la Russia potrà superare l'arretratezza, ma certo non processando gli Stati Uniti a ogni piè sospinto.

L'Unione Europea, e per estensione tutta la «comunità internazionale» (come si dice con una antifrasi), si è gettata con impeto nelle braccia di questo mix di auto-disinformazione consolatoria e inconseguenza narcisistica, se guardiamo al modo in cui sono state accolte le prime iniziative del presidente George W. Bush in politica estera, durante le settimane che seguirono l'inizio effettivo del mandato. Accontentiamoci provvisoriamente di un solo esempio: le reazioni internazionali seguite al rifiuto da parte di Bush di confermare gli impegni, d'altronde puramente platonici, del suo predecessore in materia di ambiente.

È noto che nel 1997, sotto l'egida dell'ONU, i delegati di centosessantotto paesi riuniti a Kyoto hanno firmato un protocollo[5] di riduzione delle emissioni di gas che causano l'effetto serra. Poco dopo la sua entrata in vigore, nel gennaio del 2001, Bush ha ritirato l'adesione americana al protocollo di Kyoto. Subito piovvero l'indignazione e anche gli insulti, provenienti principalmente dall'Europa. Si gridò che Bush sacrificava cinicamente l'avvenire del pianeta sull'altare del capitalismo e, in particolare, delle compagnie petrolifere, di cui pare sia un noto lacchè. Sfortunatamente, gli autori di questa fine analisi non erano a conoscenza di alcuni fatti sui quali tuttavia avrebbero potuto facilmente informarsi. In primo luogo, sin dal 1997, quando Clinton era presidente, il Senato degli Stati Uniti aveva respinto il protocollo di Kyoto con 95 voti a zero. A torto o a ragione, questo è un altro discorso. Resta il fatto che Bush non c'entrava affatto. Poi, poco prima di trasmettere i poteri al suo successore, Bill Clinton aveva firmato un *executive order* (decreto legge) che ristabiliva il sostegno americano al famoso protocollo. La buona norma democratica vuole che gli *executive orders* di un presidente a fine mandato non riguardino mai questioni rilevanti che coinvolgono l'avvenire politico del paese. Nella fattispecie Clinton intendeva evidentemente giocare un tiro mancino a Bush, lasciandogli in eredità una corona di spine. Se l'avesse accettato, il nuovo presidente avrebbe affrontato l'enorme difficoltà di ridurre del 5,2% le emissioni di gas, senza però amputare troppo dolorosamente e precipitosamente la produzione industriale e il consumo privato di energia, impegno insostenibile. Se l'avesse rifiutato, avrebbe scatenato le proteste del mondo intero, cosa che ovviamente avvenne. Proteste tanto più ipocrite, poiché quelli che gridavano più forte e bandivano gli Stati Uniti dall'umanità in nome della morale ecologica, si guardavano bene dall'applicare i criteri di quella morale. In effetti, a metà del 2001, quattro anni dopo la conferenza di Kyoto, *nemmeno uno* degli altri centosessantasette paesi firmatari aveva ancora ratificato il protocollo, e in particolare nessun paese europeo!

Lasciamo momentaneamente da parte la questione dell'eventuale realismo del protocollo di Kyoto, o se il riscaldamento dell'atmosfera sia scientificamente verificabile. Limitiamoci a constatare che l'Unione Europea, così come alcuni dei paesi più responsabili dell'inquinamento – il Brasile, la Cina, l'India – esigono che Stati Uniti applichino restrizioni che essi stessi non si sentono tenuti a osservare. In un rapporto pubblicato il 29 maggio del 2001, l'Agenzia europea dell'ambiente rilevava un aggravamento in Europa dell'inquinamento, soprattutto perché «il trasporto è in costante aumento, in particolare nelle modalità meno rispettose dell'ambiente (su gomma e aereo)». L'Agenzia rilevava altresì un aumento dell'inquinamento causato dal riscaldamento domestico e di quello delle acque a causa del nitrato. Chi dà lezioni non dà il buon esempio.

Da qui a pensare che esista una psicopatologia antiamericana, consistente nel trasformare gli Stati Uniti in un capro espiatorio per tutti i peccati che il mondo intero commette, manca un piccolissimo passo, che siamo tentati di fare. Gli ecologisti risponderanno che è falso; che l'America, pur totalizzando solo circa il 5% della popolazione mondiale, produce il 25% dell'inquinamento industriale planetario. Forse è esatto. Ma allora bisognerebbe aggiungere che produce anche il 25% dei beni e dei servizi di questo stesso pianeta. E che gli altri centosessantasette firmatari di Kyoto, ancora a metà del 2001, non avevano fatto assolutamente niente per cominciare a ridurre collettivamente e ciascuno per conto proprio il 75% del loro inquinamento. Navighiamo dunque in piena incoerenza. In realtà si trattava più di scomunicare che di disinquinare.

Aldilà dei rimproveri che merita o non merita la politica americana in materia di ambiente, in effetti va notato che il cuore del dibattito non è affatto questo. L'obiettivo degli ecologisti occidentali è rendere gli Stati Uniti, cioè il capitalismo, il colpevole supremo, il solo e unico colpevole dell'inquinamento del pianeta e del presunto riscaldamento dell'atmosfera. Perché i nostri ecologisti non sono affatto tali: sono dei gauchisti. Non si interessano all'ambiente se non nella misura in cui, fingendo di difenderlo, se ne servono per attaccare la società liberista. Negli anni '70 e '80 non denunciarono mai l'inquinamento nei paesi comunisti, mille volte più atroce che a Ovest. Non era un inquinamento capitalista. Non parlarono quando avvenne Chernobyl, come non lo fanno adesso a proposito delle centrali nucleari scalcinate, disseminate ancora oggi sui territori un tempo comunisti. Restano muti in merito alle centinaia di sottomarini ex sovietici colmi di armi atomiche, che i russi hanno affondato così com'erano nel mare di Barent. Esigere che si sbarazzi l'umanità da questo pericolo mortale che graverà su di essa per millenni sarebbe, dal loro punto di vista socialista, privo di utilità. Perché questa faticosa impresa non rinforzerebbe affatto la loro crociata contro il flagello della mondializzazione liberista, ai loro occhi ben più temibile. Un tempo c'è stato un ecologismo sincero, apparso durante gli anni '60, negli Stati Uniti, appunto! Ma dopo parecchio tempo è stato recuperato e rigirato da un ecologismo menzognero, diventato una maschera per coprire anticaglie marxiste colorate di verde. Questo ecologismo ideologico vede la natura minacciata solo dalle nazioni dove regna la libertà economica e prima di tutto, sicuramente, nella più prospera fra esse.

Se i partiti Verdi puntassero onestamente a risultati pratici, comincerebbero sforzandosi di far adottare, ciascuno nel proprio paese, il draconiano 5,2% di riduzione del consumo energetico, come convenuto a Kyoto. Sta a loro, e in particolare a quelli che fanno parte dei governi, il compito di far accettare un limite di velocità sulle autostrade diminuito della metà e un riscaldamento domestico ridotto di un terzo, senza parlare delle inevitabili maggiorazioni di fatturazione dell'elettricità, aldilà di un certo tetto di consumo. Ma raccomandare senza ambiguità un programma così drastico e, ancor più, applicarlo in breve tempo esporrebbe i Verdi e i loro alleati a cocenti rovesci elettorali. In effetti, condannare gli Stati Uniti alle fiamme dell'inferno è più comodo.

La Francia, che ha avuto ministri Verdi dal 1997 al 2002, durante i cinque anni del governo Jospin, nel corso di questo lungo periodo non ha adottato alcuna coraggiosa misura per salvaguardare l'ambiente: fra le altre, il divieto sui nitrati, che avrebbe permesso di tornare ad avere un'acqua più pura, ma avrebbe provocato una rivolta dei contadini; oppure l'ecotassa, che avrebbe fatto fuggire i voti di numerosi contribuenti già spietatamente svaligiati dallo Stato. Le autorità francesi non cercano nemmeno di far rispettare i limiti di velocità, d'altronde poco severi per come sono attualmente stabiliti. Come avrebbero potuto ridurli ancora? È stata l'America a impedire al governo francese di cominciare a dar corso al protocolllo di Kyoto prevedendo un abbassamento del consumo di energia del 5,2% al di sotto del livello del 1990, da qui al 2012? Certo, il 31 maggio del 2002, i quindici membri dell'Unione Europea hanno infine ratificato, con cinque anni di ritardo, il protocollo di Kyoto firmato nel 1997. Vedremo se a questa ratifica farà seguito l'applicazione nei tempi stabiliti...

Questo comportamento contraddittorio è assai facilitato, come ho detto, dal rifiuto dell'informazione, se non dalla fabbricazione senza scrupolo di una falsa informazione. Eccone un esempio. All'inizio del giugno 2001, l'Accademia nazionale delle scienze degli Stati Uniti rende pubblico un rapporto, frutto di diversi anni di ricerche, sulle variazioni climatiche. Il testo viene subito presentato dai media come un grido d'allarme che conferma le peggiori inquietudini degli eco-gauchisti a proposito del riscaldamento dell'atmosfera. Per prima, la CNN proclama che il rapporto è l'esito «di una decisione unanime dell'Accademia, dal quale deriva che il riscaldamento globale è reale, non fa altro che peggiorare, e che è causato dall'uomo. In merito non è più possibile tentennare»[6]. Questa versione della tesi degli scienziati viene ripresa da gran parte della stampa, sulle due sponde dell'Atlantico. Al punto che l'Accademia americana delle scienze si turba per questa grossolana falsificazione e pubblica (si veda il comunicato sul «Wall Street Journal» del 12 giugno) una rettifica, nella quale precisa esattamente ciò che ha detto e ciò che non ha detto. In particolare, nel rapporto sottolineava che vent'anni è un periodo di osservazione troppo breve per permettere la valutazione di tendenze a lungo termine. Ciò che poteva affermare con certezza è: 1. l'innalzamento globale della temperatura media è stato di *mezzo grado* durante il secolo scorso; 2. il livello di diossido di carbonio nell'atmosfera è aumentato durante gli ultimi *due* secoli; 3. il diossido di carbonio genera sì un effetto serra, ma meno importante di quello prodotto dal vapore dell'acqua e delle nuvole.

Soprattutto, conclude l'Accademia, nulla permette di attribuire con certezza al diossido di carbonio un cambiamento climatico né di prevedere come sarà il clima nell'avvenire. Trent'anni fa, ricorda, era il *raffreddamento* del pianeta la maggiore preoccupazione dei climatologi!

Questa puntualizzazione fu deliberatamente ignorata. Un settimanale universalmente stimato per la sua serietà, «The Economist», pubblicava con superba tranquillità, *dopo* il comunicato, nel numero del 16 giugno, un articolo intitolato *Burning Bush* in cui, malgrado la smentita, veniva ripresa la menzogna secondo la quale «un recente rapporto dell'Accademia nazionale delle scienze degli Stati Uniti conferma la realtà del riscaldamento globale»[7].

Così gli Stati Uniti hanno sempre torto e, nello stesso tempo, il loro intervento finanziario o militare viene universalmente sollecitato. Per esempio, i dirigenti africani, durante la riunione dell'Organizzazione dell'unità africana, nel giugno del 2001 a Lusaka, in Zambia, richiedono a gran voce «un piano Marshall per l'Africa». «Piano Marshall» evoca evidentemente un precedente storico di origine americana, un'iniziativa che ha tratto in salvo l'Europa dalle rovine causate dalla seconda guerra mondiale. Ora, la quasi totalità dei capi postulanti che «governano» (se così si può dire!) l'Africa, professano un antiamericanismo di ordinaria frenesia. Accusano gli Stati Uniti di essere colpevoli per la povertà del continente o per l'epidemia di Aids. L'antiamericanismo funziona dunque come fattore di deresponsabilizzazione. Poiché gli aiuti internazionali ricevuti dall'Africa dopo le varie indipendenze nazionali equivalgono a quattro o cinque piani Marshall, il cui ammontare è stato scialacquato, dilapidato o distratto, quando non veniva inghiottito da incessanti guerre o annichilito da stupide riforme agrarie copiate dal letale modello collettivistico sovietico o cinese. Ma è comodo rigettare sull'America la responsabilità degli errori che noi stessi abbiamo commesso, chiamandola però alla riscossa. L'Europa stessa non è esente da questa fissazione intellettuale. Nel momento in cui beneficiava del piano Marshall, i partiti di sinistra gli erano ostili e consideravano quel piano come un mezzo americano per porre sotto la sua influenza l'Europa dell'Ovest. Era una manovra neocolonialista e imperialista. Semplice applicazione del dogma marxista. Ma da parte loro, i partiti socialisti o del centro-destra democristiano, che allora esercitavano il potere nella maggior parte dei paesi europei alleati agli Stati Uniti, evitavano ogni senso di gratitudine, ritenendo che l'America, con la generosità di cui dava prova, facesse i propri interessi. Perché per di più sarebbe dovuta andare contro i propri interessi! Aver capito che traeva vantaggio aiutando l'Europa a risollevarsi economicamente non era affatto ritenuto un segno della sua intelligenza politica. Sempre in conformità con l'abituale struttura contraddittoria del ragionamento antiamericano, accusavamo e ancora oggi accusiamo gli Stati Uniti di essere sfavorevoli a un'Europa forte. Dunque, la rinforzano perché in realtà vogliono indebolirla! Il pensiero europeo concernente gli Stati Uniti è decisamente un modello di coerenza.

Il mondo intero è costretto a constatare che l'America, almeno per il momento, è l'unica potenza in grado al contempo di salvare il Messico dal fallimento economico e finanziario (nel 1995), di dissuadere la Cina comunista dall'attaccare militarmente Taiwan, di tentare una mediazione fra India e Pakistan a proposito del Kashmir, di fare efficacemente pressione sul governo serbo affinché accetti di mandare Slobodan Milosevic all'Aia per comparire di fronte al Tribunale penale internazionale o che sia in grado di operare con qualche possibilità di successo per la riunificazione delle due Coree in seno a un unico Stato democratico. L'Unione Europea ha sì tentato di interessarsi a quest'ultimo problema, inviando a Pyongyang nel maggio del 2001 una delegazione guidata dal primo ministro svedese. Ma questa delegazione non ha trovato niente di meglio che inginocchiarsi ai piedi di Kim Jong II, capo criminale di una delle ultime carceri totalitarie del pianeta. La «soluzione» europea, se ho ben capito, consisterebbe nell'allineamento della Corea del Sud alla Corea del Nord, e non l'opposto. Se è con trovate di questo genere che gli europei credono di poter mettere fine all'«unilateralismo» degli Stati Uniti, il primato diplomatico americano rischia di durare ancora a lungo.

In effetti, questo unilateralismo è il risultato meccanico della debolezza delle altre potenze, debolezza spesso più intellettuale che materiale, cioè derivante da errori d'analisi (come nel caso della Corea) piuttosto che dall'insufficienza di mezzi economici, politici o strategici. Per esempio, nulla obbligava gli europei a lasciar andare gli Stati Uniti da soli in soccorso dei resistenti afghani, in lotta contro l'invasore sovietico, durante gli anni '80. Non per mancanza di mezzi l'Europa si è astenuta dall'aiutare gli afghani. È per ossequiosità nei confronti dell'Unione Sovietica, e in seguito a un'analisi lamentevolmente errata, con l'illusione o la scusa di «salvaguardare la distensione», che allora era bella che morta, se mai era esistita altrove oltre che nell'ottimismo occidentale.

La medesima confusione obnubila le menti a proposito delle realtà economiche. Da una parte, gli stranieri rimproverano agli americani di voler «imporre il loro modello economico e sociale». Dall'altra, appena gli Stati Uniti rallentano, gli altri paesi ne patiscono a più o meno breve scadenza. Allora tutti attendono con impazienza la «ripresa» americana, dando per scontato che sarà seguita dalla propria. Pertanto si è perplessi: perché un'economia tanto cattiva, della quale nessuno pare voglia copiare le ricette, è in grado di fungere da locomotiva o da freno alle economie di tanti altri paesi?

In queste condizioni, di fronte a tante incongruenze negli altri paesi, non è incomprensibile che gli Stati Uniti si considerino volentieri come investiti da una sorta di missione universale. Questa convinzione conduce frequentemente i loro portavoce a rilasciare dichiarazioni irritanti, che sfiorano la megalomania, l'odioso o il comico. Queste malaugurate dichiarazioni richiedono tre riflessioni.

La prima è che, per quanto eccessive, trovano la loro origine in un'indiscutibile situazione reale, sperimentalmente verificata.

La seconda è che si possono scoprire migliaia di dichiarazioni altrettanto grottesche in bocca a francesi, che nel corso dei secoli celebrano il «fulgore universale» della Francia, «patria dei diritti dell'uomo», incaricata di diffondere nel mondo intero la libertà, l'uguaglianza e la fraternità. Anche l'Unione Sovietica si riteneva investita dalla missione di trasformare l'universo con la rivoluzione. I musulmani vogliono obbligare anche i paesi non musulmani a rispettare la sharia.

La terza è che il principio della ragione di stato, indifferente alla morale come agli interessi altrui, in politica internazionale è fallito con la guerra del 1914-1918. È stato sostituito dal principio della sicurezza collettiva, importato dagli Stati Uniti in Europa da Woodrow Wilson nel 1919 e riaffermato con forza da Franklin Delano Roosevelt e Harry Truman nel 1945[8]. La politica internazionale ispirata da questo principio è d'invenzione americana e dal 1945 funziona sotto direzione americana. Non se ne vedono molte altre che possano farci incamminare verso un mondo più accettabile. Affinché questa politica internazionale di sicurezza collettiva (includendo naturalmente la lotta contro il terrorismo) non dia luogo a una «iperpotenza» americana, occorrerebbe che numerosi altri paesi avessero l'intelligenza di associarsi alla sua elaborazione e alla sua messa in pratica, invece di denigrarne i promotori.

---

[1] Zbigniew Brzezinski, *The Grand Chessboard*, Basic Books, New York 1997. [*N.d.T.*]

² Rimando su questo punto a un mio precedente libro, *Le regain démocratique*, Fayard, Paris 1992.

³ Esattamente 281.421.906.

⁴ Alexis de Tocqueville, *La democrazia in America*, a cura di G. Candeloro, Rizzoli, Milano 1999, parte I, cap. 6. [*N.d.T.*]

⁵ Nel linguaggio diplomatico, il termine «protocollo» è sinonimo di «convenzione», «trattato», «impegno».

⁶ «A unanimous decision that global warming is real, is getting worse, and is due to man. There is no wiggle room.» Citato nel «Wall Street Journal» del 12 giugno 2001.

⁷ Per una sintesi dello stato della questione dal punto di vista scientifico, secondo i climatologi, cfr.: Guy Sorman, *Le progrès et ses ennemis*, Fayard, Paris 2001; Bjorn Lomborg, *L'ambientalista scettico. Non è vero che la terra è in pericolo*, Mondadori, Milano 2003. [*N.d.T.*]

⁸ Su questo cambiamento, cfr. il classico Henry Kissinger, *L'arte della diplomazia*, Sperling & Kupfer, Milano 1996. [*N.d.T.*]

Capitolo terzo

Antimondialismo e antiamericanismo

Come va interpretata la guerra contro la mondializzazione, che imperversa dal 1999 e la cui violenza è in costante crescita? Guerra nel vero senso della parola e non in senso figurato, guerra fisica e non teorica, battaglia di strada e non d'idee, poiché i manifestanti che formano le truppe d'assalto, inquadrati in Organizzazioni non governative (sovvenzionate dai governi), saccheggiano le città e assediano le stanze dove si tengono le riunioni internazionali.

Dietro la lotta contro la mondializzazione – cioè contro la libertà di circolazione di merci e persone, alla quale è ben difficile essere ostili per principio – se ne nasconde una più basilare e antica contro il liberismo, dunque contro gli Stati Uniti, suo principale rappresentante e più potente veicolo planetario. Nel «carnevale no global»[1], svoltosi a Montpellier il 16 febbraio del 2001, il clou della parata era un personaggio travestito da zio Sam con barbetta, un abito e un cilindro coi colori della bandiera americana. Non si sarebbe potuto indicare più chiaramente il supremo capro espiatorio. Nel solco della vecchia tradizione socialista, antiliberismo e antiamericanismo si congiungono. E sono proprio i soldati licenziati dall'armata comunista sconfitta o i loro eredi politici a raggrupparsi in bande decise a condurre, in mancanza di una guerra frontale in aperta campagna che non è più alla loro portata, una guerriglia di logoramento che la libertà di circolazione dovuta alla mondializzazione permette loro di impegnare, in ogni angolo del pianeta democratico. La mondializzazione, uno dei concetti più vaghi mai esistiti, serve da novello bersaglio, grazie al quale mirano agli eterni nemici. Sto semplificando? Esagero? Nient'affatto. Nel corso di una manifestazione no global che si è svolta a Londra il 30 novembre del 1999, in sostegno a quella che si teneva in contemporanea a Seattle contro l'Organizzazione mondiale del commercio, su uno striscione c'era scritto: «La privatizzazione uccide. Il capitalismo uccide». Affermano qualcosa di diverso «Le Monde diplomatique» o Pierre Bourdieu? Secondo questi ultimi e i loro fedeli, la globalizzazione genererebbe una crescente povertà sul pianeta, a profitto di una minoranza di ricchi che diventano sempre più ricchi. Ripetiamolo, è ciò che a metà del XIX secolo prevedeva Karl Marx per l'avvenire dei paesi industrializzati dell'Europa occidentale e del Nordamerica: un'immersione sempre più rapida di masse sempre più numerose in una miseria sempre più nera, a fronte di un manipolo sempre più ridotto di capitalisti sempre più ricchi. È nota la conferma che la storia ha addotto a questa geniale profezia. Si rammenti che, ancora alla fine degli anni '50, il partito comunista francese aveva assunto come tema di propaganda la «pauperizzazione assoluta» della classe operaia, in pieno periodo dei «Trente glorieuses»[2], quando il tenore di vita generale aumentava a vista d'occhio. Ah, il socialismo scientifico!

Lionel Jospin ha salutato nei no global di Genova, Göteborg, Nizza e Seattle «l'emergenza planetaria di un movimento di cittadinanza». Piuttosto, si tratta della risorgenza minoritaria di una violenza antidemocratica. In effetti, la democrazia accorda a tutti il diritto di manifestare pacificamente, cioè di sfilare enunciando con la voce e i cartelli le proprie opinioni e rivendicazioni. Ma, a partire da Seattle, i no global sono andati ben aldilà della semplice manifestazione. In ogni luogo in cui sono spuntati, il loro fine è stato sin dall'inizio di *impedire* le riunioni dei capi di Stato e di governo eletti a suffragio universale o dei responsabili, regolarmente designati, di organismi internazionali, o ancora, come a Davos, di varie personalità riunite a colloquio per scambiarsi punti di vista, senza tuttavia detenere il benché minimo potere decisionale. Certo, nella mentalità dei totalitari, esprimere idee contrarie ai loro slogan è già un crimine. Quindi, ovunque sono andati, questi no global assai globalizzati hanno preso d'assalto i luoghi dove dovevano tenersi le riunioni, con l'intenzione di cacciarne a forza i partecipanti o ridurli al silenzio. Perciò, la distinzione fra il grosso dei manifestanti cosiddetti pacifici e la minoranza di anarchici violenti che – come ci viene raccontato – si infiltrerebbe nei loro ranghi, è solo menzogna e ipocrisia. Non si può impedire pacificamente lo svolgimento di una riunione con la forza fisica, significa sostituire la violenza alla contestazione. Sono i medesimi schemi già messi in atto a suo tempo dalle camice nere o brune e dalla manovalanza comunista. Inoltre, se gli anarchici violenti fossero veramente minoritari nei devastanti *rave party* dei no global, come si spiega il fatto che la presunta maggioranza pacifica non riesca a neutralizzarli? Perché cento-duecentomila idealisti amanti della pace non riescono a contenere qualche centinaia di terroristi giunti per devastare, rompere, distruggere, incendiare, saccheggiare? Ci si può lasciar sopraffare una volta, ma non sei, sette, dieci volte. Ora, lungi dal diminuire fra Seattle nel 1999 e Genova nel 2001, la barbarie violenta ospitata o praticata dai «pacifici» no global ha continuato a crescere in intensità.

Indubbiamente è rivoltante che, a Genova, la polizia italiana abbia passato il segno del mantenimento dell'ordine democratico, al punto che un poliziotto di vent'anni ha ucciso un manifestante di ventitré. Però va notato che, se la stampa e l'opposizione italiane hanno stigmatizzato con veemenza la polizia e il governo, la morte del giovane non è oggetto di grandi polemiche, poiché le immagini dimostrano che il carabiniere esercitava la legittima difesa[3]. Già a Göteborg – il cui centro era stato «pacificamente» distrutto – la polizia svedese si era avvalsa di una repressione che fronteggiava una guerriglia più che una manifestazione. Aveva anche sparato pallottole vere, fortunatamente causando solo feriti. D'altronde, non si trattava forse di guerriglia? L'astuzia di questi pseudo-manifestanti, in realtà dei sovversivi, consiste nell'addossare esclusivamente sulla polizia la responsabilità di una violenza di cui loro stessi hanno preso l'iniziativa. I sovversivi di estrema destra che, il 6 febbraio 1934 a Parigi, si dirigevano verso Palazzo Bourbon[4] con l'intento di forzarne l'ingresso e cacciarne i deputati – esattamente quello che fanno oggi i no global su scala internazionale contro i «summit» –, in seguito imputarono alla reazione della polizia, e unicamente a essa, le vittime di una repressione che la difesa della Repubblica aveva, per colpa loro, reso indispensabile. Probabilmente la polizia non era del tutto innocente, ma i sovversivi lo erano ancor meno. Nei due casi, la violenza dei poliziotti è stata l'effetto e non la causa della violenza dei sovversivi. Bisogna forse ricordare che ancor *prima* dell'apertura del summit di Genova, alcuni commissariati avevano ricevuto dei pacchi-bomba? Un funzionario, aprendone uno, aveva perso un occhio, mentre i manifestanti «pacifici» già lanciavano preventivamente bottiglie Molotov per le strade della città[5].

A dimostrazione che la violenza fu cercata per sé stessa sta il fatto che era superflua, poiché i manifestanti no global sono quasi tutti cittadini provenienti da paesi democratici. Dunque, godono della libertà d'espressione, hanno il diritto di voto, possono loro stessi, se vogliono, formare dei partiti politici e presentarsi alle elezioni per tentare di far prevalere le loro tesi con la persuasione e l'elezione. In queste condizioni, è singolare che un primo ministro si congratuli con loro per il fatto di imboccare una via ben diversa. La violenza o l'ostruzione fisica sono legittime contro le dittature, poiché forniscono l'unico ricorso a coloro i quali vogliono lavorare per stabilire o ristabilire la democrazia. Ma i sovversivi di Nizza o di Genova facevano il contrario: *attaccavano* la democrazia per sostituirvi la forza bruta.

Per comprenderli, va rammentato il vecchio bagaglio culturale che li riconnette alla tradizione «rivoluzionaria». Questi manifestanti cercano di *mimare* una rivoluzione che da un secolo si sottrae o si disonora. La loro aspirazione non è far avanzare, mediante l'azione democratica, un programma no global, che hanno il diritto di condividere ma che appunto non esiste tanto le loro idee sono incoerenti e le loro informazioni insufficienti. In essi, il subbuglio precede il pensiero e si accontentano di prolungare la preistoria politica del mondo moderno, come quei culti neolitici che si perpetuavano fin nei sotterranei rinascimentali. I no global martellano a colpi di spranga il vecchio tamburo anticapitalista e antiamericano, la leggenda dell'efficacia miracolosa della guerriglia urbana. Aggiungiamo l'occasione ulteriore «offerta» dal liberista Silvio Berlusconi, presidente del Consiglio – «fascista» ai loro occhi, sebbene democraticamente eletto per la seconda volta –, che nella fattispecie insaporiva ancora di più lo sterile piacere del loro antico simulacro.

I «giovani» no global in realtà sono vegliardi ideologici, fantasmi risorti da un passato di rovine e di sangue. D'altronde, a proposito di «ringiovanimento», a Genova riapparirono le bandiere rosse con falce e martello (che anche il partito degli ex comunisti ha accantonato in Italia nel 1989), le effigi di Che Guevara e la sigla delle Brigate Rosse. Ciò che i manifestanti attaccano nella mondializzazione è il capitalismo democratico, l'America nella misura in cui, da almeno mezzo secolo, è la società capitalista democratica più prospera e innovatrice. Attaccano il liberismo o semplicemente la libertà, della quale però sono fra i primi a beneficiare, poiché si spostano come e quando vogliono. Se si seguissero i loro diktat – e dunque si ristabilissero ovunque frontiere, passaporti e visti, anche per i turisti – non ci sarebbero state né Seattle né Göteborg.

Questa non è l'unica contraddizione del loro ciarpame mentale. Per esempio, mettono Seattle a ferro e fuoco in nome della lotta contro la globalizzazione «selvaggia», che «reca profitto solo ai ricchi». Ma chi si riuniva a Seattle? L'Organizzazione mondiale del commercio, il cui ruolo è appunto di regolamentare gli scambi economici internazionali... per impedire che siano «selvaggi». Dalla creazione dell'OMC, non c'è un solo paese al mondo che non abbia desiderato esservi ammesso, e quelli più poveri sono i più solleciti. E a Nizza e Göteborg, chi si riuniva? Le autorità e i governi dell'Unione Europea, che non ha nulla di «globale», poiché raggruppa quindici paesi, mentre sul pianeta ce ne sono poco meno di duecento. Cosa si riuniva a Genova? Il G8, cioè i sette paesi più industrializzati con la cortese ammissione della Russia. Anche in questo caso, se la loro *influenza* è evidentemente internazionale, non sono il mondo intero. Non sono le Nazioni Unite. Se possono tentare di armonizzare le loro politiche, gli eventuali accordi non hanno alcun valore esecutivo per gli altri Stati. Pretendendo di mirare alla mondializzazione, i devastatori di Genova in realtà se la prendono col capitalismo in sé (d'altronde, avevano distrutto le vetrine delle banche ancor prima dell'inizio della conferenza) e con la sua incarnazione più diabolica: l'America. Il pretesto di questa demonizzazione – vecchio ritornello – è che i paesi ricchi non si occuperebbero abbastanza dei paesi poveri. In seguito avremo occasione di evidenziare l'inanità di questa leggenda. Ma – nella fattispecie, contraddizione supplementare – si dà il caso che il summit del G8 a Genova avesse come obiettivo proprio trattare questa questione. E gli Otto hanno effettivamente ridotto il debito dei paesi poveri. Hanno rilanciato il sostegno pubblico allo sviluppo del Sud del mondo, hanno creato un fondo mondiale per finanziare la campagna medica contro l'Aids, la malaria e la tubercolosi, in particolare nell'Africa subsahariana.

Per di più, a Genova i membri del G8 avevano per la prima volta invitato i dirigenti africani a sedere fra loro, a deliberare insieme. Dunque, a buon diritto il primo ministro britannico salutava l'avvio di ciò che chiamava «un ambizioso piano Marshall per l'Africa»[6]. Lo spaventoso George W. Bush, addirittura prima che iniziasse la riunione, aveva chiesto «maggiori fondi per la sanità e l'educazione nei paesi più poveri». Annunciava in merito un «cambiamento politico radicale» da parte della sua amministrazione[7]. E aggiungeva: «Ma non cadiamo nell'errore: quelli che protestano contro la libertà del commercio non sono amici dei poveri». Benché notoriamente stupido (se si crede alla stampa europea), in questo caso il presidente degli Stati Uniti non aveva affatto torto. In effetti, i paesi poveri chiedono un accesso più libero dei propri prodotti, in particolare quelli agricoli, al mercato dei paesi ricchi. Detto altrimenti, chiedono *più* e non meno globalizzazione. La qual cosa mostra un'altra sfaccettatura dell'incoerenza dei sovversivi, d'altronde ricchi loro stessi: boicottano summit il cui fine consiste nell'estendere la libertà del commercio, dunque nell'accrescere le capacità di esportazione dei paesi poveri verso le zone più solvibili. Così fece la riunione interamericana in Québec, ove furono gettate le basi per un mercato continentale unico destinato, fra le altre cose, ad aprire l'America del Nord ai prodotti agricoli del Sudamerica. Anche allora fu dato l'assalto e la città ospite venne invasa e saccheggiata.

Così, quando si esamina un po' più da vicino il guazzabuglio che serve da foraggio ideologico alle proteste no global (e potrei allungare la lista), va constatato che non si potrebbe trarne un programma suscettibile della benché minima applicazione pratica.

Lo sfoggio di questa inutilizzabile accozzaglia rende tanto più sorprendente che anche alcuni dirigenti europei ritenuti liberali e che di principio non figurano nel novero dei nostalgici del paleo-socialismo si proclamino «impressionati» dai sovversivi no global e siano convinti della necessità di «dialogare» con loro. È frequente vedere una certa stampa di sinistra e una nicchia politica che, dopo il 1989, avevano balbettato a fior di labbra una revisione lacerante e pretendevano di aver «tratto delle lezioni» dalle catastrofi e dalle assurdità socialiste, gridare vittoria, salutando la divina sorpresa di questa nuova crociata contro la mondializzazione, qui sinonimo di capitalismo.

È invece più difficile cogliere il motivo per cui alcuni leader di destra prendono o fingono di prendere sul serio il magma politico dei no global. Perché il presidente della repubblica francese Jacques Chirac a Genova ha sostenuto presso i suoi pari la necessità di una «concertazione normale e permanente» coi manifestanti? Perché, in un lungo articolo [8], ha proclamato che è giunto il momento di «umanizzare la mondializzazione»? Allora era inumana? Una tale formula equivale a sposare in pieno il cliché dei vandali e ad assecondare la strategia antiliberista dei gauchisti riciclati e della maggior parte delle ONG. Al pari di Jospin, Chirac saluta addirittura l'avvento di una «coscienza cittadina mondiale». Perché questo gergo socialista? È vero che si tratta, per questo allineamento, di una sindrome di destra più specificamente francese. Gli altri governanti del G8, anche quelli socialdemocratici, non hanno seguito Chirac in questo vicolo cieco. Intendono mantenere il diritto di deliberare fra loro e con i loro alleati, senza dover riferire a sobillatori assolutamente illegittimi. È anche vero che, se la Francia possiede una grande tradizione di pensatori liberali, la sua destra politica non li ha letti: è sempre stata dirigista, pianificatrice, burocratica e regolamentarista. Infine, è vero che la destra francese, soprattutto dopo la fine della seconda guerra mondiale, brucia da un desiderio che la paralizza ancor più per il fatto che non è coronato da successo né è ripagato: piacere alla sinistra.

Bernard Kouchner, la cui azione in favore dei paesi poveri prima con *Medici senza frontiere* e poi con *Medici del mondo* esige rispetto, perde comunque un po' della sua lucidità quando esclama, dopo gli scontri al G8 di Genova: «Si tratta di un maggio 1968 su scala mondiale!». Si rivendicano così sia il mondialismo che l'antimondialismo! Inoltre, la formula è seducente ma storicamente poco chiarificatrice. Il movimento che i francesi chiamano «maggio 1968», col pretesto che in quel mese scoppiò in Francia, era cominciato diversi anni prima negli Stati Uniti, in forma più originale e meno marxizzata, poi in Germania. Ricordiamolo: oltre a una trasformazione dei costumi e della mentalità che si può considerare benefica, il «maggio 1968» europeo si impaludò rapidamente nei luoghi comuni del socialismo totalitario, nelle versioni maoista e trotzkista, mentre all'inizio si era voluto antitotalitario. Rifiutandosi nello stesso tempo di giocare la partita della legalità democratica, accettata formalmente dai partiti comunisti occidentali, il cosiddetto movimento del «maggio 1968» degenerò in terrorismo sanguinario durante i vent'anni seguenti. Allora si costituirono le Brigate Rosse in Italia, la RAF in Germania, l'Armata Rossa giapponese, le Cellule comuniste combattenti in Belgio e, più marginalmente, ma non meno assassina, Action directe in Francia. A queste organizzazioni si devono imprese che non pare giudizioso né opportuno fornire come modello alle generazioni dell'inizio del XXI secolo. Perché anche i manifestanti no global talvolta si sono trovati a pochi passi dallo scivolare nella degenerazione terroristica. Gli è anche capitato di varcare la soglia, per antiamericanismo, mettendo una bomba in un McDonald's e uccidendo una giovane, in Bretagna, nella primavera del 2000. È vero, gli attuali no global hanno in comune con i sessantottini una versione marxista semplicistica: il male assoluto è il capitalismo, incarnato e diretto dagli Stati Uniti. Così, poiché dopo Genova si parlava molto di organizzare nel futuro «G8 più modesti», il vignettista Pantu pubblicò, sulla prima pagina di «Le Monde»[9], un disegno in cui si vede lo zio Sam – sempre lui! – montare una tenda i cui picchetti, piantati nell'erba, sono semplicemente gli altri sette appartenenti cooptati al G8. Fra questi picchetti, in particolare si riconosce Jacques Chirac. La lezione è chiara: il solo autentico signore del G8 è l'America, della quale le altre democrazie sono schiave, al servizio del capitalismo mondiale, cioè americano. Questa fine analisi satirica non avrebbe affato sfigurato in un numero dell'«Humanité» intorno al 1950.

Un'altra convinzione accomuna i sessantottini di un tempo agli odierni no global: quella che i manifestanti di strada siano più legittimi dei governi eletti. Qui si riconosce uno fra i più obsoleti tra i dogmi marxisti: il sollevarsi delle «masse» è più democratico della democrazia «formale». Peggio: eminenti personalità politiche di sinistra (in Francia, François Hollande, Jean-Luc Mélanchin, Noël Mamère, fra gli altri) hanno richiesto, dopo Genova, la soppressione del G8. Conclusione da trarre da questo modo di procedere: i governi eletti a suffragio universale perdono il diritto di accordarsi appena la piazza nega loro questo stesso diritto.

Va da sé che l'ampiezza di una o più manifestazioni può essere rivelatrice di un'importante corrente di opinione, della quale un governo democratico o un gruppo di governi democratici deve sempre tener conto, non fosse altro che in previsione delle successive elezioni. Ma esso si squalifica se cede di fronte alla violenza, al punto da paralizzare il funzionamento della stessa democrazia. In quei casi, le democrazie degne di questo nome devono ricordarsi energicamente che, nel loro sistema politico, il potere si conferisce mettendo le schede nell'urna e non le pietre nelle vetrine. È inquietante che la sinistra, anche «repubblicana», non tenga più a mente questo principio.

Perché lo dimentica? Perché ai suoi occhi l'anticapitalismo giustifica questa distorsione, perché l'«arroganza» capitalistica è l'«arroganza» americana. Ma non è almeno curioso che, ovunque sorgano difficoltà economiche, a fortiori una grave crisi, sia in prevalenza l'America alla quale i paesi cosiddetti «emergenti» sollecitano l'aiuto o l'intervento? È vero in Asia come in Africa, in America Latina come in Serbia o in Russia. Il 30 luglio del 2001, il presidente dell'OMC ha lanciato un grido d'allarme, lamentando l'eccessiva lentezza nelle negoziazioni o nell'applicazione delle decisioni concernenti il commercio internazionale, che nuoce ai paesi più poveri. Egli sosteneva che la causa principale di questa lentezza fosse la cattiva volontà dei paesi ricchi, recalcitranti a ridurre le proprie sovvenzioni agricole, forma indiretta di protezionismo. Questo economista, che gode di un buon punto di osservazione dei fatti, diceva insomma che all'origine della povertà non stava l'economia di mercato ma la sua *insufficienza*. Constatazione che non sarebbe in grado di turbare i gauchisti no global. Se ne infischiano di rendere migliori le sorti dei paesi sottosviluppati. Vorrebbero distruggere le economie sviluppate, nella misura in cui lo sviluppo per loro si confonde col capitalismo. Su quest'ultimo punto, hanno ragione.

Di norma, per condannare la mondializzazione si sostiene che accentui le diseguaglianze e aggravi la povertà. La ragione reale per cui la si vuole proscrivere, o almeno controllare, quando si analizza il pensiero dei suoi avversari, è che nella sua forma attuale si identifica col capitalismo e col mercato, i quali a loro volta, nel contesto attuale, si identificano con la preponderanza americana.

Per giudicare della verità o della falsità di queste tesi – del resto spesso accettate senza esame critico anche dai partigiani dell'economia di mercato – conviene dunque tentare di rispondere alle tre seguenti domande:

La mondializzazione attraverso il mercato è un male in quanto tale?

È un male soprattutto perché, nella sua versione contemporanea, offre un campo di espansione alla superpo-

tenza americana? L'umanità odierna si uniforma america-
nizzandosi?

È esatto dire che, a causa della mondializzazione, i ricchi
diventano sempre più ricchi e i poveri sempre più poveri, su
scala planetaria come all'interno di ogni paese?

In merito alla prima domanda, va ricordato, come ho
appena fatto, che la sinistra respinge unicamente la mondializzazione *attraverso il mercato*. Anzi, respinge più il mercato
che la mondializzazione. La sinistra ha come obiettivo la
mondializzazione *senza* il mercato. La mondializzazione le è
sempre sembrata auspicabile, a patto che fosse ideologica e
politica. La Francia rivoluzionaria si è attribuita la missione
di estendere all'umanità intera i principi del 1789. Il socialismo si definisce, nel XIX e nel XX secolo, fondamentalmente
internazionalista. Fonda la Prima, la Seconda, la Terza e la
Quarta *Internazionale*, il cui nome stesso indica la sua ambizione planetaria. Malgrado fasi transitorie e di consolidamento, in cui sostenevano «il socialismo in un solo paese» per
ragioni tattiche e congiunturali, i comunisti sovietici e i maoisti hanno sempre sentito la vocazione a imporre i loro rispettivi modelli a tutta l'umanità, anche con l'intervento militare
o la sovversione armata. Vi hanno anche ricorso, quando
potevano, nei cinque continenti. Senza avere l'intenzione né
del resto i mezzi per procedere ad azioni belliche di questa
portata, anche i contestatori no global non sono meno mon-
dialisti e antiliberisti al contempo [10]. La stampa di sinistra, per
esempio «Le Nouvel Observateur» [11], salutando il «successo
del vertice antiliberista di Porto Alegre», proclama (è il titolo
dell'articolo) la «naissance d'une internationale». Conclude
che «un'altra mondializzazione prende avvio a partire da
Davos». Dunque, è proprio il liberismo e nient'affatto la mon-

dializzazione il nemico della sinistra. La mondializzazione le pare buona, a condizione che sia pianificata e controllata. Il primo ministro socialista Lionel Jospin, nel 2001, dopo aver applaudito a Genova – l'ho già citato – «l'emergere su scala *planetaria* (corsivo mio) di un movimento di cittadinanza», prosegue felicitandosi con i manifestanti per aver, secondo lui, dimostrato che «il controllo della mondializzazione passa per la riaffermazione del ruolo degli Stati»[12]. Il conflitto concerne dunque non tanto la mondializzazione, bensì oppone due concezioni di essa: una fondata sul libero mercato e l'impresa privata, l'altra sul dirigismo e l'economia statale, una mondializzazione imposta e controllata dagli Stati. Se c'è stata una «vittoria»[13], da Seattle a Genova, è consistita nel far prevalere la seconda concezione sulla prima.

L'inconveniente della seconda concezione e il paradosso dei festeggiamenti che oggi suscita la sua resurrezione, è che nel passato la sua applicazione non ha mai dato altri risultati se non regressioni economiche, miseria diffusa e arretratezza tecnologica, molto spesso assortite con tirannie politiche. Questa constatazione vale per i socialismi comunisti quanto per il nazionalsocialismo hitleriano. Anch'esso, non bisogna dimenticarselo, sentiva la vocazione a estendersi nel mondo intero e, per cominciare, in tutta Europa. Il mondialismo dirigista è sempre stato fautore di catastrofi umane o comunque, nei casi migliori, di naufragi economici molto più dolorosi per i popoli delle peggiori ingiustizie capitaliste.

L'osservazione della realtà storica passata e presente ci insegna che l'unica mondializzazione il cui bilancio, senza essere sprovvisto di passivo, si sia rivelato complessivamente positivo, è la mondializzazione capitalista, e d'altronde non si tratta di un fenomeno a noi soltanto contemporaneo. La mondializzazione esiste da ben prima della nascita degli Stati Uniti. Come ricorda un economista e storico, Régis Bénichi, in una luminosa sintesi su questo argomento [14], la mondializzazione accompagna tutta la storia del capitalismo. Ancora più anticamente, si osserva già questo ampliamento del commercio nell'Impero romano e nel Medioevo, con le sue conseguenze benefiche: i vantaggi di reciprocità e di complementarietà che generano la riduzione dei costi. Ma è soprattutto dopo le grandi scoperte, alla fine del XV secolo, con lo sviluppo del commercio transatlantico, che inizia la mondializzazione nel senso moderno del termine. Bénichi distingue tre fasi: l'espansione del capitalismo mercantile dopo le grandi scoperte, il periodo in cui si generalizza la rivoluzione industriale in Europa e in America del Nord, cioè dal 1840 al 1914, e infine la mondializzazione attuale.

Va da sé che la prima fase progredisce durante tutto il XVI secolo e si amplia ancora nel XVII. Grazie al traffico marittimo, oltre agli attori di primo piano come Inghilterra e Spagna, paesi piccoli come Portogallo e Olanda diventano grandi potenze economiche, nodi in reti planetarie che si estendono fino all'India, al sud-est dell'Asia, all'Indonesia, al Pacifico Occidentale, all'Australia, all'Africa del sud. La Compagnia olandese delle Indie orientali è un prototipo dei nuovi strumenti che generano gli scambi universali [15]. Più tardi, il XVIII secolo ha illustrato con la pratica e ha spiegato con l'analisi teorica i benefici della libertà del commercio.

Nel corso di ciò che Bénichi chiama la seconda fase della mondializzazione, fra il 1840 e il 1914, il volume del commercio mondiale si moltiplica per sette. Oggi si parla molto di «America-mondo». È l'espressione «Europa-mondo» quella adatta per le prime due mondializzazioni, per come l'Europa espande in quelle fasi su tutti i continenti i suoi capitali, le sue tecniche, le sue lingue, i suoi uomini. Soprattutto,

serve da motore centrale a una circolazione planetaria di
merci, *know how*, teorie, tecniche e idee. In compenso, a partire dal 1919, dopo la catastrofe della Grande Guerra, e malgrado il ristabilimento della pace, l'Europa disastrata indietreggia, si ripiega su sé stessa. Non gliene importa della propria supremazia. Inoltre si fraziona: i paesi europei si chiu-
dono gli uni agli altri. Sull'altra costa dell'Atlantico, gli Stati
Uniti, l'Argentina, il Brasile, terre immense tradizionalmente
aperte agli immigrati e ai prodotti stranieri, a loro volta si
barricano. Il commercio internazionale crolla, i capitali non
possono più circolare, si istituisce il controllo dei cambi, si
vuole fissare per decreto il corso delle monete. Dunque, su
tutto il pianeta la via economica si sclerotizza e comincia a
somigliare, insomma, a ciò che auspicano per l'umanità gli
attuali avversari della mondializzazione. Il risultato non si fa
attendere: la crisi del 1929 dura dieci anni, decine di milioni
di disoccupati, in alcuni paesi vanno al potere regimi dittato-
riali o totalitari, ovunque precipita il tenore di vita. (La
Francia, ad esempio, ritroverà solo all'inizio degli anni '50 il
reddito medio pro capite che aveva nel 1914.) E, per corona-
re questa brillante serie di successi sopravviene la seconda
guerra mondiale, da cui l'Europa uscirà non solo material-
mente ed economicamente distrutta, ma stavolta definitivamente destituita dal rango di «grande potenza».

Non dispiaccia ai manifestanti «cittadini» di Genova o
Davos, non è dunque incomprensibile che nel 1945 la
«comunità internazionale», come più tardi si sarebbe chiamata, per una volta abbia tratto una lezione dai propri errori e si sia convinta a girare le spalle all'antimondializzazione
del quarto di secolo precedente. Sin dal 1941, in piena guerra, gli Stati Uniti avevano inserito la liberalizzazione del
commercio mondiale nella Carta dell'Atlantico, firmata il 14

agosto 1941 da Churchill e Roosevelt. Nel 1944, Morgenthau, segretario di Stato al Tesoro di Roosevelt, enunciava così la dottrina che doveva servire da guida nell'avvenire: «Bisogna evitare di ricorrere alle pratiche perniciose del passato: la corsa alla svalutazione, l'elevazione di barriere doganali, il controllo dei cambi, pratiche tramite le quali i governi hanno tentato invano di contenere l'attività economica all'interno delle proprie frontiere. Questi procedimenti sono stati fautori di depressione economica e di guerra».

Cominciava così la «terza fase» della mondializzazione, che dalla fine della guerra ha continuato ad amplificarsi e nella quale ancora ci troviamo.

I tratti capitalisti di questa terza fase si precisano maggiormente in seguito al crollo dei comunismi. La mondializzazione allora si caratterizza per una colorazione principalmente americana poiché, come viene ammesso in maniera generale, l'America è emersa dalla guerra del 1939-1945 come prima potenza capitalista mondiale e dal fallimento socialista del 1980-1990 come unica superpotenza economica. Non deve stupire che questa terza mondializzazione abbia di conseguenza un carattere ancor più capitalista delle precedenti, cioè sia dovuta all'azione delle imprese private e sempre meno a quelle statali. Poiché, anche nei paesi in cui il comunismo *politico* ha tentato di prolungare artificialmente la propria esistenza, i governi superstiti hanno fatto tutti gli sforzi possibili per sbarazzarsi del socialismo economico, a suon di privatizzazioni, di appelli agli investimenti stranieri, di liberalizzazione degli scambi e di accordi commerciali transfrontalieri. Solo Cuba e la Corea del Nord si sono aggrappate al collettivismo totalitario, e questi due soli esempi dispensano da ogni commento.

Che l'economia della fine del XX secolo e dell'inizio del

XXI sia al contempo mondializzata, capitalista e a preponderanza americana non è dunque l'espressione di una qualche «arroganza». Non è nemmeno l'effetto di una scelta. È la conseguenza dell'incontro operato dal determinismo storico di tre serie di fatti doverosamente attestati.

Prima serie: i cataclismi economici e politici prodotti dall'esperienza soprattutto europea delle economie chiuse fra le due guerre. Seconda serie: la dimostrazione, ampiamente e definitivamente stabilita, dell'incapacità del socialismo di far funzionare un'economia, qualunque essa sia e anche per un breve periodo. Terza serie: l'indebolimento degli europei, a causa delle aberrazioni accumulate lungo la prima metà del XX secolo. Questo indebolimento implicava, per contrasto e in maniera per così dire meccanica, l'ascesa degli Stati Uniti.

Tuttavia, la loro superiorità non è solo un fenomeno relativo, dovuto al retrocedere comparativo dell'Europa. Proviene necessariamente anche da fattori intrinseci, propri della società americana. D'altronde si perpetua, malgrado la ripresa economica dell'Europa democratica dopo la guerra e anche dopo la costituzione e il consolidamento dell'Unione Europea. L'Europa unita, virtualmente, dovrebbe poter fare da contrappeso agli Stati Uniti. Se però ancora non ci riesce, senza dubbio non è per mancanza di risorse materiali e umane, ma perché non sa utilizzarle. In breve, non ha abbastanza inventiva, efficacia, senso dell'organizzazione, rapidità d'adattamento e di innovazione. È troppo inibita dai pregiudizi ideologici. È la ragione per cui, a dispetto dei suoi successi, l'Europa continua a vivere sotto influenza americana. La sua crescita riprende – con ritardo – quando l'economia americana è in progresso; indietreggia con rapidità quando gli Stati Uniti, come all'inizio del 2001, entrano in recessione.

La mondializzazione sarebbe nociva per il solo fatto che

attualmente sembra confondersi con l'americanizzazione? Dobbiamo rifiutarci di vedere il successo ottenuto fra il 1948 e il 1998, quando la produzione mondiale è stata moltiplicata per sei e il volume delle esportazioni per diciassette [16]? Bisogna condannare gli investimenti all'estero, motore di sviluppo per i paesi meno avanzati, col pretesto che questi investimenti sono in maggioranza americani? Ciò di cui soffrono i paesi meno avanzati, lo ripeto, è piuttosto un'*insufficienza* di mondializzazione, poiché in pratica è molto parziale, dato che la maggioranza degli scambi e degli investimenti oggi avvengono fra l'Unione Europea, l'America del Nord e l'Asia del Pacifico occidentale.

I contestatori no global possono anche spaccare tutto a Seattle o a Nizza, non si vede però quale soluzione potrebbero proporre in luogo della mondializzazione liberista in corso. Oppure vogliono tornare al socialismo terzomondista che, in qualche decennio, ad esempio, ha fatto ruzzolare il continente africano dalla semipovertà alla completa miseria?

Quanto alla paura che ha ogni paese di vedere la propria «identità» affogare nell'uniformazione americana e quanto alla battaglia dell'Europa per preservare la propria «diversità culturale», è difficile analizzarle con esattezza, tanto sono fondate su una accozzaglia caotica di recriminazioni. Vi si trova alla rinfusa la preoccupazione di preservare la propria lingua contro l'universalizzazione dell'inglese, la riprovazione degli hamburger serviti da McDonald's, dei vestiti per i giovani, il timore della concorrenza commerciale dei film e dei telefilm di Hollywood e l'amarezza di fronte alla fecondità scientifica delle università americane. Ma l'ossessione è la stessa, e non è necessariamente propizia alla lucidità, soprattutto negli europei: giunge a imputare a un «imperialismo» calcolato quel che invece deriva da una convergenza di evoluzioni storiche, fra le quali le più importanti spesso sono colpe commesse dalle presunte «vittime» dell'imperialismo.

Hubert Védrine, stretto collaboratore e consigliere diplomatico del presidente François Mitterand per quattordici anni, portavoce e poi segretario generale della presidenza della Repubblica, infine ministro degli esteri del governo Jospin dal 1997 al 2002, nel suo *Les mondes de François Mitterand* scrive: «La prima caratteristica degli Stati Uniti, che spiega la loro politica estera, è che si considerano sin dalla loro nascita come una nazione eletta, incaricata di illuminare il resto del mondo»[17].

In questa frase del ministro colpisce immediatamente l'evidenza che essa si adegua perfettamente alla Francia. Le stesse citazioni americane che Védrine produce a sostegno della sua tesi hanno quasi tutte il loro letterale equivalente nei luoghi comuni del narcisismo politico e culturale francesi. Quando rimprovera a Thomas Jefferson questa «affermazione perentoria», secondo le sue parole: «Gli Stati Uniti sono l'impero della libertà», come non pensare all'affermazione, non meno perentoria, ripetuta ogni giorno sulla stampa francese e dai politici: «La Francia è la patria dei diritti dell'uomo»? E quando l'ex consigliere diplomatico di François Mitterand denuncia la «concezione egemonica» che scopre in questa dichiarazione di Ezna Hiles, intorno al 1800: «Le navi trasporteranno la bandiera americana per tutto il globo», qualunque francese che nutra un po' di curiosità per la storia ricorda la sfavillante e celeberrima esclamazione di Lamartine, durante la rivoluzione del 1848, quando il poeta divenuto uomo politico celebrava «la bandiera tricolore che ha fatto il giro del mondo»[18]. Infine, sarebbe facile elencare le citazioni del generale De Gaulle che si figura «il mondo intero con gli occhi puntati sulla Francia»[19].

Queste fantasie megalomani, che spesso ci rendono ridicoli all'estero, non appartengono solo al passato. Nel luglio del 2001 Lionel Jospin ci riporta alla mondializzazione rivolgendosi al personale della «rete di cooperazione culturale francese» riunito al ministero degli Esteri. «Ormai formate una rete pubblica di influenza e di solidarietà di portata mondiale: è una carta vincente decisiva nella sfida che la mondializzazione pone al nostro paese»[20]. Dietro l'apparente illogicità di questi discorsi (lottare contro la mondializzazione... mediante la mondializzazione), in realtà si nasconde un pensiero coerente: con la *nostra* mondializzazione dobbiamo contrastare la mondializzazione liberista. Per eliminare la mondializzazione all'americana, Lionel Jospin propone alla nostra rete internazionale di cooperazione culturale di promuovere una mondializzazione alla francese, antiliberista, che lavori alla «affermazione degli Stati contro le leggi sfrenate del mercato». Non è la mondializzazione in sé a essere cattiva, è la mondializzazione all'americana. Che un paese si senta una vocazione universale e la proclami non è di per sé riprovevole. Da biasimare è il fatto che questo paese siano gli Stati Uniti e non la Francia. Di conseguenza, quest'ultima deve sostituire l'America alla guida della mondializzazione.

Questo è l'insegnamento che Hubert Védrine – nel corso della medesima riunione – trae anche dall'esame della situazione, ed emette sull'avvenire di questo progetto una diagnosi ottimista: «Dopo che è apparsa la minaccia di un livellamento negativo [leggete, beninteso, americano, *N.d.A*], la Francia ha nuovamente delle carte da giocare». D'altronde, qualche mese prima il ministro degli esteri aveva aggiunto alla lista delle sue opere un nuovo libro intitolato precisamente *Les Cartes de la France*[21]. Come Jospin, sviluppa l'idea che l'oppressione della «iperpotenza» americana ha per così dire fatto riprendere slancio alla vocazione e alla missione universaliste della Francia, che deve opporre la propria forma di mondializzazione a quella degli Stati Uniti.

È quest'idea fissa della mondializzazione distruttrice a essere falsa. In realtà, per quanto sia stata influente, una singola cultura – greca nell'antichità, italiana nel XVI secolo, francese nel XVIII ecc. – non ha mai annientato le altre, la cui originalità ne fu al contrario spesso stimolata.

Intendiamoci. È indiscutibile che la preponderanza planetaria degli Stati Uniti ponga da diversi anni gli altri paesi di fronte a problemi inediti, in ogni campo, e quello culturale non è il meno importante; ci torneremo. Ma questa preponderanza è il prodotto di un processo storico che dura da quasi un secolo. Bisogna analizzarne gli elementi costitutivi, al fine di far fronte razionalmente alla nuova situazione, al contempo per trarne vantaggio in ciò che comporta di positivo e per correggerne gli eccessi quando pare nuocere a una gestione equilibrata ed equanime delle questioni mondiali. Ma il risentimento che spinge a combattere ogni soluzione, anche buona, unicamente perché è di origine o in stile americano, non può che indebolire ancor più il paese che assume questa americanofobia come unica guida. Una tale irragionevole repulsione riduce l'efficacia dell'azione del paese che ne è preda e lo rende antipatico a molti paesi stranieri, che nulla hanno di americano né di sistematicamente americanofilo, anzi.

Meditando sulle ragioni che hanno valso alla candidatura di Parigi per i Giochi olimpici del 2008 una memorabile batosta, Jacques Julliard scrive con schiettezza e preveggenza in uno dei suoi editoriali: «A Mosca, siamo stati scaricati dai nostri partner europei, dai nostri "amici" arabi e dalla nostra clientela africana. Volete che vi dica la verità, senza belletti, quella che l'intera classe politica si ingegna a nascondervi? La verità è che la Francia è diventata uno fra i paesi meno popolari del pianeta. Ho già parlato della sua arroganza e della sua vanità. Bisognerebbe aggiungervi la pretesa dei nostri governanti a impartire lezioni a tutto il mondo»[22].

«Tutto il mondo» forse non è l'espressione esatta. Non diamo lezioni né a Saddam Hussein, né a Gheddafi, né a Kim Jong II, né a Fidel Castro, né a Robert Mugabe, né agli imam della Repubblica islamica dell'Iran, né ai dirigenti cinesi o vietnamiti. Riserviamo i nostri ammonimenti e il nostro disprezzo alle democrazie, agli austriaci, agli italiani, a Margaret Thatcher, a Ronald Reagan, a George W. Bush, a Silvio Berlusconi e anche a un Tony Blair non sufficientemente ostile al capitalismo. L'avversario principale dei no global è l'economia liberista, non la dittatura.

Non è nemmeno la povertà, checché proclamino nei loro slogan. Quel che a loro importa non è sradicare la povertà, è far credere che sia causata dal liberismo e dalla mondializzazione.

Se c'è un assioma universalmente ritenuto valido, anche dai partigiani della mondializzazione, è quello per cui «lo scarto fra i poveri e i ricchi si approfondisce» o ancora che «i poveri sono sempre più poveri e i ricchi sempre più ricchi».

In primo luogo, obiettiamo che i due giudizi non si equivalgono. È addirittura un errore elementare di logica impiegarli indifferentemente, come se fossero interscambiabili. Fra le società così come fra gli individui all'interno di una stessa società, può ampliarsi lo scarto fra i ricchi e i poveri e tuttavia il tenore di vita dei poveri può migliorare. Se una società industriale sviluppata vede in dieci anni passare il reddito annuale pro capite da 20.000 a 30.000 dollari, cioè aumentare di un terzo; e se, nello stesso tempo, il reddito annuale pro capite di una società meno avanzata progredisce nella stessa proporzione, ossia poniamo che si innalzi da 3.000 a 4.500 dollari, lo scarto fra le due società sarà aumentato. Era di 17.000 dollari annuali, ora è di 25.500 dollari. In effetti, la disuguaglianza sarà cresciuta. Ma il tenore di vita della società più povera è comunque migliorato, un fatto assai apprezzabile per i suoi membri.

Dove nasce la costante confusione fra queste due nozioni? Indubbiamente per effetto di una doppia pressione: da una parte è una questione di interessi, per cui i dirigenti dei paesi meno avanzati tendono a gonfiare gli aiuti, dall'altra la propaganda degli antimondialisti occidentali tende a fare del liberismo e della globalizzazione i colpevoli di un presunto e incessante aggravamento della povertà assoluta sul pianeta.

Tuttavia esiste un'abbondante documentazione che permette di verificare il contrario, sulla base di dati molto precisi. Negli ultimi cinquant'anni, nei paesi che compongono ciò che una volta si chiamava terzo mondo, ha avuto luogo un triplo aumento: quello del reddito medio, quello della popolazione e quello dell'aspettativa di vita. Quest'ultima è più che raddoppiata nell'insieme dei paesi cosiddetti meno avanzati, durante la seconda metà del XX secolo. Per esempio, in India, la produzione di derrate alimentari si è moltiplicata per dieci, permettendo la scomparsa delle carestie di massa, un tempo tanto frequenti [23]. Tutto ciò non è ancora sufficiente per evitare che gran parte della popolazione indiana (che è quadruplicata nello stesso lasso di tempo) viva in un'inaccettabile povertà; ma le grandi carestie sono scomparse e la povertà non cessa di ridursi, contrariamente ai cliché correntemente diffusi. In ogni modo, il miglior mezzo per continuare a ridurla non è certo strangolare la

mondializzazione liberista, che ha dato buona prova di sé[24].
In America Latina, dal 1950 al 1985, il reddito annuale pro
capite è raddoppiato realmente, passando da circa mille dollari a poco più di duemila, equivalente a quello dell'Europa
occidentale intorno al 1950. Il reddito nazionale del Messico
nel 1985 era maggiore, su scala mondiale, di quello italiano
del 1960. Durante i cinque decenni appena trascorsi,
l'America Latina è complessivamente progredita di circa il
5% annuo. Nessun paese europeo ha avuto un ritmo medio
di crescita così sostenuto[25]. Queste cifre dimostrano a che
punto tutti i ritornelli sulla «povertà che non cessa di aggravarsi» sono ispirati dall'ignoranza o dalla pura cattiva fede.
La sussistente povertà, le continue bancherotte delle finanze
pubbliche, l'inflazione e la fuga di capitali non dipendono da
un sottosviluppo fondamentale e crescente, ma piuttosto
dall'incompetenza e dalla corruzione dei dirigenti, dallo
sperpero degli aiuti internazionali e dal persistere di un settore pubblico rovinoso e inefficace.

Questa triste constatazione è ancora più patente per
l'Africa, l'unico continente del terzo mondo in cui abbia
avuto luogo un'effettiva pauperizzazione *assoluta*, e non solo
un aggravarsi dello *scarto* con i paesi ricchi. Ma questa pauperizzazione ha cause *politiche*, non economiche.

Ciò che ha distrutto le economie africane o ne ha ostaco-
lato lo sviluppo è assai più lo statalismo e il socialismo che il
mercato e il capitalismo. In maggioranza, i paesi africani,
cioè le élite africane educate in Europa che divennero le classi politiche dopo le indipendenze, adottarono i sistemi sovietico o cinese. Così si arrogarono il potere assoluto e le leve
dell'arricchimento personale. In particolare, dall'Algeria alla
Tanzania, dal comunismo presero a prestito l'infallibile ricet-
ta della rovina dell'agricolura: la collettivizzazione delle

terre e la creazione di «cooperative» presto improduttive. Non mi dilungherò su questo argomento, che ho inesauribilmente trattato in diversi libri, cifre alla mano[26], e che esperti più competenti di me hanno illustrato ancora meglio di quanto non sia in grado di fare io. Dimostrazioni purtroppo inutili, poiché i falsi amici del terzo mondo non vogliono affatto che i poveri mangino a sazietà. Vogliono solamente imputare al capitalismo una miseria che, in Africa soprattutto, è figlia del socialismo.

Oltre ai mortiferi «prestiti» dal kolkhozismo sovieto-cinese da parte delle nomenclature africane e il saccheggio sfrontato delle risorse interne come degli aiuti esterni da parte delle oligarchie locali, le incessanti guerre civili e interstatali, le guerre di religione, gli stermini interetnici, il razzismo intertribale, i massacri e i genocidi sono le principali se non le uniche spiegazioni della riduzione delle popolazioni africane all'indigenza. Le guerre civili che sterminano e affamano milioni di persone e di rifugiati nella Repubblica «democratica» del Congo dal 1997 ne sono un eminente esempio, ma non il solo né purtroppo l'ultimo. Bisognerebbe distribuire ai contestatori no global qualche migliaia di copie del capolavoro dello scrittore polacco Kapuscinski, *Ebano*[27], descrizione pateticamente superba di questa miseria africana provocata dagli africani e anche diagnosi delle sue cause. Kapuscinski ha percorso in lungo e in largo il continente per anni. Ma i ricchi pseudo-rivoluzionari di Seattle o di Göteborg vogliono soprattutto evitare con cura di conoscere le autentiche ragioni del cataclisma africano. Se ne infischiano di porvi rimedio. A loro basta credere e far credere che dipenda dalla mondializzazione liberista.

Una delle loro litanie favorite invoca la rituale «cancellazione del debito del terzo mondo». Il Papa conduce il coro e le classi politiche di ogni colore intonano il ritornello. Ora, chi dice debito dice denaro versato a chi ha preso il prestito. Si suppone che ciò che prima si è incassato venga rimborsato. Ora, queste somme, senza parlare dei doni puri e semplici che non erano prestiti, cosa sono diventate? Come e da chi sono state utilizzate? In Madagascar, Didier Ratsiraka si è intascato i miliardi di franchi francesi che ha ricevuto, miniera d'oro di cui il popolo malgascio affamato non ha mai neppure sentito l'odore, e debito che François Mitterand nel 1990 ha annullato, facendo così pagare ai contribuenti francesi gli spiccioli di un dittatore che si può almeno tacciare di incuria, se non peggio. Toccante accordo fra due monarchie delle banane! I giornalisti d'inchiesta sarebbero ben ispirati nel seguire le tracce in Svizzera o altrove dei miliardi di dollari rubati dal dittatore nigeriano Sani Abacha, deceduto (assassinato?) nel 1998. A cosa servirebbe cancellare il debito di Robert Mugabe, tipico «presidente-dittatore» che ha truccato tutte le elezioni ed è riuscito in vent'anni a trasformare uno dei paesi più fertili dell'Africa in una terra desolata?

Un'altra strofa della litania antiliberista fa risuonare l'esigenza di un «piano Marshall per l'Africa». Un ritornello assillante. Piccolo dettaglio imbarazzante: di piani Marshall per l'Africa ce ne sono stati diversi da quarant'anni a questa parte, senza risultati. L'Africa ha addirittura beneficiato, si potrebbe dire, di un «piano Marshall permanente» [28]. Ha ricevuto per abitante, dal 1960 al 2000, *quattro* volte più crediti (non rimborsati, beninteso!) e aiuti dell'America Latina o dell'Asia. Perché questi continenti sono decollati e l'Africa no?

Gli antiliberisti rifiutano di ammettere, da una parte, che in maggioranza i popoli cosiddetti meno avanzati in generale avanzano e, dall'altra, che quelli che indietreggiano devono questa sciagura soprattutto a flagelli politici interni e non tanto a cause economiche mondiali. Fatta eccezione per l'Africa, l'insieme dei paesi poveri oggi è meno povero di mezzo secolo fa. La mondializzazione è dunque stata globalmente positiva. Ma è inutile accumulare prove e cifre che lo dimostrino, poiché la buona fede nulla può contro quella cattiva. Ogni esposizione che tenda a mettere in luce i progressi economici derivati dal capitalismo e dal libero scambio o a stabilire le responsabilità locali nelle regressioni e nelle carestie solleva un tornado di indignazione virtuosa.

Così, nel 2000, un economista, Albert Merlin, provocò repliche acerbe per aver pubblicato su «Les Échos» [29] un articolo in cui riassumeva e commentava un rapporto della Banca mondiale, passato totalmente sotto silenzio altrove. E non senza ragione! Questo rapporto, stilato da due economisti la cui competenza è riconosciuta, David Dollar e Aart Krav, urta il dogma secondo il quale la mondializzazione genererebbe pauperizzazione. Prova il contrario, grazie a una minuziosa retrospettiva, estesa su quarant'anni e vertente su centoventicinque paesi. Secondo i dati, la crescita del reddito nei paesi più poveri, i paesi che si trovano nel quintile inferiore, è in percentuale la stessa, a lungo termine, di quella dell'insieme dei paesi del resto del mondo. Inoltre, l'effetto benefico della crescita generale sui più poveri durante i cinque ultimi anni del XX secolo, anni di accresciuta mondializzazione, non si è indebolito. Dunque la libertà degli scambi e il mercato esercitano un'influenza positiva sui redditi dei paesi poveri. Quando il reddito medio pro capite sul pianeta aumenta dell'1%, quello dei paesi più poveri aumenta nella stessa proporzione, secondo quella che Dollar e Krav chiamano la legge del «one to one». E Albert Merlin può concludere: «Questa dimostrazione è sufficiente (o dovrebbe esserlo) per far franare le tesi correnti sulla crescente povertà e gli orrori del libero scambio».

Si obietterà che gli economisti spesso si sbagliano. È esatto, ma gli economisti si sbagliano – non sono i soli – *nelle previsioni*. Ora, in questo rapporto della Banca mondiale non si tratta di previsioni ma di descrizione, di storia.

Se qualcuno si è completamente sbagliato nelle sue previsioni è il «padre dell'ecologia francese» e del terzomondismo, René Dumont, tanto celebrato nel luglio del 2001, all'epoca della sua morte. In moltissimi articoli allora consacrati alla sua opera e alla sua azione Dumont è stato lodato per aver «previsto» intorno al 1960 che all'aumento delle risorse alimentari sul pianeta non sarebbe seguita la crescita demografica. Questa «previsione» di Dumont non era molto originale; riprendeva la vecchia tesi esposta da Malthus nel 1798 in *Saggio sul principio di popolazione*[30]. Questa teoria si era già rivelata falsa nel caso di Malthus. Fu ridicolizzata nel caso di Dumont. Il *Rapporto mondiale sullo sviluppo umano* (2001) dimostra che l'apporto calorico giornaliero pro capite *nei paesi in via di sviluppo* è aumentato di circa il 25% fra il 1970 e il 1997, eppure la popolazione raddoppiava o triplicava nella maggior parte di quei paesi! Unica eccezione: l'Africa, per le ragioni – senza relazioni con l'economia – che ho già esposto.

Tra i termini di cui non si capisce o si spiega il significato, l'espressione «soglia di povertà» occupa un posto d'onore. Non c'è giornale stampato, radiofonico e televisivo in cui non vi si proclama che quella tale percentuale spaventosa della popolazione di quel tale paese o del pianeta intero «vive al di sotto della soglia di povertà». Ma non viene mai fornita la definizione scientifica di questa famosa soglia.

La soglia di povertà si calcola a partire dal reddito *mediano* in ogni paese (non *medio*, ma mediano). Dunque, prendendo il reddito che si situa al centro della scala, si traccia un'altra linea che divide a sua volta in due la metà in basso. Sono classificati fra i poveri in ogni paese tutti i percettori il cui reddito si trova nel quarto inferiore di ogni scala. Dunque è evidente che il «povero» non ha affatto lo stesso tenore di vita in un paese molto ricco, in cui il reddito mediano è molto elevato, e in un paese molto povero, o anche che sta nella media dei redditi. Il «povero» americano o svedese sarebbe un nababbo in Nepal. E anche senza andare fin sull'Himalaya, e per menzionare paesi onorevolmente sviluppati sebbene non figuranti fra i più ricchi, si può notare che un povero americano attuale (circa ottomila dollari annui per un individuo isolato) gode di un reddito uguale al reddito *medio* corrispondente all'agiatezza, considerata come affatto decente, in Portogallo o in Grecia. E il «povero» americano ha pure un reddito *superiore* poiché, essendo «sotto la soglia di povertà», ha istantaneamente accesso alle indennità e ad altri vantaggi del Welfare. Quanti proclami ingannevoli in nome di questo concetto tanto diffuso quanto nebuloso di «soglia di povertà»!

Diffondendo la menzogna secondo la quale la mondializzazione impoverirebbe i più poveri, i contestatori «cittadini» obbediscono a una doppia passione. Da una parte, la passione antiamericana, che risale alla guerra fredda e anche più lontano nel passato; dall'altra, la passione antiliberista tradizionale della sinistra. Una massa semovente di qualche centinaia di migliaia di manifestanti compensa così la sua frustrazione di aver visto fallire tutti i socialismi e tutte le rivoluzioni. Questi «rivoluzionari senza rivoluzione»[31] non hanno alcun programma sensato che sostituisca la mondializzazione. La loro retorica non ha nemmeno più la forzata coerenza delle ideologie totalitarie di un tempo.

Sbraitando slogan, si illudono di pensare. Devastando città e cercando di impedire riunioni internazionali si illudono di agire.

L'odio per la civiltà liberista, come dicevo, è la chiave principale per comprendere l'ossessione antiamericana e risale lontano nel passato. Hubert Beuve-Méry, il futuro fondatore e direttore di «Le Monde» nel maggio del 1944 scriveva: «Gli americani costituiscono un autentico pericolo per la Francia. Pericolo molto diverso da quello con cui ci minaccia la Germania o con cui potrebbero eventualmente minacciarci i russi. [...] Gli americani possono impedirci di fare una rivoluzione necessaria e il loro materialismo non ha nemmeno la tragica grandezza del materialismo dei totalitarismi. Se conservano un autentico culto per l'idea di Libertà, non provano il bisogno di liberarsi dalla schiavitù che provoca il capitalismo»[32].

Per formulare una tale opinione, in un momento in cui il futuro sbarco alleato poteva ancora fallire, in cui la potenza nazista, sebbene smorzata, asserviva ancora l'Europa, in cui si sapeva cos'era lo stalinismo, era necessaria una gerarchia di valori e pericoli tale per cui la minaccia liberista prevaleva su tutte le altre.

---

[1] In alcuni casi abbiamo sostituito la dicitura antimondialisti con no global, maggiormente utilizzata in Italia. [N.d.T.]

[2] Si tratta del trentennio 1945-75 (o, meglio, 1946-73, cioè fino alla prima crisi petrolifera), caratterizzato da una costante crescita dell'economia francese. Cfr. J. Fourastié, Les Trente glorieuses, Hachette, Paris 2004. [N.d.T.]

[3] «Le Point», 27 luglio 2001, articolo di D. Dunglas, corrispondente dall'Italia.

[4] Sede dell'Assemblea Nazionale, equivalente della Camera dei Deputati italiana. [N.d.T.]

[5] «International Herald Tribune», 18 luglio 2001, agenzia Reuters.

[6] «International Herald Tribune», 23 luglio 2001.

[7] «International Herald Tribune», 18 luglio 2001.

[8] «Le Figaro», 10 luglio 2001.

[9] 24 luglio 2001.

[10] Les racines de la contestation mondiale, «L'Express», 26 luglio 2001.

[11] 1° febbraio 2001.

[12] «Le Figaro», 24 luglio 2001.

[13] Il termine è di Jean Daniel: Gênes, le sens d'une victoire, «Le Nouvel Observateur», 26 luglio 2001.

[14] Régis Bénichi, La mondialisation aussi a une histoire, «L'Histoire», n. 254, maggio 2001.

[15] Sulla potenza economica olandese nel XVII secolo, cfr. l'opera magistrale di Simon Schama, Il disagio dell'abbondanza, Mondadori, Milano 1988. [N.d.T.]

[16] Bénichi, La mondialisation cit.

[17] Hubert Védrine, Les mondes de François Mitterand, Fayard, Paris 1996, cap. IV.

[18] Ricordiamo la citazione esatta. Il 24 febbraio 1848, all'Hôtel de Ville, rivolgendosi ai socialisti che vogliono far adottare la bandiera rossa come emblema della II Repubblica, Lamartine risponde: «La bandiera rossa a cui vi riferite ha giusto fatto il giro del Champ-de-Mars, trascinata nel sangue del popolo nel '91 e nel '93, mentre la bandiera tricolore ha fatto il giro del mondo, col nome, la gloria e la libertà della patria». Per commovente che fosse, questo volo pindarico manifestava ciononondimeno la convinzione di una legittimità «mondialista» della Francia, guida suprema delle altre nazioni.

[19] In proposito cfr. il mio libro, Lo stile del generale, Lerici, Lecce 1959. [N.d.T.]

[20] «Le Monde», 25 luglio 2001.

[21] Hubert Védrine, Les Cartes de la France à l'heure de la mondialisation, Fayard, Paris 2000. [N.d.T.]

[22] Jacques Julliard, Sur une déculottée, «Le Nouvel Observateur», 19 luglio 2001. La riunione del Comitato internazionale olimpico che

doveva scegliere la città organizzatrice dei Giochi del 2008 ha avuto luogo a Mosca e ha assegnato i Giochi a Pechino.

[23] Cfr. Guy Sorman, *La génie de l'Inde*, Fayard, Paris 2000.

[24] Cfr. Jean-Claude Chesnais, *La revanche du tiers monde*, Robert Laffont, Paris 1987.

[25] Denis-Clair Lambert, *19 Amériques latines, déclins et décollages*, Economica, Paris 1985.

[26] Numerosi articoli a questo proposito, in particolare nella mia raccolta *Fin du siècle des ombres* (Fayard, Paris 1999). Ma tutti i miei libri precedenti, da *Né Cristo né Marx* (1970) fino a *Le regain démocratique* (1992) passando per *La tentation totalitaire* (1976), contengono dei capitoli che trattano la questione.

[27] Ryszard Kapuscinski, *Ebano*, Feltrinelli, Milano 2000. [*N.d.T.*]

[28] L'espressione è di Yves Plattard, già ambasciatore di Francia in diversi paesi africani.

[29] «Les Échos», 20 settembre 2000.

[30] Thomas Robert Malthus, *Saggio sul principio di popolazione*, Einaudi, Torino 1977.

[31] André Thirion, *Révolutionnaires sans révolution, mémoires*, Robert Laffont, Paris 1972.

[32] *Réflexions politiques 1932-1951*, Éditions Le Monde-Seuil, Paris 1952.

Capitolo quarto

Perché tanto odio?... e tanti errori!

Non senza qualche provocazione, si potrebbe affermare che non esiste una questione americana in sé. L'unica, l'autentica questione concerne i rapporti che gli Stati Uniti intrattengono col resto del mondo. Rapporti pratici, morali e (sono forse i più importanti)... immaginari.

Con ciò intendo dire che la principale difficoltà non consiste nel *conoscere* gli Stati Uniti per come sono, nel loro funzionamento interno in quanto società e nella loro proiezione esterna in quanto superpotenza, con le loro qualità e i loro difetti. La documentazione seria sulle sfaccettature e le fondamenta della realtà americana è assai abbondante. Libri e articoli ricchi di informazioni esatte (a patto di non sfuggir loro) e di scrupolose riflessioni sulla politica interna e sulla politica estera americane continuano a essere pubblicati in tutte le lingue, almeno in quelle europee. I dotti studi che trattano della vita sociale e culturale del paese abbondano, e a essi vanno aggiunti numerosi reportage nutriti di osservazioni originali, scrupolosamente verificate e confermate. Gli stessi giornalisti americani, d'altronde, hanno notoriamente fatto scuola in questo genere, per non dire che l'hanno creato.

Dunque, chiunque desideri informarsi sugli Stati Uniti dispone di tutti i mezzi per riuscirci, anche senza recarsi sul posto. Se si è disinformati, anche essendoci stati più volte, allora è frutto di una volontà. Perché questa parzialità? Si risponderà che la maggior parte degli esseri umani ha occupazioni più pressanti, piuttosto che passare le proprie giornate a divorare biblioteche intere e corposi fasci di ritagli di giornale, oppure che non ne è in grado, specie nei paesi – ancora troppo numerosi – ove domina l'analfabetismo. Ma questa osservazione, sicuramente fondata, non fa altro che spostare verso l'alto il luogo in cui risiede la volontà di ignorare o di mentire. In effetti, dovrebbe essere il ruolo e la responsabilità di chi trasmette informazioni e di chi forma le opinioni – giornalisti dei mass media, professori, attori politici o predicatori ideologici – quello di frammettersi fra il pubblico e le fonti di una conoscenza che questi professionisti, in ragione del loro mestiere, hanno il tempo e il dovere di acquisire. In seguito, spetterebbe a loro diffonderle e renderle alla portata del pubblico. Il giornalista, come ogni «comunicatore», è al contempo lo storico del presente e il pedagogo dei suoi lettori o uditori. Se utilizza le tribune di cui dispone per celebrare narcisisticamente le proprie idee preconcette, invece di porle al servizio dei fatti, nuoce al suo pubblico e lo tradisce. Proprio perché gli Stati Uniti sono una superpotenza geostrategica e, sotto diversi aspetti, un crogiolo di comportamenti sociali e culturali imitati nel mondo intero, è importante conoscerli bene, soprattutto se si fa parte di coloro i quali vogliono ridurre la loro influenza. Poiché questo è un obiettivo che si può conseguire solo opponendogli contro-proposizioni pertinenti, che devono essere fondate su una valutazione corretta dei punti sui quali è auspicabile e possibile agire con efficacia. Limitandosi a rinnovare con insistenza un risentimento ispirato dai pregiudizi, ci si condanna all'impotenza.

Insisto: non che la società americana sia priva di difetti. Quale società potrebbe esserlo? Criticarla è un diritto di tutti. Non che l'America non commetta errori e abusi nella sua politica estera. Quale paese non ne commette? E i suoi errori hanno conseguenze tanto più nefaste perché l'America è egemonica. Dunque, è importante scoprirli e denunciarli. Ancora, è necessario che queste critiche e denunce vertano sui veri difetti ed errori; è altresì necessario che chi ha in spregio l'America non ignori, coscientemente o inconsciamente, le sue qualità e i suoi successi. Quando l'esame e l'analisi, di fronte agli aspetti negativi come di fronte a quelli positivi, mancano di verità e d'imparzialità, certamente inorgogliscono quelli che vi si dedicano con l'illusione di rivincita e col godimento onirico di una fittizia superiorità. Ma, nel campo dell'azione, cioè quello della politica, contribuiscono a indebolirli ancora di più.

Consideriamo, nel corso delle settimane che hanno seguito gli attentati dell'11 settembre 2001 contro New York e Washington, la credenza rapidamente ritenuta dimostrata secondo la quale gli Stati Uniti avrebbero stabilito una censura sulla stampa e sui media. Di cosa si trattava? L'emittente televisiva del Qatar Al Jazeera aveva diffuso una dichiarazione del capo terrorista Osama bin Laden, in seguito ripresa dalla CNN. Questa dichiarazione da una parte esprimeva la gioia del suo autore all'idea che migliaia di americani fossero stati uccisi, dall'altra costituiva un appello a nuovi omicidi. Infine, secondo specialisti del terrorismo non solo americani ma anche francesi, forse conteneva messaggi in codice destinati a cellule «dormienti» negli Stati Uniti e in Europa, per fornir loro istruzioni in vista di nuovi attentati. Dunque, parve prudente all'Amministrazione e al Congresso americani invitare caldamente le televisioni e le radio ad astenersi dal diffondere tali messaggi o, almeno, a far esercizio di diffidenza e discernimento prima di mandarli in onda. Quale governo, omettendo di agire in quel modo, non sarebbe stato tacciato di criminale negligenza? Per le stesse ragioni, il Dipartimento di Stato ingiunse a Voice of America di non trasmettere un'intervista col mullah Omar.

Quanto al mettere sotto controllo Internet, si spiegava abbondantemente con la scoperta, purtroppo tardiva, che numerose e-mail erano state scambiate in tutta tranquillità fra i futuri piloti degli aerei suicidi che dovevano colpire le torri del World Trade Center. Ovunque si ripeteva che se allora l'FBI e la CIA, di cui a ragione si continuava a strombazzare il fallimento, avessero tenuto meglio sotto osservazione Internet, forse avrebbero potuto scoprire la natura sospetta di alcuni messaggi e sorvegliare mittenti e destinatari.

Queste reazioni e queste precauzioni (soprattutto agli occhi della Francia, che ha elevato al rango di dogma teologico il famoso «principio di precauzione»[1]) avrebbero dovuto essere oggetto di comprensione, pur essendo eventualmente discusse, contestate, poiché si trattava di migliaia di cadaveri umani, di una commozione provata da tutto il popolo americano. Si trattava della legittima precauzione, da parte delle autorità, di fronte a eventuali futuri pericoli.

Invece della comprensione, gli americani videro levarsi contro di essi, sui media del mondo intero, un concerto di imprecazioni. L'America aveva instaurato la censura, soppresso la libertà di stampa, violato il Primo emendamento della propria Costituzione! «La propaganda imperversa nei media americani.»[2] Sono diventati «la voce del padrone»[3].

Eccessi infondati! Un miliardo di musulmani, che vivono in paesi che non hanno mai conosciuto la democrazia e neppure l'ombra della libertà di stampa, sarebbero qualificati per difenderle contro l'unica nazione del globo ove non sono mai state soppresse? Quanto alla Francia, per citare solo l'Europa e risalire solo a una data relativamente recente, ha già dimenticato il periodo della guerra d'Algeria, quando radio e televisione obbedivano a una vigilante censura di Stato e in cui non passava settimana senza che un giornale fosse sequestrato dalla polizia per «attentato al morale dell'esercito»?

Inoltre, beninteso, chi aveva in spregio la «censura» americana ometteva di segnalare che negli Stati Uniti anche i giornali mettevano ogni giorno in guardia contro i rischi che ogni stato di guerra fa' correre alla libertà di opinione e di informazione[4].

Le misure adottate dopo l'11 settembre 2001 per prevenire gli attacchi terroristici (misure simili a quelle prese in Europa, d'altronde) sollevano, anche aldilà dell'Atlantico, le proteste dei gruppi di difesa delle libertà. Sorvegliare i sospetti, Internet o i conti bancari, dare alla polizia il diritto di far aprire i cofani delle auto sono precauzioni denunciate come «totalitarie» da alcune organizzazioni americane e dalla Lega dei diritti dell'uomo in Francia. Tuttavia, nella fattispecie, non si tratta di perpetuare regimi totalitari, ma di proteggere regimi democratici.

Peggio: negli Stati Uniti, per alcuni anni, queste organizzazioni hanno contrastato una legge che intendeva autorizzare la polizia e i servizi segreti a mettere in pratica tali misure preventive. Se fossero state in vigore prima, forse avrebbero permesso di impedire i disastri di New York e Washington. Non vale la pena di farsi beffe dell'inefficacia dell'FBI e della CIA – non senza ragioni, tutto sommato –, dei quali si è provato *post factum* che avrebbero potuto abbastanza facilmente localizzare in anticipo e neutralizzare i futuri piloti kamikaze dei voli terroristici, se al contempo il legislatore rifiuta loro i poteri speciali necessari.

Ora, è precisamente quello che è accaduto. Dopo gli attentati del 1998 contro alcune ambasciate americane in Africa, il Congresso aveva costituito la National Commission on Terrorism (NCT), incaricata di preparare un progetto di legge, in vista di ridefinire la politica antiterroristica. La commissione sottolineò e dimostrò nel suo rapporto che, sino ad allora, il governo degli Stati Uniti non si era dotato dei mezzi per prevenire un'azione di al-Qā'ida sul suolo americano e che «la minaccia di attacchi provocanti perdite umane massicce sul nostro territorio continua a crescere». La copertina del rapporto era addirittura ornata – premonizione o casualità quasi incredibili – da una foto delle due torri del World Trade Center!

Cosa credete che avvenne? Molte associazioni, leghe e organizzazioni parlarono immediatamente di un'«ombra fatale» sulle libertà. L'Istituto che rappresenta gli arabo-americani lamentò un «ritorno ai giorni più neri dell'epoca maccartista». I responsabili dei diritti del cittadino della stessa Amministrazione Clinton biasimarono la NCT, deplorando il fatto che nel rapporto gli americani di origine araba fossero ingiustamente mostrati a dito. Ma di loro non si fa cenno nel rapporto! Per altri, con quel testo si trattava visibilmente di soddisfare i vecchi «falchi» che, privati dei nemici dopo la fine della guerra fredda, con il terrorismo si inventavano una minaccia su misura. In breve, la campagna fu talmente rumorosa che il progetto venne affossato e non divenne mai legge… con il seguito che conosciamo[5].

Benché questo sia il più spettacolare, non è l'unico esempio di analisi o articolo americani che valutano con perspicacia la probabilità di una guerra terroristica di nuovo genere all'interno del paese. Che i difensori dei diritti dell'uomo non siano riusciti a tener conto anche del diritto alla difesa nazionale, la quale d'altronde si fondeva con la difesa della libertà, che siano arrivati a far relegare queste previsioni al rango di vaticinazioni deliranti e razziste attribuibili a paranoie securitarie, mostra una volta di più l'ingenua cecità dei regimi democratici. Finché la disgrazia non è caduta loro in testa, sono restati accuratamente vulnerabili. Ma questa ingenuità suicida non autorizza in alcun caso gli europei a condannare un presunto declino del senso della libertà negli Stati Uniti d'America, come se il pericolo «fascista» esistesse in maniera preponderante negli Usa, un paese che in duecentovent'anni non ha conosciuto la benché minima dittatura, mentre l'Europa le ha collezionate.

Il principale rimprovero che si possa muovere all'«iperpotenza» degli americani potrebbe essere quello di aver disturbato la mente del resto della specie umana. Ha reso gli uni assetati di vendetta e ha alterato la capacità di osservazione e di ragionamento degli altri, in misure diverse, ma comunque in maniera dannosa per la loro lucidità.

Così, le operazioni militari in Afghanistan, dopo gli attentati dell'11 settembre 2001 negli Stati Uniti, furono rapidamente presentate, in settori non trascurabili dell'opinione pubblica, dei partiti politici e della stampa in Europa, come un'aggressione americana unilaterale. Washington, bruscamente colta da non si sa quale delirio, avrebbe preso l'iniziativa senza che in apparenza alcun evento precedente potesse spiegare quel gesto «imperialista». Non cito nemmeno i dirigenti e gli editorialisti africani, presso i quali questa visione delle responsabilità nello scatenarsi dell'intervento americano fu quasi unanime. C'era da aspettarselo. Ce lo aspettavamo anche in America Latina, dove l'antiamericanismo è organicamente legato alla storia di quel subcontinente. Serve da fantasticheria compensatoria per il fallimento relativo dell'America del Sud in confronto all'America del Nord. Scrive il grande intellettuale venezuelano Carlos Rangel: «Per i latinoamericani è uno scandalo insopportabile che un pugno di anglosassoni, arrivati nell'emisfero molto più tardi degli spagnoli e in un clima così rude che poco ci mancò che nessuno sopravvivesse ai primi inverni, sia diventato la prima potenza mondiale. Sarebbe necessaria un'impensabile autoanalisi collettiva affinché i latinoamericani potessero guardare in faccia le ragioni di questo contrasto. Pur sapendo che è falso, è il motivo per il quale ogni dirigente politico, ogni intellettuale latinoamericano si sente obbligato a dire che tutti i nostri mali trovano la loro spiegazione nell'imperialismo nordamericano»[6].

In compenso, si sperava in una reazione più sfumata in Europa, ove malgrado tutto l'antiamericanismo è meno automatico e virulento che in Africa o in America Latina, poiché l'insuccesso relativo è meno pronunciato. Ed è vero che, nell'Unione Europea, i governi e l'opinione pubblica solidarizzarono in maggioranza senza riserve con gli Stati Uniti per deplorare l'aggressione di cui erano stati vittima. Ciononostante, importanti minoranze, nei partiti di sinistra vecchi e nuovi – i Verdi in particolare – e la quasi maggioranza degli avversari della mondializzazione o degli intellettuali intonarono il ritornello secondo il quale le ostilità erano realmente cominciate solo con la replica americana agli attentati! Tutta la prima parte del canovaccio veniva così depennata, come lo era stata all'epoca della guerra del Golfo, da quegli osservatori, assai numerosi, per i quali l'aggressione *iniziale*, la causa assoluta della guerra, era l'offensiva della coalizione di ventotto paesi – mica tutti americani! – per respingere l'armata irachena, il 16 gennaio 2001, e non era affatto l'invasione del Kuwait da parte dell'Iraq, il 2 agosto 1990. Un curioso senso della cronologia...

Tuttavia, è ciò che ha incitato centotredici intellettuali francesi a lanciare un appello contro la «crociata imperiale» in Afghanistan. «Questa non è la nostra guerra», proclamano. «Nel nome del diritto e della morale *del più forte* [e non perché tremila persone sono state assassinate] l'armata [*sic*] occidentale amministra la sua giustizia *celeste*» [7]. Perché celeste? Se c'è qualcuno che si crede celeste in tutta questa questione sono piuttosto gli islamici, che assassinano migliaia di civili innocenti in pochi minuti in nome di Allāh. Sono ancora loro che, in Nigeria e in Sudan, massacrano i cristiani perché rifiutano di sottomettersi alla sharia. Solo nel settembre e nell'ottobre del 2001 diverse centinaia di cristiani nigeriani furono sterminati in nome di Allāh, senza che i nostri centotredici intellettuali trovassero niente da ridire. Certo, Bush ha usato la parola «crociata» per parlare della necessaria mobilitazione internazionale contro il terrorismo. Ma per ogni uditore in buona fede, è evidente che intendeva perorare un'unione dei democratici in questa lotta, e non una guerra «santa». La guerra santa, anche in questo caso, sono gli islamici che si credono incaricati da Allāh a condurla, come continuano a gridare. È evidente a tutti, salvo che a quei centotredici intellettuali. Una volta di più invertono i ruoli, attribuiscono alle democrazie tutta la gamma dei sentimenti «celesti», megalomani, deliranti e omicidi che caratterizzano il terrorismo islamico.

Nel migliore dei casi, a costo di un'indulgenza meritoria, gli americanofobi mettono sullo stesso piano e prendono le distanze sia dai terroristi che da coloro i quali tentano di resistere loro. Così, centinaia di migliaia di pacifisti, negli Stati

Uniti e in Europa (soprattutto in Italia), domenica 14 ottobre 2001 hanno manifestato brandendo cartelli sui quali si leggeva: «No al terrorismo, no alla guerra». Che è più o meno intelligente come gridare: «No alla malattia, no alla medicina». Come scrisse allora Marco Pannella, il carismatico fondatore-presidente del partito radicale italiano, «sappiamo bene, dal 1938, qual è il nemico supremo da combattere in nome della pace. Allora i pacifisti inneggiavano alla sacra lotta contro le demo-giudeo-plutocrazie di Londra, Parigi e New York»[8]. Nel 1939, dopo il patto sovieto-nazista, i comunisti francesi, in nome della lotta contro il capitalismo, esortarono gli operai delle fabbriche di armi a sabotare la produzione e spinsero i soldati a disertare, quando le armate naziste erano a qualche settimana dall'occupare Parigi. Ma, prosegue Pannella, «ci si doveva opporre a una guerra imperialista. Cioè, va da sé, imperialista unicamente a Parigi, assolutamente non a Berlino o a Mosca». Gli pseudo-«pacifisti», colmi d'odio per la democrazia, sono i servitori di un'impostura che non è nuova.

Un altro argomento che portò i pacifisti unilaterali a condannare la replica americana[9], è proprio il fatto che fosse una replica. Gli Stati Uniti, dicevano, avrebbero ceduto a un becero desiderio di vendetta. Per soddisfare questa pulsione vendicativa, non hanno esitato un istante a procedere senza ragione con bombardamenti che inevitabilmente dovevano causare anche vittime civili afghane. Gli Stati Uniti avrebbero dovuto «negoziare», trovare una soluzione «politica». Ma guarda un po'! È noto che le democrazie rifiutano sempre di negoziare. Solo i fanatici sanguinari sono adepti del compromesso.

Ciò significa dimenticare o piuttosto trascurare volontariamente l'essenziale: la controffensiva aveva come obiettivo non la vendetta, bensì la difesa. Il suo fine era eliminare il futuro terrorismo. La minaccia terroristica mondiale, che riguarda anche l'Europa, non si è estinta l'11 settembre del 2001. La pratica o la minaccia del terrorismo batteriologico dopo quella data lo dimostra chiaramente. Quel che si poteva rimproverare alle democrazie era piuttosto, in quei tragici istanti (non per i centotredici), di non aver tenuto conto in precedenza della mole di informazioni allarmanti, di essersi decisi a rimediare al pericolo troppo tardi, secondo la loro sempiterna abitudine. Era di aver atteso, per cominciare a farlo, che una catastrofe si fosse prodotta. È colpa degli Stati Uniti se l'Afghanistan era il paese in cui si nascondeva il principale capo delle reti del terrorismo islamico e se dunque era in quel paese che in primo luogo bisognava intervenire? Non c'era altro da fare, purtroppo! E malgrado tutte le precauzioni, senza rischio per la popolazione. All'inizio delle operazioni, le vittime civili si contavano a migliaia a New York e Washington, non a Kabul. Pare che per alcuni «umanitari» ci siano delle vittime civili «giuste»: quelle americane.

Quanto alla «negoziazione» e alla ricerca di una soluzione «politica», mi piacerebbe proprio che le menti ingegnose che le preconizzano mi spiegassero cosa risulta dalla loro brillante e così originale idea con i Bin Laden e i Saddam Hussein. Perché non hanno proposto loro di partecipare a una conferenza internazionale in un paese neutro, sotto l'egida delle Nazioni Unite? Così avremmo potuto constatare la portata del loro successo. Ignorano fino a questo punto il funzionamento della mentalità terroristica?

È vero che a forza di voler a ogni costo dare torto sempre agli stessi, si perdono di vista la realtà e la cronologia degli eventi. Cosa importano gli imperativi della geografia o della strategia? Nella loro frenesia accusatoria antiamericana, alcu-

ni umanitari persero addirittura la testa, al punto da accusare gli Stati Uniti di voler uccidere i civili scaricando... pacchi
di viveri insieme alle bombe. Oltre al fatto che gli uni non
erano lanciati negli stessi posti delle altre, questa soluzione di
ripiego rispondeva all'intenzione di limitare il più possibile
le conseguenze dell'interruzione dell'invio di soccorsi per via
stradale. Perché nascondere che gli Stati Uniti erano stati, fra
il 1980 e il 2001, i principali fornitori degli aiuti umanitari in
Afghanistan e che l'80% dei viveri che le ONG distribuivano
nel quadro del World Food Program erano pagati
dall'America? La più elementare onestà non avrebbe forse
dovuto consistere in primo luogo nel riconoscerlo, anche se si
volevano assolutamente criticare i paracadutaggi, destinati a
ovviare all'interruzione forzata dei convogli?

Per non subire la metamorfosi in «aggressori», gli americani avrebbero dovuto astenersi da ogni risposta al terrorismo internazionale e da ogni tentativo per braccarne i capi.
«Bombardare un paese esangue è assurdo; sono necessarie
soluzioni politiche» [10], dice per esempio un intellettuale e
diplomatico iraniano di gran talento, Ihsan Naraghi, al quale
gli ayatollah della Repubblica islamica hanno d'altronde
fatto fare un «politico» soggiorno in prigione, all'epoca della
loro «rivoluzione». Significa dimenticare che gli americani
non hanno bombardato l'Afghanistan, se non nella misura in
cui Bin Laden e i suoi uomini vi avevano trovato un rifugio,
grazie alla complicità dei talebani, con i quali si è rivelato
inutile negoziare. Non era il popolo afghano in quanto tale il
bersaglio delle operazioni aeree americane, erano le installa-
zioni militari dei talebani, benché si sappia che sfortunatamente ogni bombardamento, anche se si cerca di circoscri-
verlo, non può evitare di colpire anche i civili. Ma nel giro di

qualche giorno, sulla stampa internazionale e nelle organizzazioni umanitarie non si parlava d'altro che dei bombardamenti americani e delle vittime civili afghane, il cui numero d'altronde aveva come unica fonte, evidentemente tendenziosa, gli stessi talebani, che impedivano ai giornalisti stranieri di recarsi sul posto per condurre le proprie inchieste.

Certo, la maggior parte dei governi democratici, aldilà delle differenze e delle divergenze che potevano esistere, furono coscienti dell'unico pericolo reale da scacciare, quello del nuovo terrorismo che, per la sua ampiezza, la sua ricchezza, i suoi mezzi tecnici e le sue ramificazioni, in misura maggiore o minore li minacciava tutti o, presto o tardi, li avrebbe minacciati. Ma l'opinione pubblica e i media, soprattutto nei paesi musulmani, cominciarono molto rapidamente a considerare l'intervento in Afghanistan come un fenomeno isolato, senza precedenti che lo spiegassero, e una lotta non contro Bin Laden ma contro l'Islam intero. E tuttavia, il terrorismo islamico degli integralisti minacciava vari governi anche in paesi musulmani, per esempio la Tunisia o l'Egitto.

L'11 e il 12 settembre, davanti alle rovine e a migliaia di cadaveri, eravamo «tutti americani». Ma nel giro di quarantott'ore alcune note discordanti si fecero già sentire. Non bisognava forse interrogarsi sulle cause profonde, sulle «radici» del male che aveva spinto i terroristi alla loro azione distruttrice? Gli Stati Uniti non avevano una parte di responsabilità nella loro disgrazia? Non si dovevano prendere in considerazione le sofferenze dei paesi poveri e il contrasto fra la loro miseria e l'opulenza americana?

Questa argomentazione, della quale ho già dimostrato la falsità, non fu formulata solo nei paesi la cui popolazione esaltata dal jihād acclamò, sin dai primi giorni, la catastrofe di New York, ai suoi occhi un castigo ben meritato. Essa si aprì un varco anche nelle democrazie europee, dove piuttosto rapidamente si lasciò intendere qui e là che il dovere di piangere i morti non doveva precludere il diritto ad analizzare le cause[11].

Quali sarebbero allora le reali cause dell'attacco dell'11 settembre 2001 contro New York e Washington, attacco che rientra più nell'ambito dell'atto di guerra che in quello dell'atto terroristico?

La causa principale va indiscutibilmente rintracciata nel risentimento contro gli Stati Uniti che continua a intensificarsi, soprattutto dopo il crollo comunista e l'emergenza dell'America come «unica superpotenza mondiale», secondo l'espressione vilipesa e consacrata. Questa esecrazione è particolarmente marcata nei paesi islamici, in ragione dell'esistenza di Israele attribuita solo all'America. Ma è presente in maniera più discreta su tutta la superficie del pianeta, ivi compresa l'Europa, dove è stata promossa, in alcune capitali, allo statuto di idea fissa e di principio sostanzialmente unico in politica estera.

È così che si imputano agli Stati Uniti tutti i mali, reali o presunti, che affliggono l'umanità, dalla diminuzione delle quote per gli allevatori in Francia all'Aids in Africa e all'eventuale riscaldamento dell'atmosfera. I primati urlatori e devastatori dell'antimondializzazione, diseredati dal maoismo, in realtà se la prendono con l'America, sinonimo di capitalismo. Quest'ossessione conduce a un'autentica deresponsabilizzazione del mondo.

Prendiamo il caso di Israele. La creazione di quello stato in Palestina può essere discussa, ma una cosa è certa: è il risultato diretto dell'antisemitismo europeo. D'altronde, fra i pogrom e l'Olocausto, molti più ebrei europei sono emigrati in America piuttosto che nel Medio Oriente. Che gli Stati Uniti, non da soli tutto sommato, abbiano sostenuto Israele sin dalla sua nascita è esatto, ma non sono all'origine di questa nascita.

Quanto all'«iperpotenza» americana, che tanto disturba il sonno degli europei (non glielo si ricorderà mai abbastanza), dovrebbero interrogarsi sulle proprie responsabilità nella genesi di questa preponderanza. Perché sono gli europei, che io sappia, che hanno reso il XX secolo il più nero della storia. Sono loro che hanno provocato le apocalissi che furono le due guerre mondiali. Sono loro che hanno inventato i due regimi politici più assurdi e criminali mai inflitti alla specie umana. Se l'Europa occidentale nel 1945 e l'Europa orientale nel 1990 erano un cumulo di rovine, di chi è la colpa? L'«unilateralismo» americano è la conseguenza, non la causa, della diminuzione di potenza del resto del mondo. Ma abbiamo preso l'abitudine di ribaltare i ruoli e di mettere gli Stati Uniti sotto accusa in ogni discorso. Come stupirsi se, accumulando tanto odio, dei fanatici compensano con un macello «unilaterale» i propri fallimenti?

Il terrorismo antiamericano, ci viene ripetuto, sarebbe esplicabile, se non giustificabile, con la «crescente povertà» che il capitalismo diffonderebbe per mezzo della mondializzazione, orchestrata dagli Stati Uniti. È l'argomento che domina nei circoli di Attac[12], sulla rivista «Politis», fra i Verdi tedeschi, fra gli intellettuali latinoamericani, in parecchi editorialisti africani. Anche negli Stati Uniti, la sinistra estrema ha organizzato manifestazioni per diffondere questo slogan. È pure la convinzione del celebre giudice Baltazar Garzon («El País», 3 ottobre 2001), per il quale un crimine è tale solo se viene commesso da Pinochet, o del Premio Nobel Dario Fo («Il Corriere della Sera», 15 settembre 2001), che scrive:

«Cosa sono i ventimila morti di New York [*sic*] a fronte delle milioni di vittime causate ogni anno dagli speculatori?». L'attribuzione del Premio Nobel per la letteratura a una nullità letteraria come Dario Fo aveva fatto subito dubitare della competenza in materia dell'Accademia di Stoccolma. Infine, l'equivoco si è dissolto: in realtà voleva conferirgli il premio per l'economia.

Tutti possono verificarlo: negli ultimi cinquant'anni, nei paesi che compongono ciò che una volta si chiamava terzo mondo, ha avuto luogo un triplo aumento. Quello del reddito medio, quello della popolazione e quello dell'aspettativa di vita. Quest'ultima era più che raddoppiata nell'insieme dei paesi cosiddetti meno avanzati [13], prima che un fattore imprevisto, di origine esterna all'economia, l'epidemia di Aids, non la facesse di nuovo arretrare. Se il Pakistan, che per lungo tempo ha preceduto l'India, oggi è dietro di lei, non è a causa del capitalismo mondializzatore, è per colpa della nazionalizzazioni socialistizzanti di Zulfikar Alì Bhutto. Il Bangladesh, malgrado la sovrappopolazione e la mancanza di risorse naturali, ha potuto raggiungere l'autosufficienza alimentare.

Quanto all'eccezione africana, insisto ancora, è causata assai più dallo statalismo e dal socialismo che dal liberismo e dal capitalismo. Soprattutto, le incessanti guerre civili continuano a straziare il continente. Le cause del naufragio africano sono più politiche e ideologiche o tribali che economiche.

Ciò vale anche nel caso del terrorismo. Un altro errore che commettono i sostenitori della colpevolezza americana negli attentati del settembre del 2001 consiste nel credere che si può eliminare alla radice il terrorismo con una politica di sviluppo e di mondializzazione, che peraltro già esiste Il terrorismo basco non è nato per il fatto che i Paesi baschi fossero più poveri del resto della Spagna. Al contrario, era una delle regioni più prospere. Il mondo musulmano, fonte dell'iperterrorismo attuale, comprende alcuni fra i paesi più ricchi del pianeta. A cominciare dall'Arabia Saudita, che finanzia Osama bin Laden e molti altri integralisti, in Algeria e in Europa. In generale, il terrorismo islamico è figlio di un'idea fissa religiosa, nient'affatto di un'analisi delle cause della povertà. Non può condurre ad alcun miglioramento nelle società arretrate. Al contrario, respinge come incompatibili con il Corano tutti i rimedi che potrebbero contribuire al miglioramento: la democrazia, la laicità, la libertà intellettuale, l'uguaglianza di uomini e donne, l'apertura alle altre culture, il pluralismo critico.

Peggio ancora: l'iperterrorismo inaugurato a New York è stato la causa indiretta di un arretramento ulteriore dei paesi più poveri. La crisi economica che ha provocato, o aggravato, nei paesi industrializzati, ha causato di conseguenza il crollo delle importazioni dalle regioni meno avanzate, una regressione del turismo in direzione di quelle stesse regioni e un arretramento degli investimenti privati nelle zone in via di sviluppo. Secondo la Banca mondiale, questi investimenti sono precipitati da duecentoquaranta miliardi di dollari nel 2000 a centosessanta nel 2001. Secondo il presidente della Banca, a causa di ciò dieci milioni di persone nel terzo mondo sono nuovamente passate al di sotto di un dollaro al giorno di reddito; decine di migliaia di bambini in più rischiano di morire di fame, centinaia di milioni di posti di lavoro sono stati cancellati.

A ogni nuova ondata terroristica – e non sono state rare, negli ultimi trent'anni, su tutti i continenti – si vede ricomparire il medesimo ragionamento, o la medesima domanda: quale criterio obiettivo permette di distinguere un terrorista da un resistente? Lo stesso individuo è un terrorista agli occhi degli uni e un combattente per la libertà agli occhi degli altri. Durante gli anni dell'occupazione, la Gestapo non chiamava forse terroristi quelli che i patrioti francesi chiamavano partigiani? Dunque, asteniamoci dal classificare come terrorismo ogni azione violenta che non ci aggrada.

Questo relativismo è risorto anche dopo l'11 settembre. L'agenzia britannica Reuters, a fine settembre 2001, ha addirittura dato come consegna ai propri giornalisti di evitare l'utilizzo del termine «terroristico» per qualificare gli attentati di New York e Washington o per designare i loro autori. Questi scrupoli onorano chi li mette in pratica, ma paiono eccessivi, perché evitano sbrigativamente di fare un'analisi più precisa. Per distinguere un terrorista da un autentico combattente per la libertà esistono criteri meno soggettivi di quelli dettati dal nostro punto di vista personale, secondo il partito al quale apparteniamo o al quale va la nostra simpatia. Quali? Si può considerare legittima la violenza se effettivamente è l'unico mezzo per tentare di recuperare la libertà. In particolare quando si subisce una dittatura che sopprime i diritti dell'uomo, soprattutto se è totalitaria, e più specificamente se è causata da un esercito di occupazione straniero. Ora, quasi nessun movimento terroristico che ha imperversato negli ultimi trent'anni o che ancora imperversa rientra in questa fattispecie. Le Brigate Rosse in Italia, la Rote Arme Fraktion in Germania, Action directe in Francia, l'Eta nei Paesi Baschi spagnoli dal 1977, i nazionalisti corsi, l'Ira in Irlanda del Nord, Sendero luminoso in Perù dal 1980, si dedicavano o si dedicano alla violenza in paesi democratici, ove la libertà è assicurata dalle istituzioni, in cui ci si può esprimere liberamente, fondare giornali e partiti politici, votare, presentarsi alle elezioni, manifestare.

I militanti di questi movimenti, essendo rimasti sempre assai minoritari alle urne, uccidevano o uccidono perché non riescono a convincere. Il loro nemico non è la tirannia, ma la democrazia. Per il resistente è l'esatto contrario. Ecco un criterio semplice e chiaro che permette di definire il terrorista. Lungi dal liberare, asservisce. L'altra caratteristica del terrorismo è che se la prende principalmente con cittadini ordinari indifesi. Mettere bombe nei negozi o sui treni, far saltare per le strade macchine cariche di esplosivo, colpire gente a caso, in tempo di pace, significa letteralmente «terrorizzare» un'intera popolazione. Dal 1990 al 2000, in Algeria, paese non democratico, il Gia (Gruppo Islamico Armato) ha ucciso centomila persone. Non membri dell'organizzazione militare che pratica la dittatura, ma preferibilmente contadini che non avevano il minimo potere politico. Le vittime di queste carneficine sono tanto più esemplari quanto più sono inoffensive e servono così ai terroristi per rinforzare il clima generale di insicurezza. Gli attentati dell'11 settembre corrispondono indubitabilmente a questa descrizione.

Infine, la peculiarità del terrorismo è di avere fini vaghi e indefinitamente estensibili, senza d'altronde che si possa stabilire un legame razionale fra questi fini e gli atti commessi per conseguirli. Se i terroristi della banda di Baader in Germania o delle Brigate Rosse in Italia pensavano di poter abbattere il capitalismo assassinando qualche ministro e disseminando esplosivi, si illudevano, rivelando fino a che punto avessero perso il senso dell'efficacia e il contatto con la realtà. In che modo la causa palestinese, durante la seconda Intifada, poteva essere favorita dal massacro di diverse decine di adolescenti in una discoteca? Il fine era consolidare uno Stato palestinese co-esistente con uno stato israeliano

rientrato nelle sue frontiere, o piuttosto distruggere puramente e semplicemente Israele, il che equivaleva a rigettare
gli accordi passati e a instaurare una guerra interminabile?
L'equivoco è costante.

In compenso, non c'è alcun equivoco in merito al fine per-
seguito dai fondamentalisti di al-Qā'ida: vogliono convertire a forza l'umanità intera all'Islam. Il solo enunciato di questa ambizione ne illumina la natura al contempo irrazionale
e irrealizzabile. È la ragione per cui non erano pertinenti le
spiegazioni di questo nuovo terrorismo con fattori concreti,
come le disuguaglianze fra le nazioni. Quel che gli integralisti rimproverano agli occidentali, e innanzitutto agli americani, non è di essere ricchi, ma di non essere musulmani.
Certo, attribuiscono loro anche la responsabilità dei propri
fallimenti, invece di chiedersi perché le società musulmane
non sono riuscite a entrare nella modernità. Ma non è questo
il punto: il terrorismo è giustificato ai loro occhi perché colpisce gli infedeli che si rifiutano di abbracciare l'Islam.

Non solo Bin Laden o i suoi emuli e successori vedono
negli Stati Uniti un «nemico dell'Islam che dev'essere
distrutto», ma anche alcuni musulmani americani, senza
andare così lontano, credono di poter convertire tutti i loro
concittadini. Uno dei loro portavoce, Siraj Wahaj, che ha
avuto l'onore di essere il primo musulmano invitato a pro-
nunciare la preghiera quotidiana alla Camera dei rappresentanti, ha recentemente dichiarato: «Spetta ai musulmani
americani sostituire l'attuale governo costituzionale con un
califfato ed eleggere un emiro» [14].

Ci illudiamo quando si consiglia di ricorrere alla negoziazione e a «soluzioni politiche» per calmare i fanatici di al-
Qā'ida. Per far ciò, le loro motivazioni dovrebbero essere
logiche. Ma un abisso le separa da ogni pratica razionale. E

il terrorismo è appunto la parodia d'azione che serve a colmare questo abisso.

I due mesi che hanno seguito lo scoppio della guerra del terrorismo islamico contro la democrazia in generale e gli Stati Uniti in particolare sono stati un banco di prova molto interessante e rivelatore, poiché nel corso di quel periodo abbiamo visto esacerbarsi le fobie e le menzogne dell'antiamericanismo tradizionale e del neototalitarismo.

La più ottusa di queste menzogne consiste, da parte dei musulmani, nel giustificare il terrorismo islamico attribuendo all'America un'ostilità antica e generalizzata nei loro confronti. Ora, nel passato lontano e prossimo, gli Stati Uniti hanno senza paragoni possibili nuociuto molto meno ai paesi musulmani di quanto abbiano fatto il Regno Unito, la Francia o la Russia. Queste potenze europee li hanno spesso conquistati, occupati, se non oppressi per decine d'anni e talvolta per più di un secolo. In compenso, gli americani non hanno mai colonizzato paesi musulmani. Nemmeno oggi sono ostili all'Islam in quanto tale. Al contrario, gli interventi in Somalia, in Bosnia e in Kosovo, così come le loro pressioni sul governo macedone, hanno avuto o hanno per oggetto la difesa delle minoranze islamiche. Prima ho ricordato che non sono nemmeno la causa storica della nascita di Israele, dovuta all'antisemitismo degli europei. La coalizione di ventotto paesi al quale gli Stati Uniti hanno fornito la parte essenziale della forza militare contro l'esercito iracheno nel 1991 non aveva come obiettivo Saddam Hussein in quanto musulmano, bensì in quanto aggressore. Questa coalizione d'altronde fu formata su richiesta dell'Arabia Saudita, preoccupata dalla minaccia che rappresentava il dittatore di Baghdad per lei e per tutti gli emirati vicini.

Dunque, si può sottolineare che, nella fattispecie, gli Stati Uniti e i loro alleati hanno *difeso*, anche in questo caso, un piccolo paese musulmano, il Kuwait, contro un tiranno che, lui sì, era assai poco musulmano, poiché in teoria l'Iraq era laico e Saddam massacrava volentieri con armi chimiche gli sciiti del Sud e i curdi del Nord, anch'essi musulmani. È dunque curioso che i musulmani americanofoni non trovino sconveniente che l'Iraq, la cui popolazione è in maggioranza musulmana, attacchi altri musulmani – dapprima l'Iran nel 1981, poi il Kuwait nel 1990 – secondo la maniera di procedere del più primitivo imperialismo bellicista. Allo stesso modo, in Algeria dal 1990 musulmani massacrano altri musulmani. È strano che i presunti difensori dei popoli musulmani non siano affatto scandalizzati!

Inoltre, i musulmani potrebbero anche ricordarsi che nel 1956 gli Stati Uniti hanno fermato l'offensiva militare anglo-franco-israeliana contro l'Egitto, la cosiddetta «spedizione di Suez».

Una seconda menzogna è stata diffusa dopo l'11 settembre del 2001: il mito di un Islam tollerante e moderato. Questo mito è composto di due parti. La prima deriva dalla storia delle religioni e dall'esegesi dei testi sacri. È l'affermazione secondo la quale il Corano insegnerebbe la tolleranza e non conterrebbe alcun versetto che autorizza l'uso della violenza contro i non-musulmani o contro gli apostati. Sfortunatamente, questa leggenda lenitiva non resiste al più sommario esame del Libro sacro dell'Islam, che al contrario è disseminato di passaggi che impongono ai credenti di sterminare gli infedeli. Nelle discussioni in merito, ravvivate alla grande dopo gli attentati, numerosi commentatori ricordarono questa verità, citando parecchi versetti che la illustrano e la dimostrano senza tema di smentita. Citerò, fra gli altri, il libro di Jacques Rollet, *Réligion et Politique*[15], o ancora l'articolo di Ibn Warraq intitolato *L'Islam, une ideologie totalitaire*[16]. Ibn Warraq è un indo-pachistano, autore di un libro clamoroso intitolato *Perché non sono musulmano*[17]. Dalla pubblicazione del libro deve vivere nascosto (come, dal 1989, Salman Rushdie, l'autore dei *Versetti satanici*; o come la bangladese Taslima Nasreen, che nel 1993 osò protestare contro la condizione delle donne nei paesi islamici). Una volta scovato, Ibn Warraq verrebbe ucciso dai suoi infinitamente tolleranti correligionari. Trascrisse un'edificante sfilza di sure coraniche, per esempio la seguente: «Uccidete gli idolatri ovunque li troverete» (surah IV, versetto 76). D'altronde, si tratta dei pii doveri che hanno osservato i buoni musulmani barbuti che, domenica 28 ottobre 2001 a Bahawalpur, in Pakistan, fecero irruzione con alcune mitragliette in un tempio protestante dove si stava officiando un rito, uccisero il pastore e sedici fedeli (quattro bambini, sette donne e cinque uomini), ai quali si aggiunsero varie decine di feriti gravi, fra i quali una bambina di due anni. Annegati fra centoquaranta milioni di musulmani, ci sono circa due milioni di cristiani pachistani, cattolici o protestanti, che evidentemente non possono essere in alcun modo colpevoli dei misfatti che i folli di Allāh imputano all'Occidente. È dunque proprio unicamente in qualità di infedeli che queste vittime innocenti sono state assassinate. D'altronde Bin Laden aveva appena lanciato la parola d'ordine: «Uccidete i cristiani!». È stato ascoltato. Poco dopo, ha voltato la sua pupilla omicida contro Kofi Annan, il segretario generale dell'ONU, definito un «criminale». A proposito di «vittime innocenti», non mi risulta che la sinistra europea abbia versato molte lacrime sui cristiani pachistani.

Secondo la visione del mondo dei musulmani, l'umanità

intera dovrebbe rispettare gli imperativi della loro religione, mentre essi non devono avere alcun rispetto per le religioni altrui, poiché in quel caso diventerebbero dei rinnegati che meritano l'esecuzione immediata. La «tolleranza» musulmana è a senso unico. È quella che i musulmani esigono solo per sé stessi e che mai mostrano verso gli altri. Preoccupato di mostrarsi tollerante, il Papa ha autorizzato, addirittura incoraggiato, l'edificazione di una moschea a Roma, città in cui è seppellito San Pietro. Ma non si potrebbe mai costruire una chiesa alla Mecca, né in Arabia Saudita, pena la profanazione della terra di Maometto. Nell'ottobre del 2001 voci islamiche ma anche occidentali invitavano con insistenza l'Amministrazione americana a sospendere le operazioni militari in Afghanistan durante il mese del Ramadan, che sarebbe cominciato a metà novembre. Guerra o non guerra, la decenza – dicevano i benintenzionati – impone un certo riguardo per le feste religiose. Bella massima, salvo per il fatto che i musulmani se ne ritengono dispensati. Nel 1973 l'Egitto non ha esitato ad attaccare Israele il giorno stesso del Kippur, la più importante festa religiosa ebraica, guerra che è rimasta nella storia proprio con il nome di «guerra del Kippur».

La seconda parte del mito dell'Islam tollerante consiste nel sostenere apertamente che il grosso delle popolazioni musulmane disapprova il terrorismo, in prima fila l'immensa maggioranza dei musulmani residenti o cittadini dei paesi democratici europei o americani. I muftì o rettori delle principali moschee in Occidente sono diventati specialisti in queste soavi rassicurazioni. Dopo ogni ondata di attentati assassini, per esempio in Francia nel 1986 o nel 1995, o dopo le fatwā che ordinavano di uccidere Salman Rushdie nel 1989 e Taslima Nasreen nel 1993 per «blasfemia», non hanno pari nel garantire che le comunità di cui sono responsabili spirituali sono sicuramente moderate. Negli ambienti politici e mediatici si fanno rapidamente proprie le loro opinioni, tanto ci strangola la paura di passare per razzisti semplicemente constatando i fatti. Come dice ancora Ibn Warraq, «la viltà degli occidentali mi spaventa tanto quanto gli islamici» [18].

Così, il quotidiano «Le Parisien-Aujourd'hui», nel numero del 12 settembre 2001, pubblica un reportage sull'atmosfera di giubilo che ha regnato durante tutta la serata dell'11 nel XVIII arrondissement di Parigi, dove vive un'importante comunità musulmana. «Bin Laden vi fotterà tutti! Abbiamo cominciato con l'America, poi sarà il turno della Francia». Questo era il tipo di discorsi «moderati» rivolti ai passanti il cui muso sembrava indicare che non fossero maghrebini. Ancora: «Questa sera festeggio perché non considero questi atti [gli attentati di New York e Washington] come un'impresa criminale. È un atto eroico. Darà una lezione agli Stati Uniti. Voi francesi salterete tutti in aria».

Questo reportage del «Parisien» non ha avuto equivalenti in alcun altro organo di stampa e fu passato sotto silenzio dalla quasi totalità dei media. In ogni caso, pur essendo un ascoltatore assiduo e quotidiano delle diverse rassegne stampa radiofoniche, non l'ho sentito menzionare in alcuna di esse, salvo errori, quel 12 settembre.

Malgrado l'imprecisione delle statistiche, si ritiene che la popolazione che vive in Francia conti fra i quattro e i cinque milioni di musulmani. È la comunità musulmana più numerosa d'Europa, seguita a breve distanza da quelle tedesca e britannica. Se «l'immensa maggioranza» di questi musulmani è moderata, come sostengono i muftì e i loro pappagalli mediatico-politici, mi pare si veda un po' poco. Per esempio, dopo le bombe del 1986 e del 1995 a Parigi, che uccisero diverse decine di francesi e ne ferirono ben di più, si sarebbero potuti trovare, su quattro milioni e mezzo di musulmani, di cui una buona parte ha la nazionalità francese, qualche migliaia di «moderati» per organizzare una manifestazione e sfilare da Place de la République alla Bastiglia o sulla Canebière. Nessuno ne ha visto mai nemmeno l'ombra.

In Spagna, manifestazioni che riunivano fino a centomila persone hanno avuto spesso luogo nel 2001 per condannare gli assassini dell'Eta militare. Si sono svolte non solo in tutto il paese, ma anche nei Paesi Baschi, dove i manifestanti potevano temere rappresaglie, sebbene i sostenitori dei terroristi fossero in effetti assai minoritari, come hanno provato le elezioni regionali del novembre del 2000.

Se, al contrario, i musulmani moderati in Francia osano così poco manifestare, la ragione non sarà mica che sono loro ad essere minoritari in seno alla comunità, e non gli estremisti? Ecco perché sono moderati... con moderazione. Stesso discorso vale in Gran Bretagna, dove nel 1989 si videro i musulmani, in gran parte pachistani, scatenarsi per invocare la morte di Salman Rushdie, ma in cui non se ne vide alcuno protestare contro queste barbare urla. Dopo l'11 settembre, un accreditato portavoce dei musulmani britannici, El Misri, definì gli attentati contro il World Trade Center atti di «legittima difesa». Un altro, Omar Bakri Mohammed, lanciò una fatwā che ordinava di uccidere il presidente del Pakistan, reo di aver preso posizione in favore di George Bush contro Bin Laden[19]. Pur sforzandosi, nessuno ha udito la benché minima folla «moderata» anglo-islamica protestare per le strade contro questi appelli all'assassinio, poiché questa folla non esiste, così come non esiste una folla «moderata» franco-islamica. L'idea secondo la quale «l'immensa maggioranza» dei musulmani stabilitasi in Europa sarebbe moderata si rivela essere solo un sogno, come fu messo spettacolarmente in luce nei due mesi che seguirono gli attentati contro gli Stati Uniti.

Il presidente Bush ha agito in modo corretto quando ha proclamato solennemente, sin dal giorno successivo, che era certo del patriottismo dei cittadini americani di confessione musulmana; e ha avuto ragione a recarsi nelle moschee per dimostrare questa sua fiducia. Si trattava di evitare che, sotto l'effetto del furore sollevato dalla portata del crimine, gli arabi americani non fossero l'obiettivo di indegne rappresaglie. George Bush si è così conformato alla migliore morale democratica. E diversi capi di Stato o di governo europei hanno agito con saggezza nella medesima maniera. Questo scrupolo democratico onora americani ed europei, ma non deve renderli ciechi di fronte all'odio per l'Occidente provato dalla maggioranza dei musulmani che vive in mezzo a noi.

Dopo l'11 settembre del 2001, i dirigenti democratici hanno scrupolosamente sottolineato che la lotta degli occidentali contro il terrorismo non è una battaglia contro l'Islam. Ma gli islamici, da parte loro, non si sono fatti scrupolo nel proclamare che la loro lotta terroristica era rivolta contro gli occidentali. Il loro obiettivo è frutto di un delirio, senza dubbio, ma è proprio quello di distruggere la civiltà occidentale in quanto empia e impura. È la ragione per cui tutte le spiegazioni dell'iperterrorismo mediante l'iperpotenza americana e la mondializzazione capitalista, in breve con cause economiche e politiche analizzabili razionalmente, sono prive di pertinenza. Quel che gli integralisti rimproverano alla nostra civiltà non è ciò che fa, bensì ciò che è, non è ciò in cui fallisce, bensì è ciò in cui riesce. Anche tutti i ritornelli sulla necessità di cercare una «soluzione politica» al terrorismo islamico riposano sull'illusione che una tale soluzione possa avere luogo in un universo mentale a tal punto scisso dalla realtà.

Un manuale distribuito agli apprendisti terroristi nel campo di addestramento di Bin Laden e che circola anche in Gran Bretagna in traduzione inglese, specifica senza equivoci i principi e le finalità della guerra santa. I riferimenti filosofici che contiene dimostrano che i suoi autori non sono ignoranti fanatici di campagna e probabilmente hanno frequentato le università occidentali. Si pronunciano dunque in piena coscienza di causa. Vi si può leggere: «Il confronto con i *regimi apostati* ai quali chiamiamo ignora i dibattiti socratici, gli ideali platonici e la diplomazia aristotelica. In compenso, conosce gli ideali dell'assassinio, delle bombe, della distruzione, così come la diplomazia del cannone e del mitragliatore. Missioni assegnate: la principale missione di cui la nostra organizzazione militare è responsabile consiste nel rovesciare i *regimi senza Dio* e nel sostituirli con un regime islamico». Questo opuscolo non è che un esempio in mezzo a un torrente di esortazioni dello stesso stile. Ho sottolineato le espressioni che prescrivono l'annichilimento della nostra civiltà e dei suoi pensatori. Non si tratta affatto, nella mente dei terroristi, di pianificare la mondializzazione o di accrescere l'aiuto ai paesi emergenti. Si tratta di estirpare il Male da tutto il pianeta e di sostituirvi il Bene, cioè l'Islam.

D'altronde, i nemici della democrazia nei nostri paesi non si sbagliano. Giovani di estrema destra, adepti di Jean-Marie Le Pen, hanno brindato, in una sede del Fronte nazionale, guardando le immagini delle Twin Towers che crollavano fra le fiamme l'11 settembre. All'altro capo del ventaglio politico, i delegati della Confederazione generale del lavoro, il sindacato comunista, alla festa dell'«Humanité» il 16 settembre hanno fischiato il discorso col quale il segretario nazionale del partito comunista, Robert Hue, chiedeva tre minuti di raccoglimento in memoria delle vittime americane degli attentati. È la medesima ostilità verso la civiltà democratica che ha spinto migliaia di spettatori, francesi di origine maghrebina, a fischiare *La marsigliese* prima dell'inizio della partita di calcio Francia-Algeria, il 6 ottobre.

A queste grida di giubilo si aggiunsero, in ambienti politici e intellettuali di sinistra, alcune reazioni più sfumate, ma che comunque tendevano a insinuare che gli attentati perpetrati contro gli Stati Uniti non erano moralmente ingiustificati. Va notato che tutti questi punti di vista antiamericani hanno cominciato a circolare e a diffondersi senza ritegno prima del 7 ottobre del 2001, cioè *prima* dell'inizio dei bombardamenti che puntavano a far sloggiare i talebani da Kabul. Dopo questa data, i bombardamenti sono diventati il motivo più spesso addotto per prendere partito contro gli americani. Ma non fu altro che un elemento aggiunto in una requisitoria che, sin dall'inizio, dava torto all'America in quanto modello del capitalismo democratico e della civiltà «materialista». Tutti sanno che il disinteresse più puro regna nei paesi africani o asiatici, specie nei paesi musulmani, e che la corruzione universale che li rovina e li flagella è l'espressione di un'alta spiritualità.

Molte menti ragionevoli, pur non sposando tesi così estremiste, tuttavia ne condividevano parzialmente le premesse.

Anche il primo ministro francese, Lionel Jospin, sottoscrisse discretamente questa interpretazione quando chiese: «Quale lezione vogliono trarre gli americani da ciò che è accaduto?». Questa lezione, indicò il primo ministro, dovrà consistere per gli Stati Uniti nel moderare il loro «unilateralismo». Forse gli Stati Uniti sono colpevoli di «unilateralismo». Ma in quel caso la domanda che si poneva era sapere se la distruzione terroristica di città americane era la risposta appropriata. Pur confermando la solidarietà franco-americana nella lotta contro il terrorismo, Jospin dunque non scartava affatto l'idea che il castigo terroristico inflitto all'America l'11 settembre fosse interamente immeritato. Andando oltre, un portavoce di Attac citò l'adagio: «Chi semina vento raccoglie tempesta».

Assai diffusa, questa opinione, secondo le diverse dichiarazioni che riportarono i media, era evidentemente condivisa dai musulmani cosiddetti «moderati» di Francia, Gran Bretagna o altrove, anche se secondo i sondaggi a quanto pare condannavano il *principio* del terrorismo. Ma ne condannavano la pratica? Apparentemente no.

In ogni caso, se la mondializzazione è biasimata dalle élite di sinistra quand'è liberista, è adottata senza alcuna falsa vergogna dai musulmani integralisti quando diviene islamica. «Islam will dominate the world», «l'Islam dominerà il mondo»: questo è il motto che, per esempio, figurava sui cartelli branditi dai manifestanti islamici di nazionalità britannica che sfilavano nell'ottobre del 2001 a Luton (a cinquantacinque chilometri a nord di Londra). I benpensanti occidentali prendono i loro sogni per realtà – o chi li ascolta per imbecille – quando si dicono convinti della fondamentale tolleranza del mondo islamico. Ci si sarebbe potuto immaginare che un numero piuttosto cospicuo di musulmani, pur ritenendo a torto o a ragione gli occidentali responsabili delle difficoltà e dei ritardi del mondo islamico, additassero tuttavia il terrorismo come un'assurdità criminale che non risolveva affatto il loro problema. Se esistono, non li si sente affatto. I dirigenti politici musulmani che, per ragioni diplomatiche e strategiche, in Pakistan o in Arabia Saudita, condannarono gli attentati, lo fecero pagando questa audacia con la loro popolarità nei rispettivi paesi.

L'evoluzione globale di gran parte dell'opinione pubblica, degli «esperti» e dei media, nel corso dei due mesi che seguirono l'11 settembre 2001, li condusse così a questa conclusione o, almeno, a questa interpretazione costantemente sottintesa: l'unica aggressione reale non era stata l'attacco degli iperterroristi islamici, ma la replica degli Stati Uniti contro i talebani e Bin Laden. Naturalmente, questa versione dei fatti fu sin dall'inizio quella della maggior parte dei músulmani. Ma il fenomeno interessante è che, in seguito, si diffuse piuttosto ampiamente in Occidente. I critici più moderati ammettevano vagamente che l'America era stata attaccata. Ma professavano che il rischio supremo era quello di fare vittime civili in Afghanistan. Peggio: suscitare una «catastrofe umanitaria». Certo, il rischio era tragicamente reale. Che tutto dovesse essere approntato per risparmiare la popolazione e soccorrere i rifugiati, era evidente. Ma occorreva una cospicua dose di «unilateralismo» per imputare solo all'America la responsabilità di quella situazione. La disgraziata popolazione afghana subiva da più di vent'anni gli effetti dei crimini commessi prima dall'Armata rossa, poi dai fanatici talebani. Orde di afghani affamati dal 1980 continuavano a scappare dal loro paese per cercare rifugio aldilà dell'una o dell'altra delle sue frontiere. Ma gli orrori, secondo molti, cominciarono solo nel 2001, per colpa degli americani, quando lanciarono l'operazione contro i talebani e i terroristi. La conclusione da trarre da queste considerazioni era assolutamente chiara. Secondo i benpensanti occidentali gli Stati Uniti sono l'unica nazione che non ha il diritto di difendersi quando un nemico li aggredisce. Una delle obiezioni più disoneste opposte al diritto di legittima difesa degli americani consiste nel dire che hanno usato Bin Laden nella guerra contro l'Urss, durante gli anni '80, e addirittura (orrore!) che è stato iniziato alla guerra dalla CIA. (Gli Stati Uniti, si sa, sono il solo paese al mondo che abbia dei servizi segreti!) Ma cosa c'era di anormale o di riprovevole nel fatto che Ronald Reagan accettasse i servigi di tutti coloro che volevano resistere all'Urss, fosse anche in nome dell'Islam? Per scacciare l'Armata rossa bisognava aspettare che tutti gli afghani e tutti i sauditi avessero letto Montesquieu o si fossero convertiti al cristianesimo? Immaginate quel che avrebbe rappresentato per l'India, per il Pakistan, per i paesi del Golfo, per tutti noi, se i sovietici avessero definitivamente messo le mani sull'Afghanistan! Non ci sarebbe mai stato Gorbaciov. Venendo dagli europei, che all'epoca restavano basiti a causa della viltà e si chiedevano solo se bisognava o non bisognava andare comunque ai Giochi olimpici di Mosca (grazie a Georges Marchais, la Francia vi si precipitò), questa critica degli eventuali rapporti intrattenuti fra la CIA e Bin Laden ha qualcosa di... sottosviluppato.

Infine, fra le reazioni occidentali alla guerra iperterroristica che ha colpito gli Stati Uniti nel settembre del 2001, si inscrive il recupero dell'iperterrorismo da parte dei no global. Beninteso, dapprima sono rimasti anch'essi sbalorditi dall'ampiezza dei crimini commessi e ridotti al silenzio dall'ondata di solidarietà con gli americani che ne risultò. Per qualche giorno l'antiamericanismo ebbe una cattiva stampa. Ma solo per qualche giorno. Molto rapidamente emerse la nozione che «Bin Laden si ricongiunge con la lotta dei no global» [20]. Per il cardinale Karl Lehmann, presidente della conferenza episcopale tedesca, la lezione da trarre dal terrorismo è che «l'Ovest non deve cercare di dominare il resto del mondo» [21]. E per Ulrich Beck, docente di sociologia all'Università di Monaco di Baviera, gli attentati segnano «la fine del neoliberismo» [22]. Benché nessuno dei testi nei quali i terroristi islamici espongono i moventi delle loro azioni menzioni la lotta contro il liberismo, secondo numerosi rappresentanti della sinistra occidentale i misfatti di quest'ultimo spiegherebbero gli attentati.

Con una persistente ipocrisia, i no global hanno attribuito con leggerezza la povertà dei paesi in via di sviluppo alla libertà del commercio, mentre questi stessi paesi poveri continuano a lamentarsi per le barriere che impediscono o limitano l'esportazione dei prodotti agricoli e tessili nei paesi ricchi. In particolare, l'Unione Europea, i cui agricoltori traggono metà dei loro redditi da sovvenzioni, è in testa a questo protezionismo, che peraltro spinge a una superproduzione che costa molto cara ai contribuenti dell'Unione. Così, i no global europei e americani sono totalmente incoerenti, poiché pretendono di lottare in favore dei paesi poveri, pur respingendo la libertà degli scambi che quei paesi richiedono! È questa che vogliono i cosiddetti paesi del Gruppo di Cairns (fondato nel 1986 a Cairns, in Australia). Il gruppo comprende, fra gli altri, Argentina, Brasile, Cile, Colombia, Indonesia, Filippine e Thailandia, per i quali le esportazioni agricole sono vitali. Anche il Gruppo di Cairns si è battuto per far inserire nell'ordine del giorno del summit dell'OMC ad Al-Dawa (Doha), in Qatar, nel novembre del 2001, almeno una *graduale* soppressione delle sovvenzioni e delle protezioni con le quali s'ingrassa l'agricoltura dei paesi più ricchi. L'Unione Europea, ancora una volta, ha discusso l'argomento solo a malincuore, pur rigettando in modo classico la responsabilità del protezionismo sugli Stati Uniti. Non c'erano dubbi! Il ministro francese dell'Economia, Laurent Fabius, commentando gli impegni del summit di Al-Dawa, si è lasciato andare a questa strana analisi: «Bisogna agire sugli squilibri di cui si nutrono i terroristi, cioè governare la globalizzazione». Da qui si vede che un uomo intelligente e per nulla estremista può sottoscrivere, in primo luogo, la tesi no global secondo la quale la libertà degli scambi sarebbe all'origine dell'iperterrorismo islamico, in seguito il programma secondo il quale sarebbe dunque il caso di ridurla, mentre i paesi emergenti che si finge di aiutare chiedono al contrario che la si estenda. Anche per alcune menti sensate, l'insegnamento dell'irruzione iperterrorista era dunque che occorreva stroncare il liberismo... D'altronde, se il gruppo Attac[23] riteneva che l'America fosse stata l'unico reale aggressore, è perché «la guerra [in Afghanistan] è il fronte della futura liberalizzazione del mondo» e dunque bisogna opporvisi.

A ogni modo, i no global avrebbero dovuto essere incantati dai risultati del terrorismo, poiché gli attentati di settembre, come ho già accennato prima, hanno provocato un crollo del commercio mondiale. Purtroppo, abbiamo visto cos'avevano anche provocato! La conseguenza era la caduta vertiginosa delle esportazioni dei paesi poveri, dunque sono scomparsi decine di milioni di posti di lavoro, la miseria si è aggravata e si è dunque estesa la fame[24]. Un piccolo inconveniente del regresso della mondializzazione liberista che i no global non sembravano notare.

Allo stesso modo, se la questione israeliana e il nuovo peggioramento delle relazioni israelo-palestinesi dopo il 2000 hanno incontestabilmente ravvivato l'odio antiisraeliano da parte della maggioranza del mondo arabo, non sembrano però rivestire un ruolo di primo piano nell'ideologia dei combattenti iperterroristi di Bin Laden. I loro testi «teorici» fanno il punto soprattutto sull'odio nei confronti degli ebrei in generale piuttosto che contro Israele. Inoltre, data la complessità e la molteplicità dei mezzi messi in campo, pare evidente che gli attentati dell'11 settembre del 2001 siano stati concepiti e messi in cantiere ben prima dell'inizio della seconda Intifada e l'insediamento di Ariel Sharon. Infine, è stato giustamente notato che il primo attentato contro il World Trade Center, nel 1993 (un'autobomba esplose nei sotterranei), di cui oggi si è provata che già era attribuibile alla rete di Bin Laden, è stato portato a termine nel momento stesso in cui si stava avviando a Oslo il processo di pace che prevedeva la creazione di uno Stato palestinese. Gli islamici della scuola di Bin Laden se ne infischiano dei compromessi e mirano molto più in alto che a Israele: è la civiltà moderna nel suo complesso a essere il loro autentico obiettivo.

In effetti, ai loro occhi, questa civiltà è intrinsecamente e, per così dire, metafisicamente incompatibile con la civiltà islamica. Il delirio paranoico secondo il quale gli americani «attaccano ovunque i musulmani» [25], come ha detto Bin Laden e come hanno ripetuto i suoi discepoli, consisteva solo nell'inventare pretesti empirici per giustificare *a posteriori* una volontà di sterminio di origine trascendente. «I veri obiettivi degli attentati erano le icone del potere militare ed economico americani», precisa Bin Laden. Al giornalista, il quale obietta che anche centinaia di musulmani sono periti nel crollo delle due Torri, risponde: «La sharia islamica dice che i musulmani non dovrebbero vivere nei paesi degli infedeli per un lungo periodo» [26]. Dunque, le vittime musulmane degli attentati hanno solo avuto ciò che meritavano. Vedete, la critica del neoliberismo non figura molto fra le priorità dei «neo-islamici».

Se l'emergere di questo neo-islamismo deve condurre le democrazie a ricalibrare la loro percezione del mondo, non c'è alcuna ragione perché l'antiliberismo sia il motore principale di questa revisione. Poiché non si può negare l'estensione e la portata dei cambiamenti provocati dalla «nuova guerra» [27] dichiarata alle democrazie – e a vari altri stati che non lo sono ma hanno il torto di allearvisi – nel settembre del 2001. Questa aggressione, senza precedenti sia per la modalità che per l'ampiezza, ha probabilmente modificato durevolmente l'idea che gli Stati Uniti si facevano di sé stessi e dei loro rapporti col resto del mondo. Ha comportato una trasformazione tanto rapida quanto profonda delle relazioni internazionali e, beninteso, uno sconvolgimento delle concezioni strategiche, di fronte a minacce inedite e ampiamente impreviste, se non imprevedibili.

Sarà il caso di misurare, caratterizzare e valutare questi cambiamenti nel corso del tempo. Ma hanno poco a che vedere con i sogni passatisti degli antimondialisti, degli anticapitalisti e degli antiliberali.

[1] Il principio di precauzione è un principio a tutela del cittadino, in forza del quale all'azienda o ente spetta l'onere della prova che i propri prodotti (in particolare quelli alimentari) non sono dannosi per la salute pubblica. Questo principio si applica nei casi in cui i dati scientifici disponibili non consentono una valutazione completa del rischio. [N.d.T.]

[2] La propagande fait rage dans les médias américains: è il titolo di un articolo di «Le Monde» del 3 ottobre 2001.

[3] La voix de son maître: è il titolo di un editoriale firmato da Tariq Zemmouri apparso su «Jeune Afrique l'Intelligent» del 16 ottobre 2001.

[4] Cfr.: Marvin Kalb, When the press is asked. What side are you on?, «International Herald Tribune», 12 ottobre 2001; James Poniewozik, The battle for hearts and minds, «Time», 22 ottobre 2001.

[5] Cfr. il racconto completo di questo scandalo: Franklin Foer, Sin of Commission, how an antiterrorist report got ignored, «The New Republic», 8 ottobre 2001.

[6] Carlos Rangel, *Dal buon selvaggio al buon rivoluzionario*, Edizioni di Comunità, Milano 1980. [*N.d.T.*]

[7] «Le Monde», 21-22 ottobre 2001. La cifra di seimila vittime, ritenuta acquisita poco dopo l'avvenimento, è stata in seguito rivista al ribasso fino a quattromila, se non tremila. Ma qui si tratta, a quanto pare, di vittime delle quali si sono ritrovati e identificati i corpi, e non di tutti i dispersi, difficili da contare, poiché si trovano fra loro numerosi visitatori dei quali non abbiamo alcun mezzo per stabilirne l'effettiva presenza sulle torri all'ora fatale.

[8] «Il Corriere dell'Umbria», 14 ottobre 2001.

[9] In realtà anglo-americana, con una modesta cooperazione della Francia e di qualche altro paese, specie a livello di intellligence.

[10] «Jeune Afrique l'Intelligent», 23 ottobre 2001.

[11] Questo paragrafo e il precedente sono letteralmente ripresi dal primo capitolo. [*N.d.T.*]

[12] Attac sta per Azione per una Tassazione delle Transazioni finanziarie e per l'Aiuto dei Cittadini. Gruppo neo-marxista.

[13] Sino a questo punto, a partire dalla seconda frase del capoverso, il testo è ripreso dal terzo capitolo. [*N.d.T.*]

[14] Cfr. Daniel Pipes, *Militant Islam in America*, «Commentary», novembre 2001.

[15] Jacques Rollet, *Réligion et Politique*, Grasset, Paris 2001. Cfr. anche «Le Point» del 21 settembre 2001.

[16] «Marianne», 24 settembre 2001.

[17] Ibn Warraq, *Perché non sono musulmano*, Ariele, Milano 2002. [*N.d.T.*]

[18] «Le Figaro Magazine», 6 ottobre 2001. Mi si permetta di rinviare su questo punto al mio *Le régain démocratique*, al cap. «Démocratie islamique ou islamo-terrorisme?».

[19] Cfr. *Londres, les forcenés de l'Islam*, «Le Point», 2 novembre 2001.

[20] È l'espressione utilizzata dal settimanale «Jeune Afrique l'Intelligent», 23 ottobre 2001.

[21] «Le Figaro», 3 novembre 2001.

[22] «Le Monde», 10 novembre 2001.

[23] La frase seguente è tratta da un bollettino del gruppo Attac citato in John Vinocur, *War transforms the Anti-Globalization crowd*,

«International Herald Tribune», 2 novembre 2001.
[24] Comunicato 2002/093/5 della Banca mondiale, datato 1 ottobre 2001: «La povertà è in aumento all'indomani degli attentati terroristici negli Stati Uniti. Altri milioni di esseri umani sono condannati alla povertà nel 2002».
[25] Intervista a Bin Laden apparsa su due quotidiani pachistani il 9 novembre 2001 e ripresa in «Le Monde», 11-12 novembre 2001.
[26] Ivi.
[27] Cfr. François Heisbourg, Fondation pour la recherche stratégique, *Iperterrorismo: la nuova guerra*, Meltemi, Roma 2002.

Capitolo quinto

La peggiore società che ci sia mai stata

La principale condanna pronunciata in Europa contro gli Stati Uniti, di cui la Francia è in questo caso l'altoparlante più potente, non concerne solo l'«unilateralismo» da iperpotenza (d'altronde, quando ce n'è bisogno, questo rimprovero viene curiosamente associato al risentimento per l'isolazionismo). La sentenza critica anche la società americana in quanto tale, nel suo funzionamento interno. In altre parole, sarebbe quasi la peggior riunione di essere umani alla quale la storia abbia mai dato vita.

Quale idea della società americana può farsi l'europeo medio? Soprattutto se è francese, non ha molta scelta, visto cosa legge o sente ogni giorno sulla stampa e sui media, grazie alla penna degli intellettuali e ai discorsi dei dirigenti politici.

In primo luogo, è una società interamente governata dal denaro. Nessun altro valore – morale, culturale, umano, famigliare, civico, religioso, professionale o deontologico, intellettuale – vi ha corso per sé stesso. Tutti i valori sono rapportati al denaro. Tutto è merce, visto e utilizzato esclusivamente in quanto merce. Un individuo viene valutato solo per il suo conto in banca. Tutti i presidenti degli Stati Uniti sono venduti o ai petrolieri o ai trafficanti d'armi o alla lobby degli agricoltori oppure agli speculatori di Wall Street.

L'America è la «giungla» per eccellenza del liberismo e del capitalismo «selvaggi» (ovvio). In seguito, e in qualche modo di conseguenza, i ricchi sono sempre più ricchi e sempre meno numerosi, mentre i poveri, la cui folla in compenso continua a crescere, sono sempre più poveri. La povertà è la piaga dominante negli Stati Uniti. Ovunque si vedono marcire orde di miserabili affamati, fra i quali circolano le lussuose «limousine con autista» coi vetri opachi dei miliardari. Questa povertà e queste disuguaglianze fanno legittimamente inorridire l'europeo. Tanto più che in America – le fonti sono certe – non esistono né assicurazione sanitaria, né sussidi di disoccupazione, né pensioni, né soccorso per i più indigenti, né la pur minima solidarietà. Poiché le élite glielo ripetono ogni giorno, l'europeo crede fermamente che gli americani non godano di alcuna copertura sociale. Solo i ricchi possono farsi curare, poiché laggiù, per i medici come per tutti gli americani, solo il profitto è sacro. I ricchi sono anche gli unici a poter fare studi avanzati, poiché l'università è a pagamento. Da ciò deriva il livello assai basso della cultura negli Stati Uniti, livello tanto più preoccupante poiché gli insegnamenti elementare e medio sono notoriamente prossimi al nulla.

Altro tipico vizio: la violenza. Regna ovunque in America, tanto sotto forma di una delinquenza e di una criminalità uniche al mondo, quanto nella febbre quasi insurrezionale che agita in permanenza i «ghetti». Quest'ultima deriva inevitabilmente dal razzismo, ancorato al cuore della società americana, dove da un lato si oppongono l'un l'altra le «comunità» etniche, e dall'altro l'insieme delle etnie minoritarie e la maggioranza degli oppressori bianchi.

L'imperdonabile viltà – indubbiamente raddoppiata dalla venalità – che trattiene da sempre i dirigenti politici dal vie-

tare la libera vendita di armi da fuoco, sfocia periodicamente nell'orrore per cui degli adolescenti vanno a scuola e aprono il fuoco su professori e compagni.

Altra convinzione universalmente diffusa: tutti questi
mali hanno ancor meno possibilità di essere guariti perché
gli americani si vantano di eleggere come presidenti solo dei
ritardati mentali. Dal «commerciante di cravatte del
Missouri» Truman fino all'idiota congenito del Texas George
W. Bush, passando per il «venditore di noccioline» Carter e
l'«attore di serie B» Reagan, alla Casa Bianca contempliamo
un'autentica galleria di debilitati gravi. Ai nostri occhi solo
John F. Kennedy emerse un po' da questo desolante gregge,
probabilmente perché aveva il merito di essere sposato a una
donna di origine francese. Naturalmente quest'unione lo
innalzava a un livello intellettuale diciamo medio, ma sicuramente ancora troppo elevato per i suoi concittadini, che
non glielo hanno perdonato e lo hanno assassinato.

In ogni caso, lo sanno tutti, gli Stati Uniti sono una democrazia solo in apparenza. Il sistema politico americano ha
rivelato il suo vero volto durante il maccartismo, fra il 1950
e il 1954. Poco importa che McCarthy sia stato disapprovato
dagli stessi conservatori americani e che, nel dicembre del
1954, il Senato lo abbia censurato con sessantasette voti a
ventidue, allontanandolo definitivamente dalla vita politica.
Resterà comunque per sempre la quintessenza del regime
creato dalla Costituzione nel 1787 [1]. D'altra parte, si può
ignorare che la Commissione sulle attività antiamericane
della Camera è stata creata nel 1937 per lottare anche contro
il Ku Klux Klan, considerata un'organizzazione antiamericana perché anch'essa rifiutava il contratto costituzionale che
sta alla base del sistema americano [2]. O ancora, la tiritera
ritrita nelle nostre trasmissioni che denigrava la «telenovela

hollywoodiana» dell'elezione del novembre del 2000, presupponeva che Hollywood non avesse mai prodotto altro che mediocrità, fatto che troverà conferma in ogni seria storia del cinema.

Enormità di tal fatta riflettono i problemi psicologici di coloro che le proferiscono piuttosto che i difetti della società che pensano di accusare. Malgrado la crescente diffusione dell'informazione e il costo decrescente dei viaggi a partire dal 1970, le assurdità che regnano nei giudizi condivisi sugli Stati Uniti non sono stati corretti di molto e differiscono assai poco da quelli di cui avevo già stilato un catalogo in *Né Cristo né Marx*.

Non ci stancheremo di ripeterlo: ogni società ha i suoi difetti, addirittura le sue ignominie. Ogni osservatore può benissimo descriverli e condannarli. Ma devono essere quelli autentici. Ora, l'abituale requisitoria contro gli Stati Uniti porta con sé alcuni luoghi comuni quasi invariabili, che denota soprattutto una misconoscenza del soggetto che ci auguriamo volontaria, tanto è grossolana e facile da correggere. Così, replicando a un articolo di Jacques Julliard apparso su «Libération», un certo Jean-Marc Adolphe gli rimprovera, sullo stesso giornale[3], di considerare l'America una democrazia, mentre evidentemente non lo è, poiché «riserva il diritto di curarsi come si conviene e di invecchiare degnamente solo ai più fortunati». Ora, se gli americani sono per la maggior parte coperti da un sistema di assicurazioni i cui premi, ripartiti fra datori di lavoro e lavoratori, non sono d'altronde superiori ai nostri prelievi sociali obbligatori, è altrettanto esatto che in più le spese *pubbliche* della sanità rappresentano negli Stati Uniti una percentuale del prodotto interno lordo sensibilmente uguale alla percentuale francese. Quanto ai più poveri, sono notoriamente coperti da un celeberrimo programma, il Medicaid, mentre le persone anziane sono assistite dal Medicare, entrambi finanziati dal denaro pubblico. Certo, il sistema della sanità americana ha alcune lacune. Ma se quello francese non ne avesse, il governo Jospin sarebbe stato obbligato a creare la CMU (Copertura malattia universale), in attesa della quale comunque sei milioni di francesi – ossia un decimo della popolazione! – non avevano alcun accesso alle cure! Quando il signor Adolphe scrive che negli Stati Uniti non si può «invecchiare degnamente» se non si è fortunati, verosimilmente intende dire che non esistono le pensioni pubbliche. Non è vero, perché la Social Security è stata istituita negli anni '30 da Roosevelt.

Questo è solo un esempio, che almeno ha il merito di riguardare un punto preciso. Preferendo restare nel vago, il signor Adolphe afferma che l'America non può essere una democrazia perché, dice, è un paese «in cui si compra tutto e tutto si vende». Audace generalizzazione! Vorremmo comunque sapere se l'America è un paese in cui il potere dei giudici è eccessivo, come gli si rimprovera spesso, oppure un paese in cui non esiste alcuno stato di diritto. Un diritto c'è, prosegue il signor Adolphe, ma è «il diritto dei produttori, che prevale su quello degli autori». Cosa vuol dire? Che negli Stati Uniti non esistono contratti editoriali? Che la proprietà letteraria e artistica non è protetta? Che la storia della letteratura americana, come quella del cinema, è un deserto in cui è assente ogni grande creatore, ogni talento originale, poiché questi sono stati costantemente imbrigliati dai «produttori»?

Le lettere europee non sono le sole a disprezzare la letteratura americana, alla quale tuttavia devono molte tematiche innovatrici e tecniche narrative rivoluzionarie. Il quotidiano «Asashi Shimbun», intervistando scrittori e filosofi giapponesi dopo l'11 settembre, registra fra di essi non solo preferenze politiche che propendono più dalla parte dei terroristi islamici che da quella delle loro vittime, ma anche giudizi letterari pregni di condiscendenza e del sentimento della propria superiorità [4]. Il filosofo Yujiro Nakamura, per esempio, scrive: «La cultura americana ha sempre glorificato la salute fisica e mentale e ha disdegnato ciò che si nasconde nell'ombra della natura umana: le debolezze e le mancanze. [...] Ignora gli esseri deboli, perché hanno una dimensione umana che non serve alla produttività o all'efficacia. Una tale civiltà veicola una visione unidimensionale del mondo, che nega la sensibilità verso gli abissi d'ombra che altri uomini recano in sé».

È chiaro che Nakamura non ha mai letto né Melville né Poe né Hawthorne né James né Faulkner né Tennesse Williams né *The Crack Up* di Francis Scott Fitzgerald [5], solo per citare qualche autore.

Sul terreno politico, la maggior parte degli intellettuali interpellati non manca, beninteso, di denunciare l'«arroganza» dell'America, aggiungendo che la sua stessa ricchezza la squalifica dal parlare in nome dei diritti dell'uomo. Il Giappone, è universalmente noto, nella sua storia è sempre stato profondamente rispettoso di questi ultimi, come hanno potuto verificare i coreani, i cinesi o i filippini, prima e durante la seconda guerra mondiale, al punto che i manuali scolastici giapponesi, più di sessant'anni dopo, passano ancora patriotticamente sotto silenzio le atrocità commesse dall'esercito giapponese in quei paesi. È il modo particolare che hanno gli storici giapponesi di servire la verità e la disciplina, con quella modestia che ha sempre caratterizzato il Giappone, paese che, com'è noto, non ha mai fatto prova di «arroganza» né ha mai esaltato o impiegato la forza.

Per di più, gli scrittori americani sono molto più critici nei confronti della propria società di quanto non proclamino i pappagalli dell'antiamericanismo, giapponesi, francesi o altri. In particolare, dal 1865 al 1914 – il periodo che separa la fine della guerra di Secessione dall'inizio della prima guerra mondiale, la Gilded Age, che si potrebbe tradurre colloquialmente con «l'Età della grana» – si affermano parecchi scrittori che dipingono una società corrotta, volgare, incolta, materialista e ipocritamente puritana. Si pensi a Frank Norris, Theodore Dreiser, Upton Sinclair o Sinclair Lewis, i cui romanzi sono requisitorie oltraggiosamente insopportabili per la società americana quanto possono esserlo i più neri romanzi di Zola per la società francese pressappoco della stessa epoca. Spesso questi autori prendono a prestito i soggetti dalle cronache di un giornalismo d'inchiesta scrupoloso nella ricerca dei fatti e senza riguardi nel formulare le lezioni da trarne, e anche questa è un'invenzione americana. Allora questi giornalisti si chiamavano *muckrackers* (letteralmente «chi rimesta nel torbido»). Ma questa vena letteraria non si inaridì nel 1914 – basti citare, fra le due guerre, l'opera di John Dos Passos[6] – e prosegue dopo la seconda guerra mondiale, come testimoniano i romanzi di John Updike o di Tom Wolfe.

Allo stesso modo, i film e i telefilm americani affrontano di petto i «temi della società» spinosi o i temi politici scottanti (il Watergate per esempio), molto più frequentemente e crudamente di quanto faccia la produzione europea. L'idea che in America la letteratura e il cinema sarebbero integralmente votati all'autosoddisfazione del sogno americano dipende dal delirio – o dall'ignoranza che, come quasi sempre nel caso degli Stati Uniti, è volontaria. Detto altrimenti, deriva dalla malafede.

D'altronde, sogghigna l'europeo medio, non si vede come gli Stati Uniti potrebbero avere una cultura, visto che sono una società che vive ancora allo stato selvaggio, una società retta sulla violenza e devastata dalla criminalità.

Una prima contraddizione, in merito alla violenza negli Stati Uniti, deriva spesso dal fatto che in inglese «crime» indica ogni sorta di infrazione e delitto, sino a quelli più piccoli, e non, come il nostro termine «crimine» solo gli omicidi[7]. La parola inglese per questi ultimi è «murder», «assassinio», di primo o di secondo grado a seconda che vi sia o meno volontarietà. Quando un europeo legge con spavento misto a segreta soddisfazione le statistiche della criminalità negli Stati Uniti, a meno che non sia uno specialista, ignora che «criminalità» laggiù riguarda anche i piccoli delitti, come lo scippo, gli assegni scoperti, vendere uno spinello all'angolo della strada, ciucciare un litro di benzina dall'auto di un vicino così come l'omicidio volontario.

Una volta fornite queste precisazioni, resta il fatto che la società americana è sempre stata violenta: è una realtà che gli stessi americani riconoscono da tempo, ma è anche un flagello che cercano di estirpare. Non ne negano l'esistenza, come invece troppo spesso fanno gli europei a proposito delle proprie problematiche sociali. In particolare, i francesi si sono a lungo coperti gli occhi di fronte alla galoppante crescita dell'insicurezza a casa propria.

Il risultato è che, durante gli ultimi quindici anni del XX secolo, la delinquenza e la criminalità sono regolarmente diminuite negli Stati Uniti, mentre in Europa prendevano il volo[8]. L'impresa americana più celebre è il «miracolo di New York», città in cui Rudolph Giuliani, eletto sindaco nel 1993, in cinque anni ha fatto abbassare di più della metà la delinquenza e la criminalità. In particolare, gli omicidi su base annua sono scesi da 2.245 nel 1990 a 633 nel 1998. (New York conta circa otto milioni di abitanti e la sua popolazione sale a dodici milioni di persone durante il giorno.)

Giuliani, che si è cominciato a deridere su alcuni giornali francesi chiamandolo con finezza «Giussolini», per le sue origini italiane, in seguito vietò ai pregiudicati di recarsi in molte metropoli rese invivibili dall'insicurezza e che nulla potevano fare con i loro rimedi placebo, nel resto degli Stati Uniti in primo luogo, poi presto nel mondo intero. Giuliani non hai mai preconizzato, contrariamente a Mussolini, una politica repressiva brutale, malgrado una o due gravi «sbavature», che in ogni paese sono fisiologiche in tutte le polizie, anche e soprattutto delle più inefficaci. La sua tattica, fondata sul principio chiamato «tolleranza zero», è consistita nel punire tutte le infrazioni, fossero anche minime: furti di biciclette, frodi sul metrò, scippi di zaini, senza lasciar passare *nulla*. Se la delinquenza non viene soffocata sul nascere, professò, si estende ineluttabilmente e dà luogo a quelle «zone di non diritto» che costellano il territorio francese. Un'altra formula «giuliana» è l'immagine della «vetrina infranta». L'espressione è nata in un articolo di James Q. Wilson e George L. Kelling intitolato *Broken Windows* [9]. Secondo la loro analisi, in un quartiere se una vetrina infranta non viene immediatamente riparata e se i responsabili non sono immediatamente fermati e multati, prima l'immobile, poi presto tutto il quartiere sarà saccheggiato e lasciato in mano a bande che la polizia non potrà più controllare e che, invertendo i ruoli, daranno la caccia alla polizia. Insomma, quel che è diventato, a partire dal 1980 circa, il panorama «cittadino» in Francia.

Dopo essersi rifiutata per due decenni di riconoscere l'esistenza di un problema di sicurezza in Francia, avendo solo in seguito acconsentito ad accorgersene, la sinistra varò dapprima una politica esclusivamente di prevenzione, che non ha prevenuto proprio nulla. La sinistra francese finì allora per voltare bruscamente gabbana nel 2001. Per misurare l'ampiezza della svolta, è sufficiente scorrere i titoli del numero di «Le Monde» del 4 dicembre del 2001. «La sinistra non privilegia più le spiegazioni sociali della delinquenza» (p. 13), vi si leggeva. E un titolone ricopriva tutta la pagina: «La tolleranza zero, nuovo punto di riferimento per il discorso sulla sicurezza», con in occhiello il sottotitolo: «Sperimentata a New York durante il mandato di Rudolph Giuliani, questa politica di sistematica repressione della piccola delinquenza ormai è citata ad esempio da numerosi eletti. Influenza la riflessione sul trattamento della violenza dei minori». Un box a piena pagina dava risalto alla dottrina della «broken window».

Anche fra i socialisti – che così confessavano, cito, il loro troppo a lungo protratto «angelismo» –, la mansuetudine verso i «comportamenti antisociali» non era dunque più conveniente. Il primo ministro socialista Lionel Jospin dichiarava di conseguenza: «Ogni atto che non rispetti la regola deve trovare la giusta sanzione». Uscendo dall'errore dopo vent'anni si hanno ancora più meriti. Tuttavia, il ministro della Giustizia, la signora Lebranchu, ci tenne a evitare le «confusioni»: «Il governo non vuole riprodurre il modello americano».

Non si può non ammirare la perfezione contraddittoria di questo ragionamento. Nessuno più contesta, nemmeno in Francia, che gli Stati Uniti, fra il 1990 e il 2000, siano riusciti a ridurre sensibilmente l'insicurezza, mentre durante lo stesso periodo l'insicurezza francese continuava ad aggravarsi, allo stesso modo in cui avveniva nell'Europa intera.

Sommersi dal loro permanente fallimento di fronte a questo flagello, e poiché nessuno può sottrarsi in eterno di fronte all'evidenza, nel 2001 le autorità francesi hanno dovuto riconoscere che la loro interpretazione delle cause del male era da tempo erronea e che i loro rimedi, fondati su una sedicente prevenzione, erano inefficaci. Anche la sinistra francese, subito seguita dal suo cagnolino la destra, si vide costretta ad ammettere che non tutto era sbagliato nel metodo Giuliani – imitato d'altronde negli Stati Uniti, con gli stessi risultati convincenti, in parecchie altre città oltre New York. Ma sebbene aderisse a questo metodo, sotto la pressione dei fatti, la Francia, o almeno la sua classe politica, ci tenne comunque a proclamare che non si convertiva al «modello americano». Quale «modello»? Ecco un nome assai pomposo per battezzare misure elementari di buon senso, dettate dall'esperienza. Per evocare un altro campo in cui la Francia detiene un record di disastri, immaginiamo che riduca il numero dei morti sulle strade facendo effettivamente rispettare i limiti di velocità, con una polizia stradale presente non solo in televisione. Significherebbe seguire servilmente il «modello americano» e dunque comportarsi in modo condannabile? Piuttosto non significherebbe, per un governo, adempiere semplicemente al proprio dovere?

Vedete come, in numerosi paesi, l'antiamericanismo serva da scusa per le carenze dei governi locali, per il sottosviluppo ideologico e lo scialo dei delinquenti. Dal momento in cui si scarta il «modello americano», si fa la scelta giusta, anche a costo di naufragare.

Quella smorfia di sdegno nei confronti del «modello americano», in merito alla sicurezza così come a parecchie altre problematiche sociali o economiche, da parte di numerosi paesi che fanno assai meno degli Stati Uniti, rasenta non solo l'inconsistenza ma spesso anche il ridicolo. Poiché, in materia di sicurezza soprattutto, la questione non è tanto sapere se la Francia, per esempio, deve seguire il modello americano, quanto sapere se è in grado di farlo. Allo stesso modo, il 4 gennaio del 2002, una giornalista, intervistando per Rtl il sindaco di Amiens, città fra le più colpite dalla guerra di strada, lo mise caritatevolmente in guardia contro il rischio di trasformarsi in «sindaco-sceriffo all'americana». Il primo ministro, Lionel Jospin, sei mesi prima aveva già utilizzato con sdegno il paragone del sindaco allo sceriffo, per rifiutare di conferire ai sindaci francesi i poteri di polizia che avevano prima del 1939 e che erano stati loro ritirati dal regime di Vichy. Oltre al fatto che era sorprendente sentire un primo ministro socialista difendere un ipercentralismo della polizia che in Francia era stato introdotto da una dittatura, l'assimilazione del sindaco di oltre Atlantico allo sceriffo denota una singolare ma non eccezionale ignoranza delle istituzioni americane. Negli Stati Uniti, lo sceriffo (parola mutuata dal diritto inglese) è un ufficiale amministrativo eletto, incaricato, nel quadro della contea, di mantenere l'ordine e di far rispettare le decisioni giudiziarie. Non ha niente a che vedere con il sindaco, le cui missioni, poteri e responsabilità nel quadro di una municipalità sono assai più vasti e si estendono a campi assai più vari. È come se in Francia si confondesse il sindaco di una grande città con un commissario di polizia.

Certamente possiamo osservare che il sistema Giuliani, a New York e altrove, dal 1990 al 2001 comporta zone d'ombra e non è un successo totale. Il guaio è che, venendo dalla Francia, questa critica non è proprio legittima, nella misura in cui la nostra politica, durante un decennio, è stata un totale fallimento. Mentre la delinquenza e la criminalità in America diminuivano, in Francia raddoppiavano dal 1985 al 1998 [10]. Hanno galoppato ancor più velocemente in seguito. Sprazzo di lucidità: un abitante di Vitry-sur-Seine, deplorando la moltiplicazione degli incendi di macchine nel suo quartiere, esclama: «Qui è peggio che in America!». In effetti. L'America non può più nemmeno servire da punto di riferimento, tanto l'abbiamo distanziata. Nel corso del 2000, gli assalti a mano armata sono aumentati del 60% solo nella regione della Val-de-Marne. Per di più, la maggioranza dei crimini e dei delitti non viene registrata. È quella che al ministero degli Interni viene chiamata «cifra nera». Ancor più inquietante è che questa ascesa, passando dalle «veniali inciviltà», come fu di *bon ton* battezzarle pudicamente, alla delinquenza e alla criminalità, segna l'entrata in scena di attori sempre più giovani e distinti dal «giro» tradizionale. Un educatore di Vitry-sur-Seine dichiara al «Point»: «Sono usciti da scuola senza diploma, con un livello scolastico vicino allo zero. Dall'età di dieci anni vivono in una economia parallela. Non sanno fare altro. Delinquere è il destino naturale» [11].

Questa spiegazione di un testimone informato evidenzia un altro monumentale fallimento dello Stato francese: l'educazione nazionale. Invertendo il corso di ciò che avevano fatto, con un certo successo, per tremila anni i teorici e i pratici dell'educazione [12], virtuosi totalitari hanno vietato, a partire dal 1970, due «abusi» giudicati insopportabili: l'insegnamento e la disciplina. La violenza nelle scuole, diciamo chiaramente il banditismo, in effetti è uno degli aspetti più sinistri dell'incuria pedagogica. Per lungo tempo, questa violenza ha colpito solo i licei e le scuole medie, il che era comprensibile, poiché si suppone che bisogna avere almeno dodici o tredici anni per cominciare a giocare col coltello e la pistola. Da ciò derivano le ripetute proteste da parte degli insegnanti, esasperati dal fatto di venire aggrediti in classe e di vedere brutalizzati – talvolta uccisi – alcuni adolescenti da parte di altri. Ma solo nel 2001 ci si rese conto che la violenza arrivava fino alle scuole elementari e imperversava in bambini di meno di otto anni, che se la prendevano gli uni con gli altri così come con i maestri. Alla fine del novembre del 2001, nel XX arrondissement di Parigi e a L'Hay-les-Roses (in Val-de-Marne), due ragazzini di sette e otto anni caricano di botte e prendono a schiaffi le loro rispettive maestre [13]. Beninteso, il soggetto è tabù, il ministero «relativizza»: i genitori che vogliono sporgere querela vengono dissuasi dall'amministrazione, in nome di una santa morale «solidale», «cittadina» e «conviviale».

Poiché sfortunatamente questa ipocrisia non può nascondere una violenza che ormai la fa da padrona, gli insegnanti utilizzano sempre più l'unico mezzo che hanno a loro disposizione per scuotere l'inerzia dei poteri pubblici: lo sciopero. Uno sciopero divenuto, per crescente impossibilità di insegnare, quasi permanente. I professori dell'istituto Victor Hugo a Noisy-le-Grand (Seine-Saint-Denis) – e non è che un esempio preso a caso sulla stampa [14] –, esacerbati dal «logoramento quotidiano» degli allievi, constatano che «i due terzi delle classi sono ingestibili». Scrivono al primo ministro e chiedono udienza al Presidente della Repubblica per esigere «l'abbandono della politica educativa portata avanti in Francia negli ultimi vent'anni». Tema nuovo, capitale e tanto più significativo, poiché uno degli oggetti della derisione francese degli Stati Uniti è proprio il presunto stato lamentevole del loro insegnamento! Ma è proprio in Francia, ancora a Noisy-le-Grand, che la madre di un allievo, deplorando le conseguenze dello sciopero sugli studi di suo figlio, si vede rispondere da un insegnante: «Che si faccia lezione oppure no, comunque non imparano molto». Tutto sommato, se un allievo vuole lavorare, nella classe c'è sempre un bruto che lo riporta alla ragione dandogli una lezione. Così, in una scuola di periferia, un allievo seduto in prima fila che desidera seguire la lezione, si gira verso i suoi compagni per chieder loro di smettere di fare baccano. Immediatamente viene pestato e gli spaccano una sedia sulla testa: diversi punti di sutura e dieci giorni di ospedale [15]. Un professore di storia e geografia di ventinove anni osserva amaramente: «La legge dice che un allievo può trattarci da bastardi e da fascisti e che non deve essere punito». Tutti questi professori mettono così in luce il mutuo legame di causa-effetto fra l'ideologia antieducativa e l'ideologia libertaria che, in vent'anni, hanno sprofondato la Francia nell'anarchia in cui si dimena.

Gli europei hanno ragione a biasimare la libertà di vendita delle armi da fuoco che esiste negli Stati Uniti. Ma queste vituperazioni sarebbero più convincenti se non fosse altrettanto facile procurarsi armi in Europa, dove sono oggetto di un fiorente mercato nero. Benché non siano liberamente in vendita, il risultato è lo stesso, se non peggiore. Il traffico di armi è «fenomenale» in Seine-Saint-Denis, dichiarava un dirigente del sindacato Force ouvrière della polizia alla radio Europe 1 nel novembre del 2001. «Nella regione di Seine-Saint-Denis – diceva – abbiamo trovato armi da guerra, a La Courneuve, due settimane fa, e a Epinay» [16]. Per spiacevole che sia, la vendita ufficiale di armi ai privati in America permette almeno o, più esattamente, rende obbligatoria, la registrazione del nome dell'acquirente, che deve anche pagare una licenza, e consente di prendere le sue impronte digitali. La giungla del traffico d'armi, una giungla in cui tutti possono procurarsene senza che si sappia chi le detiene, è piuttosto l'Europa.

Nel momento in cui, alla fine del 2001, pur concedendo che la propria politica securitaria meritava di essere rivista, la Francia faceva comunque la schizzinosa di fronte al povero «modello americano», si vedevano sfilare e protestare su tutto il territorio francese poliziotti e carabinieri stufi di essere sempre più sprovvisti dei mezzi necessari per lottare contro la violenza. E tuttavia, una nuova legge (fortunatamente emendata in seguito) sulla presunzione di innocenza conduceva la magistratura a rilasciare ogni giorno dei criminali, anche quand'erano stati arrestati in flagrante delitto. Un quadro tanto desolante dovrebbe, mi pare, incitare la Francia a una maggiore umiltà e condurla a trarre delle lezioni dalle esperienze meno disastrose di un altro paese, piuttosto che a dargliene.

In Francia l'insicurezza proviene, proprio come la disgregazione dell'insegnamento, da errori intellettuali francesi, non dall'«iperpotenza» e dall'«unilateralismo» americani, che non c'entrano affatto. Come e perché i delinquenti e i criminali, scolastici o comuni, dovrebbero rispettare la legge, se l'incitamento a violarla proviene dalla nostra stessa classe politica?

È così che il capo della Confederazione contadina, l'illustre José Bové, stella scintillante del firmamento dell'intelligenza nazionale, vede volare in suo soccorso alcuni divi politici e mediatici francesi quando, il 20 dicembre del 2001, viene condannato in appello a sei mesi di reclusione per aver devastato con l'aiuto dei suoi sicari un campo di riso transgenico nel giugno del 1999. Noël Mamère, deputato e candidato ufficiale dei Verdi alla presidenza della Repubblica, si dichiara «rivoltato», aggiungendo: «È una decisione politica: i veri vandali e le vere canaglie sono Monsanto, Aventis e tutte le multinazionali che, in nome del loro interesse privato e di profitto, vogliono imporre rischi all'ambiente e alla salute della gente, contro il loro parere. Denuncio questo tribunale politico, questa sottomissione della giustizia alle lobby economiche e alla mondializzazione liberista» [17]. Naturalmente Mamère è assecondato nel suo elogio della delinquenza dai comunisti, il cui portavoce si dichiara «scandalizzato» e, da intenditore, osa affermare che Bové «conduce una battaglia di idee».

Glisso sulla pochezza intellettuale di questi maleodoranti cliché, estratti dalle «pattumiere della storia»; sulla monumentale incompetenza scientifica di questi chiacchieroni di lungo corso e su una falsificazione dell'informazione che è loro consueta, poiché il campo di piante transgeniche era coltivato non da multinazionali, ma a titolo sperimentale dal Centro Nazionale della Ricerca Scientifica.

Insisto solo su questa «eccezione francese», e non americana: eletti del popolo, legislatori, anche candidati alla magistratura suprema, essa stessa garante delle istituzioni repubblicane, mettono in discussione una decisione di giustizia, accusando il tribunale di essere politicamente manipolato, affermando apertamente e pubblicamente che atti delittuosi o criminali, puniti dal Codice penale, sono una forma legittima di «dibattito di idee» in una democrazia, in uno stato di diritto. Indottrinati da maestri di educazione civica di questa risma, i nostri studenti non hanno più alcuna ragione di sospettare di infrangere la legge quando spaccano una sedia sulla testa di un loro compagno, chiedono il pizzo ad altri o piantano un coltello in gola a uno dei loro professori.

Un altro fallimento francese spiega in parte l'accrescersi della violenza urbana (e, tutto sommato, anche rurale, poiché il numero elevato di veicoli rubati testimonia l'ubiquità della criminalità). È il fallimento dell'integrazione. Questa vergogna trova d'altronde in parte la sua origine nell'errata concezione dell'insegnamento che è prevalsa nel corso degli ultimi trent'anni del XX secolo, che potrebbero essere chiamati gli anni dell'ultimo spasmo ideologico. I misfatti di questa concezione furono ulteriormente aggravati dalla paura che avevano i responsabili dell'educazione di passare per razzisti, prevedendo per gli allievi immigrati o figli di immigrati, per i quali il francese non era la lingua materna o lo strumento di comunicazione più abituale, classi speciali, almeno all'inizio degli studi. Il pretesto a questa assurdità pedagogica era di evitare ogni discriminazione nei confronti degli altri allievi. Così si organizzava e si installava per sempre quella discriminazione giustamente temuta. Si condannavano gli allievi maghrebini e africani a un insuccesso scolastico ineluttabile e quasi permanente, per mancanza di solide basi. Nell'istruzione è decisivo cominciare bene. L'insuccesso scolastico, provocato dalle autorità «pedagogiche» e politiche, riforniva e rifornisce continuamente di reclute le bande di delinquenti dei «quartieri». E qui, seconda ipocrisia, il rifiuto di ammettere ciò che tutte le inchieste serie stabiliscono: la cosiddetta violenza dei «giovani» va attribuita soprattutto ad adolescenti i cui genitori sono immigrati dal Maghreb o dall'Africa nera e ai quali una stupida politica educativa ha fatto fallire l'integrazione. La paura di essere qualificati come razzisti ha condotto i responsabili politici a eludere l'origine etnica di queste guerre di strada.

È ciò che ha dimostrato Christian Jelen, proprio nella sua *Guerre des rues*[18]. Ma, a quella data, dire le cose così com'erano faceva ancora scandalo. Richiedeva un coraggio di cui Jelen fu uno dei pochi a dare prova, per ragioni assolutamente opposte a quelle degli estremisti di destra, poiché lui stesso era figlio di immigrati ebrei polacchi. Tre anni dopo, con l'estensione di un fenomeno sempre più ingombrante, il tabù cadeva anche a sinistra.

«Le Monde» (4 dicembre 2001) pubblica a tutta pagina un'intervista con padre Christian Delorma, prete incaricato delle relazioni con i musulmani nella diocesi di Lione, che per vent'anni aveva appoggiato la politica che tendeva a rispettare e addirittura a rinforzare la specificità arabo-musumana, in maniera tale da sfuggire a ogni sospetto di annessionismo culturale francese. Padre Delorme, con una intenzione la cui generosità è indiscutibile, aveva anche creato associazioni di giovani che andavano nel senso dell'autonomia etnica. Nel 2001, padre Delorme riconosce di essersi sbagliato e deplora una «inquietante etnicizzazione dei rapporti sociali». Aggiunge: «In Francia non riusciamo a dire certe cose, talvolta per ragioni lodevoli. Così è per *la superdelinquenza dei giovani generati dall'immigrazione* [19], che per lungo tempo è stata negata. [...] E ancora i politici non sanno come parlarne». Ma – ed è qui che volevo arrivare – questo prete, malgrado la sua onestà intellettuale, non può impedirsi di proiettare questo male francese sugli Stati Uniti: «Bisogna denunciare il dramma delle prigioni etniche che diventano, *come negli Stati Uniti*, il luogo dell'elaborazione di una resistenza al modello sociale dominante».

Prima di analizzare il problema dell'eventuale «comunitarismo» americano, vorrei fornire un altro esempio di questa mania che hanno gli europei di fare degli Stati Uniti la culla dei propri mali.

Il 25 dicembre 2001, alle 8.40, su France Inter due inviati speciali in Afghanistan raccontano, in diretta da Kabul, ciò che hanno visto dopo la disfatta dei talebani. Riportano diverse osservazioni assai interessanti, così come istruttive conversazioni con afghane e afghani. Poi il giornalista che conduce la trasmissione e fa loro le domande da Parigi, per concludere pone una domanda sull'«imperium» [20] dei giornalisti americani. Immediatamente, per bocca dei nostri inviati speciali parte una carica feroce contro le televisioni americane e la CNN in particolare, i cui corrispondenti arrivano, ci viene detto, «con le tasche piene di dollari». Possono così affittare degli elicotteri o assicurarsi i servizi dei migliori interpreti e altri abusi. E tutta questa spesa per fare cosa? Pressappoco unicamente «propaganda» pro-americana, consistente nell'attribuire per esempio agli afghani dei discorsi in cui esprimono la loro soddisfazione per aver visto i talebani cacciati grazie all'intervento degli Stati Uniti.

Qui si ritrovano alcune tradizionali ossessioni francesi: in primo luogo, secondo i corrispondenti di France Inter, d'altronde evidentemente intelligenti e competenti, le apparenti prodezze delle televisioni americane sono dovute solo al potere del denaro (un demone esclusivamente americano [21]). Non sono mai dovute al talento, e nemmeno alla professionalità dei loro giornalisti; in secondo luogo, quel che questi giornalisti americani fanno non è informazione ma propaganda. Va da sé che, da più di un secolo, la stampa e i media negli Stati Uniti non hanno mai dato prova del minimo senso dell'informazione, del minimo scrupolo di verità dei reportage e che nei loro editoriali sono asserviti al potere politico. Critiche gustose, provenendo da un paese come la Francia, nel quale per lungo tempo la televisione e la radio sono state interamente controllate dallo Stato e in cui in gran parte lo sono ancora (France Inter stessa).

Queste aberrazioni narcisistiche non sono prive di analogie con l'opinione – formulata da padre Delorme con ben maggiore moderazione, ciò che la rende ancora più sintomatica – secondo la quale «quando si è pachistani in Gran Bretagna, italiani negli Stati Uniti si viene costantemente rinviati alla propria comunità». Da parte di un intellettuale accorto, confondere gli anglo-pachistani, islamici forsennati, i primi ad aver manifestato massicciamente nel 1989, ancor prima della fatwā del rimbambito di Teheran, perché Salman Rushdie venisse ucciso, con la mentalità attuale degli italoamericani, porta a domandarsi se la via ecclesiastica lasci il tempo di leggere ogni tanto dei libri seri.

È uno dei ritornelli del «pensiero unico» francese: gli Stati Uniti, in materia di immigrazione, praticano il «comunitarismo» e il «multiculturalismo», mentre la tradizione francese, soprattutto repubblicana, ha per principio direttivo l'integrazione. Lo dico una volta di più, e una volta per tutte: prendo qui la Francia così spesso come esempio perché ai miei occhi è il laboratorio privilegiato in cui si incontrano allo stato più spinto e netto idee sugli Stati Uniti che sono diffuse sotto forma meno polemica e più attenuata un po' dappertutto in Europa e anche altrove.

È vero, negli Stati Uniti si utilizza spesso il termine «comunità», non solo in senso etnico o religioso, ma anche in maniera molto generale e vaga, per indicare una città, un quartiere, una contea, un'associazione, una professione, i praticanti uno sport, un gioco, un hobby. In senso etnico, «comunità» comprende i costumi, le credenze, le feste, le abitudini alimentari o di abbigliamento ecc. dei cittadini discendenti da una determinata categoria di immigrati o immigrati loro stessi. Ma questa fedeltà alle origini non deve trarci in inganno. Non implica alcun antagonismo fra questi gruppi culturali e gli altri cittadini americani. La comunità irlandese sfila massicciamente e rumorosamente per le strade di

New York o di Boston il giorno di San Patrizio, il santo patro-
no dell'Irlanda. Tuttavia, queste festività non impediscono ai
pronipoti degli irlandesi arrivati nel XIX secolo di sentirsi
pienamente cittadini americani, così come si sentono cittadini francesi gli «aveyronnesi di Parigi» o i «franc-comtois di
Lione»[22]. Quando un newyorchese dice «sono irlandese» o
ebreo o italiano, non intende affatto ripudiare la propria
nazionalità americana; si limita a fornire un'indicazione
banale, in una società che si è costituita accatastando le
immigrazioni, così come può farlo un asiatico o un latino in
California o in Florida, immigrati o discendenti di immigrati più recenti. Il loro vocabolario non deve incitarci a decretare che il melting pot ha smesso di funzionare. Al contrario,
continua a funzionare assai bene.

Tuttavia, nel corso dell'ultimo terzo del XX secolo, una
élite che si riteneva progressista ha predicato il multiculturalismo e ha rivendicato il diritto di ogni comunità etnica alla
propria «identità», considerando l'americanizzazione come
un'oppressione. Ma è altrettanto esatto constatare che, nel
2002, questo movimento è fallito. È quel che mettono in luce
gli studi sociologici più recenti. Citerò in particolare uno dei
migliori, il libro di Michael Barone, The New Americans. How
the Melting Pot Can Work Again[23]. Barone disegna interessanti paralleli fra ondate migratorie della seconda metà del XIX
secolo o del primo terzo del XX secolo – essenzialmente
irlandesi, italiani ed ebrei – e quelle arrivate dopo la seconda guerra mondiale: neri, latinos e asiatici. Ci si stupirà nel
trovare in questa lista gli afro-americani, i cui antenati si trovano negli Stati Uniti da due secoli e più, seppur loro malgrado. Ma quel che descrive Barone nella sua opera è l'immensa emigrazione dei neri dal Sud verso il Nord, all'interno del paese, dopo il 1945, probabilmente uno degli sposta-

menti interni e volontari di popolazione più cospicui di tutti i tempi. Dal 1945 al 1960, almeno la metà dei neri del «profondo Sud», e in particolare la quasi totalità dei più giovani, andò a vivere negli stati del Nord e dell'Est. Per esempio, la popolazione nera di Chicago passò da 278 mila abitanti nel 1940 a 813 mila nel 1960; quella di New York, durante la stessa ventina d'anni, da 458 mila a un milione e 88 mila. Lo spaesamento e i problemi di integrazione di questa popolazione furono dunque in tutto paragonabili a quelli degli immigrati giunti dall'esterno del paese, data la distanza e l'abisso culturale che separano il Sud dal Nord. Barone dimostra in maniera convincente che i problemi e i modi di inserimento di questi neri assomigliarono molto a quelli degli irlandesi fra il 1850 e il 1914. Se si obietta che i neri erano vittime – meno che nel Sud, ma comunque ancora troppo nel Nord per molto tempo – di una discriminazione razziale, Barone risponde che anche gli irlandesi all'inizio avevano sofferto la discriminazione. Secondo l'autore, l'integrazione dei neri nel Nord ha così riprodotto sotto diversi aspetti quella degli irlandesi. Questi paragoni fra il caso degli ebrei nel passato e quello degli asiatici oggi, fra gli italiani nel XX secolo e i *latinos* nel XXI non mancano di puntellare solidamente per il lettore la tesi centrale della continuazione o del rinvigorimento del *melting pot*, a detrimento del multiculturalismo comunitario, aldilà dei pregiudizi degli europei male informati su questo argomento, i quali ritengono che il comunitarismo sia il «modello americano» per eccellenza.

Una delle ultime battaglie dell'élite «liberale» (noi diremmo progressista) americana in favore delle «identità separate» e del comunitarismo multiculturale, fu condotta – e persa – a proposito del diritto all'insegnamento in spagnolo per i

figli dei *latinos* in California. Si trattava in teoria di dispen-
sare un insegnamento bilingue, in cui l'inglese doveva
affiancare lo spagnolo. Ma, con l'esperienza, i genitori si
accorsero che i loro figli, parlando spagnolo sia a casa che a
scuola, imparavano in classe un inglese rudimentale, sufficiente per la vita quotidiana e per i mestieri senza qualifica,
in compenso non lo padroneggiavano abbastanza per affrontare in seguito studi più avanzati e accedere a impieghi qualificati, se non all'università e alle professioni intellettuali.
Era tanto più nefasto per loro poiché lo spagnolo, quello
delle famiglie, per la maggior parte necessariamente modeste e spesso illetterate venute dal Messico e dall'America
centrale, era anch'esso rudimentale. Questi giovani perdeva-
no così a due tavoli: il monolinguismo spagnolo li rinchiu-
deva nell'ambiente immigrato e li privava della possibilità
di superare, senza poter apprendere in classe un buon inglese, il loro svantaggio iniziale.

È ciò che non mancarono di far osservare i figli di immigrati che, in epoche anteriori, erano riusciti nei loro studi e
nella vita grazie a principi pedagogici totalmente opposti a
quelli del multiculturalismo pseudo-«progressista». È quel
che racconta Norman Podhoretz nel suo libro di memorie *My
Love Affair with America*[24]. Nato nel 1930, cresciuto a Brooklyn
in una povera famiglia ebrea proveniente dalla Galizia (regione che è sempre oscillata fra la Polonia e l'Ucraina),
Podhoretz parlava e sentiva parlare in casa e nel suo quartiere solo lo yiddish. Appena fu in età scolare apprese l'inglese,
l'unica lingua allora insegnata nelle scuole pubbliche americane. Ma non riusciva a sbarazzarsi del suo accento. La mae-
stra lo mise dunque in una *remedial-speech class*, una classe
«correttrice dell'accento». Il risultato – scrive – fu «di sradicare ogni traccia del mio accento yiddish, senza tuttavia rim-

piazzarlo con quello di Brooklyn». Iniziato così sin dall'infanzia al buon inglese, una volta diventato adolescente, Podhoretz poté fare studi superiori in America e, più tardi, avendo ottenuto una borsa di studio all'inizio degli anni '50, proseguirli a Cambridge, in Inghilterra, dove perfezionò il suo percorso universitario. Così poté fare l'eminente carriera che conosciamo, in quanto autore politico, memorialista, critico letterario e direttore dell'influente rivista «Commentary». «A causa del bilinguismo – commenta – questa teoria demente e discreditata [...] milioni di bambini nati o arrivati negli ultimi decenni del secolo [...] furono sottoposti a un'esperienza opposta rispetto alla mia. Invece di aiutarli, in quanto americani, a entrare nella cultura del paese, davanti a loro si moltiplicarono gli ostacoli».

Anche un divo dell'infame cinema hollywoodiano, Kirk Douglas, al quale qualche lacchè americanofilo ha creduto di trovare del talento, nato Issur Danielovitch Demsky, figlio di immigrati ebrei polacchi, ha rumorosamente protestato contro l'intronizzazione dello spagnolo come prima lingua nelle scuole elementari californiane. «A casa nostra – spiega – parlavamo yiddish. I nostri vicini di pianerottolo parlavano italiano con i genitori. Ma a scuola, tutti noi bambini imparavamo l'inglese. Se non fosse stato così, non sarei mai potuto diventare, grazie al mio inglese corretto, l'attore che sono». Il bilinguismo scolastico è d'altronde stato infine respinto in California da un referendum. In quell'occasione, il 90% dei genitori ispanici, cinesi, coreani o altro non si sono nemmeno presi la briga di procurarsi la scheda destinata ad approvare il bilinguismo... Vale a dire che ritenevano di saper meglio delle élite «liberali» quale tipo di insegnamento conveniva ai loro bambini, per approntar loro un avvenire decoroso.

Al contrario, dal 1980 al 2000 in Francia il comunitarismo falsamente detto «all'americana», che è piuttosto «alla francese», ha continuato a fare stragi, così come il tabù delle «identità culturali». Non è difficile immaginarsi le crisi di indignazione che avrebbe sollevato la proposta di creare classi speciali «correttrici dell'accento» per i giovani maghrebini e africani, essendo inteso che la *remedial-speech* di cui parla Podhoretz non migliorava solo l'accento degli allievi, ma anche la conoscenza e la padronanza della lingua in quanto tale, scritta e parlata. Va da sé che l'autentico bilinguismo è un beneficio e non una maledizione. Ma moltissimi giovani *beurs* [25] che terminano la loro adolescenza «con insuccesso scolastico» (per usare l'eufemismo che maschera in catastrofe naturale, senza intervento umano, ciò che deriva dalla tirannia di stupide concezioni pedagogiche), in realtà non sanno l'arabo meglio di quanto sappiano il francese. Dunque, cadono fuori da ogni cultura e, lungi dal parlare due lingue, non ne parlano nessuna correttamente e non partecipano ad alcuna delle due civiltà, le cui lingue sono la chiave. Forse hanno spigolato a casa qualche brandello di uno dei dialetti dell'Africa del Nord e hanno imparato a memoria in moschea qualche versetto del Corano in arabo classico senza comprenderlo; ma questi poveri relitti linguistici non costituiscono in alcun modo una iniziazione alla cultura e al pensiero arabi. Allo stesso modo, è verosimile che i vicini di pianerottolo del giovane Kirk Douglas non parlassero italiano, ma un dialetto siciliano o napoletano, che i loro genitori sarebbero stati d'altronde incapaci di scrivere, in un'epoca in cui milioni di italiani erano ancora analfabeti. Se a scuola non gli fosse stato insegnato il buon inglese, sarebbero rimasti – come numerosi *beurs* – degli illetterati funzionali, a margine di ogni civiltà, moderna o antica, orientale o europea o americana. Lungi dal proteggere un'identità contro un'altra, presso gli immigrati, un certo multiculturalismo le sopprime entrambe.

In compenso, ha dato un impulso recente e potente a un comunitarismo distruttore, un multiculturalismo del rifiuto che per lungo tempo era rimasto sconosciuto in Francia. Durante l'ultimo terzo del XX secolo, i politici e i media francesi hanno cominciato a riferirsi correntemente a «comunità» ebrea, musulmana o protestante, mentre prima c'erano solo cittadini o residenti francesi di *confessione* o tradizione ebrea, musulmana o protestante. Fra tutte queste nuove «comunità», quella musulmana è di gran lunga la più supportata dai poteri pubblici. È indirettamente sovvenzionata, tacitamente se non ufficialmente autorizzata a contravvenire alle leggi[26].

Ma questo culto ufficiale reso dalla Repubblica all'«eccezione culturale» e cultuale musulmana non è affatto servita all'integrazione. Al contrario, ha nutrito l'«odio» (per riprendere il titolo del film di Mathieu Kassovitz del 1995), un odio senza limiti, sviluppato da alcuni figli di immigrati musulmani nei confronti degli altri francesi, che non vogliono chiamare compatrioti. La gran massa di questi *beurs* potrebbero scrivere – se sapessero scrivere – un libro che farebbe da contraltare a quello di Norman Podhoretz: si intitolerebbe *My Hate Affair with France*.

Questo comunitarismo dell'odio è ampiamente la conseguenza dell'ideologia scolastica che, col pretesto della venerazione identitaria e dell'egualitarismo pedagogico, ha rifiutato ai maghrebini l'accesso alla cultura francese, senza tuttavia impedirgli di perdere la loro, salvo quando si tratta di acclamare Osama bin Laden o Saddam Hussein. E questo comunitarismo ha per conseguenza il disprezzo assoluto delle leggi della Repubblica, disprezzo professato e applicato da tanti *beurs*. Per loro non esiste lo Stato di diritto e la volontà di non rispettarlo si manifesta in particolare con uno strano comportamento, che ho già analizzato [27], e che si potrebbe chiamare il meccanismo di ribaltamento delle responsabilità in materia di delinquenza e criminalità. In cosa consiste?

Quando commettono un reato, anche non un omicidio, quando parte un colpo di pistola, e quando qualcuno cade sotto i colpi di un poliziotto, i *beurs* scacciano dalle proprie menti tutta la prima parte della vicenda. La faccenda comincia solo a partire dal momento in cui la polizia è intervenuta. Secondo loro, la polizia ha dunque preso l'iniziativa, a freddo, senza ragioni, uccidendo un arabo. Il 27 dicembre del 2001, due delinquenti col passamontagna penetrano, pistola in pugno, in una banca a Neuilly-sur-Marne, nei dintorni di Parigi. Minacciando di morte gli impiegati, sottraggono una importante somma di denaro, ma quando escono trovano i poliziotti di un vicino commissariato, che una telefonista della banca è riuscita ad avvertire. Aprono il fuoco sui poliziotti. Questi rispondono: uno dei due malviventi, un maghrebino pregiudicato di ventun anni, viene ucciso. Immediatamente, durante la notte e per le quattro o cinque successive, a Vitry-sur-Seine, luogo di residenza del gangster ucciso, bande di *beurs* devastano la città e incendiano diverse macchine [28]. Muniti di fucili e granate, prendono d'assalto il commissariato. Le granate provengono dall'ex Jugoslavia, particolare che mette in evidenza un commercio d'armi da guerra nei «quartieri», in barba a uno Stato francese impotente o incapace. Nella concezione degli assalitori, la polizia ha freddamente «assassinato» il loro compagno. Secondo il funzionamento selettivo della loro memoria e della loro morale, il loro compagno prima non si era dato ad alcuna minaccia di morte, ad alcuna rapina a mano armata, ad alcun tentativo per sbarazzarsi dei poliziotti sparando loro addosso. Tutti questi atti criminali vengono dimenticati, se non amnistiati. Resta un solo fatto: la polizia ha ucciso uno di loro. Si converrà che è difficile spingere più lontano il narcisismo comunitario, l'incoscienza giuridica e l'arte di declinare ogni responsabilità dei propri atti.

È chiaro: il comunitarismo alla francese ha spinto così lontano le sue conseguenze che arriva al punto in cui le autorità trovano quasi normale che sul territorio esistano diversi milioni di cittadini o residenti che non si considerano sottoposti dalle leggi dello Stato. Non devo sottolineare a che punto questa attitudine contrasti con l'uso americano, che vuole che ogni naturalizzazione si accompagni a un giuramento, nel quale il nuovo cittadino si impegna a rispettare le leggi e le istituzioni della patria che ha scelto e che lo accoglie.

D'altronde, in America, «accogliere» non è una vana parola. Il giornalista britannico Jonathan Freedland cita questo passaggio del discorso di un funzionario dell'Immigrazione e delle Naturalizzazioni nel momento in cui consegna i documenti di cittadini americani a sessantotto immigrati: «È una chance magnifica per gli Stati Uniti», dice. «Sono persone come voi che hanno contribuito e ancora contribuiscono a fare di questo paese il più prospero nella storia dell'umanità. Abbiamo ricevuto straordinari apporti culturali e meravigliosi guadagni intellettuali da gente come voi [...] L'America siete *voi*.» [29]

In effetti, dal 1840 al 1924, trentacinque milioni di immigrati sono arrivati negli Stati Uniti, ossia l'equivalente della totalità della popolazione francese nel 1850 o della popolazione italiana nel 1910. Lungi dal decrescere, ai nostri giorni questo flusso è piuttosto aumentato, poiché il censimento del 2001 contava 281 milioni di cittadini e residenti, ossia, in confronto al censimento del 1991, un accrescimento di trenta milioni dovuto in maggioranza all'immigrazione, cioè il doppio di ciò che era stato calcolato nelle proiezioni. Pretendere che negli Stati Uniti il melting pot non funzioni più dipende dunque, anche in questo caso, dall'esorcismo ideologico, destinato a soddisfare nel credente europeo un bisogno soggettivo. Non è il frutto di un'informazione seria.

Se posso permettermi di insinuare un'annotazione supplementare, timidamente e fra parentesi, dobbiamo credere che queste decine di stranieri – che nell'ultimo secolo e mezzo sono giunti da molteplici punti del globo e si sono stabiliti negli Stati Uniti, e in particolare i trentacinque milioni, in maggioranza europei, che ci sono andati dal 1850 al 1924 – fossero tutti completamente imbecilli. In effetti, ingannati da quale miraggio si ostinavano, generazione dopo generazione, a lasciare i paesi della cuccagna, della pace e della libertà dov'erano nati, per andare a perdersi nella giungla americana in cui, a credere a ciò che pubblica ancora oggi quotidianamente la stampa europea, li attendevano solo povertà, discriminazioni razziali, crescenti disuguaglianze fra ricchi e «sfavoriti», inumana sottomissione al profitto capitalistico, assenza totale di protezione sociale, permanenti violazioni dei diritti dell'uomo, dittatura del denaro e deserto culturale?

Perché gli europei, che per incoscienza si erano smarriti nell'inferno americano, non scrivevano alle loro famiglie e agli amici che ancora navigavano nella felicità dei paradisi ucraino, calabrese o greco di non raggiungerli affatto? E perché, cinquanta o cento anni dopo, vietnamiti, coreani, cinesi, messicani, salvadoregni o anche russi sono così ciechi da cadere a loro volta nella stessa trappola? I discendenti delle vecchie generazioni di immigrati gli avranno pur spiegato che i loro antenati avevano trovato negli Stati Uniti solo povertà, precarietà e oppressione. È comprensibile che il «sogno americano» abbia abbindolato i primi arrivati. Ma se questo sogno è solo una menzogna, non si capisce come l'amara delusione dei pionieri non abbia dissuaso ancor più i loro successori a imboccare il medesimo cammino. La storia menziona altri sogni il cui carattere mistificatore si è presto reso evidente e che in breve hanno suscitato più candidature alla partenza che all'integrazione. È la ragione per cui, se il melting pot americano è un tale fallimento, è stupefacente non vedere intere folle fuggire dagli Stati Uniti per stabilirsi in Albania, in Slovacchia o in Nicaragua.

In Francia, al contrario, se a quanto pare gli immigrati maghrebini e africani si sono integrati assai meglio di quanto avrebbero fatto negli Stati Uniti, in primo luogo è perché abbiamo rinunciato a insegnar loro il francese; poi perché il nostro Alto consiglio per l'Integrazione si è rifiutato di istituire l'equivalente del giuramento dei naturalizzati americani; e poi perché, al contrario degli Stati Uniti, i francesi non sono così antidemocratici da chiedere ai nuovi cittadini di impegnarsi a rispettare le leggi della Repubblica. Fino a quale punto questi abbiano ritenuto di esserne dispensati d'altronde è una circostanza che ha superato le attese più pessimistiche.

Ciò non è certo vero per tutti gli immigrati, fortunatamente. Nella nostra società troviamo cittadini francesi di origine maghrebina o africana la cui integrazione morale, politica e professionale è perfettamente riuscita: operai, impiegati, commercianti, insegnanti, medici, avvocati, funzionari, dipendenti dei servizi pubblici. Ma non li si sente mai esprimersi in quanto «comunità» nei momenti critici, quando le loro posizioni potrebbero soffocare l'«odio» degli altri. Sono resi marginali dai violenti, dalle bande armate di quartiere che monopolizzano la rappresentazione della «comunità». Perché? I sociologi politicamente corretti – cioè i conformisti di pseudo-sinistra – ci assicurano che questa comunità delinquente, che ha trasformato parecchie città in «zone di non diritto», costituisce solo una piccola minoranza. Se fosse vero, perché le forze dell'ordine non riescono a impedirle di nuocere? Perché, per diversi anni di seguito, nello stesso periodo e nello stesso posto (per esempio Strasburgo o Nantes), i violenti possono impunemente saccheggiare interi quartieri, incendiare centinaia di macchine? Questa constatazione non fa altro che mettere ancora più in rilievo la carenza dello Stato; ma anche il relativo isolamento degli immigrati ben integrati.

Rispetto o indulgenza, l'inazione dello Stato equivale a ufficializzare in un certo senso l'illegalità, allo stesso modo in cui era stata ufficializzata a monte l'assenza di lavoro e di disciplina a scuola. Così si è potuta costituire e addirittura legittimare la «comunità» che delinque, tanto più pericolosa poiché, pur ritenendosi vittima di una discriminazione, essa stessa è xenofoba e razzista. Lo è contro i francesi in generale, per i quali prova «odio», e contro gli ebrei in particolare: fra il 1° ottobre 2000 e il 1° luglio 2002 sono stati commessi in Francia numerosi attentati antisemiti contro sinagoghe, scuole ebraiche, negozi e abitazioni private. Dunque, proprio in quanto comunità i musulmani ne attaccano un'altra [30]. Non solo abbiamo delle comunità, il che contravviene ogni tradizione repubblicana, ma una di esse se la prende con un'altra! Con quell'arte governativa tutta francese di minimizzare i crimini che si rinuncia a combattere, il ministro dell'Interno del momento dichiarò che si trattava solo dell'«operato di giovani nullafacenti». E il prefetto di polizia di Bouches-du-Rhône, dopo l'incendio di una scuola ebraica a Marsiglia, per tutto commento disse che nella fattispecie avevamo a che fare con «un triste fenomeno di moda». Questi responsabili dello stato di diritto usano un linguaggio da moralisti melanconici più che quello del potere. Non avrebbero potuto esprimere più chiaramente la loro feroce determinazione a non agire.

Il sindaco di Strasburgo non cantava forse vittoria, il 1° gennaio 2002, adducendo che durante la notte di San Silvestro c'erano state «solo» quarantaquattro macchine incendiate contro le cinquantadue dell'anno precedente? Ognuno ha le vittorie che si merita...

I francesi, data la «guerra di strada» divenuta permanente, sono in posizione sfavorevole per denigrare il comunitarismo falsamente detto «all'americana». In realtà, ciò che costituisce il successo e l'originalità dell'integrazione all'americana è proprio il fatto che i discendenti degli immigrati possono perpetuare le loro culture ancestrali pur sentendosi pienamente cittadini americani. Ogni comunità culturale può finanziare scuole private, in cui i bambini possono andare a imparare il greco o l'iraniano nei giorni di vacanza. Negli Stati Uniti si ascoltano ovunque radio private in coreano, in spagnolo e in molte altre lingue, senza che questi strumenti di «diversità culturale» rivestano il benché minimo significato conflittuale da parte delle comunità coinvolte nei loro rapporti con la civiltà americana. Al contrario: ne sono la fonte e la summa.

È questo armonioso equilibrio fra tradizioni e cittadinanza che non si riesce a trovare in Francia. Appena si propone di insegnare un dialetto in una regione, l'iniziativa è subito percepita – e spesso è così – come segno di una volontà politica di eliminare il francese. Le scuole coraniche e le moschee, spesso sovvenzionate da governi stranieri, sono centri di propaganda pro-integralista e antifrancese piuttosto che luoghi di trasmissione della civiltà araba. In compenso, la lingua inglese ha giocato sin dall'inizio negli Stati Uniti un ruolo unificatore interamente accettato, e addirittura più importante di quanto non fosse nello stesso Regno Unito. «A causa dei frequenti spostamenti da un'estremità all'altra del paese, si osserva una maggiore uniformità linguistica negli Stati Uniti rispetto all'Inghilterra», scriveva già nel 1816 John Pickering. Citando questa osservazione, Daniel Boorstin, nel suo *The Americans*[31], osserva che l'inglese parlato negli Stati Uniti, contrariamente a quello delle isole britanniche, divenne rapidamente lo stesso in tutte le regioni, in tutte le classi sociali, in tutti i gruppi socio-culturali – italiano, polacco, tedesco, ebreo, messicano, cinese ecc. In confronto, nel 1794 l'abate Grégoire esponeva alla Convenzione che almeno sei milioni di francesi (su un totale di ventisette) non parlavano affatto la lingua nazionale e che il numero di coloro i quali la parlavano «puramente» non superava i tre milioni.

I francesi hanno coscienza del fatto che ciò che chiamano con riprovazione comunitarismo «all'americana» si ritrova nella loro storia? Il processo è ovunque costante: immigrati di varia provenienza geografica e di peso demografico significativo si fondono nella civiltà del nuovo paese, pur mantenendo vive alcune tradizioni dei loro antenati. I francesi di religione cristiana ortodossa, discendenti da immigrati provenienti dall'Europa dell'Est, non hanno l'impressione di opporsi agli altri francesi cristiani perché festeggiano il Natale il 7 gennaio e il Capodanno il 13 gennaio. E i francesi ebrei, che festeggiano il loro a settembre, si sentono quindi meno cittadini e di cultura meno francese dei loro compatrioti? La compatibilità tra il generale e il particolare, tra la piena appartenenza al corpo dei cittadini di un paese e la perpetuazione di pratiche religiose, di costumi folcloristici peculiari, di abitudini riguardanti l'abbigliamento o di competenze gastronomiche caratterizza l'edificazione e l'evoluzione di quasi tutte le grandi civiltà – e non solo degli Stati Uniti. Le «associazioni» francesi gauchiste e politicamente corrette, le stesse autorità dello Stato sostengono in questo campo un ragionamento intrinsecamente contraddittorio: da una parte bandiscono il presunto comunitarismo «all'americana», dall'altra rivendicano per alcune popolazioni immigrate il «diritto alla differenza», compresi l'analfabetismo e la poligamia, cioè l'impossibilità di integrarsi. Ora, l'integrazione – cosciente e volontaria da parte dell'integrato – resta un imperativo se si vuole evitare il disastro, con la disoccupazione e la guerra di strada. Ma l'integrazione riuscita può arricchirsi essa stessa con l'apporto di nuove culture, senza che si tratti pur tuttavia di un comunitarismo pasticciato. La sintesi si opera secondo un dosaggio sottile, di cui spesso i francesi hanno fatto esperienza nella propria storia.

Durante i secoli XIX e XX, sul territorio francese, sono arrivati italiani, armeni, greci, polacchi, ungheresi, spagnoli, portoghesi, ebrei dell'Europa centrale e orientale. Questi immigrati, per ragioni economiche o politiche, fuggivano dalla povertà o dalle persecuzioni, o da entrambi, talvolta erano così numerosi che sconvolgevano la composizione demografica di una regione o di una città. Nel 1926 Albert Londres pubblica un reportage intitolato *Marseille, porte du Sud*. Durante la sua inchiesta, sentendo parlare solo italiano intorno al porto vecchio, chiede al sindaco dell'epoca, un certo Flaissière: «Di quale città siete sindaco?». «Andiamo –

risponde Flaissière – stamattina lei è ancora un po' rintronato. Non vede che sono il sindaco di Napoli?!»[32]. Però i figli di questi italiani, armeni o (nel nord della Francia) polacchi e molti altri si sono integrati; così come, dopo la guerra, i figli degli spagnoli o dei portoghesi, pur conservando spesso un attaccamento molto sentito alla cultura dei propri genitori. Il regista Henri Verneuil, morto nel gennaio del 2002, il cui vero nome era Achod Malakian, armeno giunto a Marsiglia a quattro anni con i propri genitori sfuggiti al genocidio, ha diretto alcuni tra i film più «francesi» del cinema francese. Beninteso, era altrettanto perfettamente francofono di qualunque altro marsigliese, senza aver mai smesso di parlare correntemente l'armeno. Non mancava mai occasione di proclamare quest'intima fusione dell'uomo francese e di quello armeno. L'opposizione radicale fra integrazione e differenza è dunque erronea, o almeno merita di essere sfumata. La novità sopravvenuta nel corso dell'ultimo quarto del XX secolo consiste nell'aver cominciato a considerarle reciprocamente escludentesi. Perché?

Perché la «differenza» dell'immigrazione maghrebina, africana o turca, fosse anche allo stadio della seconda generazione, benché quest'ultima sia quasi sempre di nazionalità francese, è in maggioranza una differenza di rottura, di scontro, di rifiuto, se non di «odio»?

In *La famille, secret de l'intégration*, Christian Jelen elenca alcuni elementi fondamentali del problema. Le integrazioni precedenti nell'insieme sono riuscite, anche presso gli immigrati più poveri, a causa di due fattori o motori essenziali: l'autorità della famiglia sui figli e la fiducia senza riserve nella scuola come leva indispensabile per integrarsi nella cultura ospite.

Si constatano queste caratteristiche sociali e culturali tanto negli immigrati di un tempo, italiani, armeni o ebrei, quanto in certi immigrati successivi o attuali la cui integrazione è avvenuta o avviene senza contrasti significativi: portoghesi, vietnamiti, cinesi. In compenso, in generale si trovano assai poco questi atout formatori negli immigrati maghrebini e ancor meno in quelli che provengono dall'Africa subsahariana. In questi ultimi, inoltre, le nefaste carenze sono ancor più aggravate dalla poligamia. Un'usanza che i dirigenti politici, per ipocrisia benpensante, non considerano pur autorizzandola discretamente, in disprezzo alle leggi della Repubblica. D'altronde, questa «parola è bandita da tutti i reportage e da tutti i commenti», aggiunge Jelen, che consacra a questo fenomeno e alle sue conseguenze un intero capitolo del suo libro[33].

L'irresponsabilità della famiglia, che si disinteressa di come i propri figli trascorrono il tempo, che li lascia liberi di errare per le strade senza controllo, è una causa preponderante della degradazione dei «quartieri», della generalizzazione della violenza e dello slittamento dei giovani, anche dei bambini, verso la delinquenza e la criminalità.

Tuttavia, ogni volta che eletti municipali hanno tentato di reagire contro questa irresponsabilità, proponendo di ridurre gli assegni familiari dei genitori colpevoli di negligenza, o instaurando un coprifuoco per obbligare i bambini di meno di dodici o tredici anni (oppure molto meno: chi verifica? Non hanno i documenti!) a rientrare in casa entro mezzanotte, evidentemente si sono fatti insultare, trattare da fascisti e da razzisti dai partiti, dai ministri e dalla stampa di sinistra[34]. Così, la sinistra si è accanita a distruggere una delle condizioni vitali dell'integrazione.

L'altra condizione, l'efficacia scolastica, è stata egualmente minata dalle teorie pedagogiche, o piuttosto antipedagogiche, sorte dal «pensiero '68»[35], che entrarono in vigore nel corso dell'ultimo quarto del XX secolo. Il loro effetto smobilitante in generale per tutti gli allievi fu naturalmente aggravato dalle particolari difficoltà che dovevano superare i figli degli immigrati, anche nati in Francia. Per la maggior parte di essi fu il colpo di grazia, al quale si è venuto ad aggiungere quello dell'incomprensione dei genitori maghrebini e africani nei confronti dell'importanza della scuola. Abbondano gli esempi dell'indifferenza di questi genitori per la frequenza scolastica della loro progenitura. Quante lettere di maestri e professori segnalano assenze o propongono un incontro, e restano senza risposta! In compenso, gli insegnanti si fanno spaccare la faccia, se non pugnalare, se mettono delle note agli allievi o li richiamano all'ordine. Nel 1950 i genitori immigrati erano sempre dalla parte dell'istitutore che voleva far lavorare i loro figli e far loro superare gli esami. A partire dal 1975-1980 gli sono avversi.

Dunque non si vede come l'integrazione di questa immigrazione recente sarebbe potuta riuscire, quando gli stessi responsabili del paese d'accoglienza la rifiutavano, vietandosi di incoraggiare le popolazioni immigrate a rinforzarne le condizioni necessarie.

È così che la nuova ideologia francese ha fabbricato di sana pianta, a partire dal 1970, un comunitarismo sino ad allora sconosciuto in Francia, che chiama «all'americana» per meglio discolparsi e per fingere di dimenticare che oggi si tratta, purtroppo, proprio di un comunitarismo «alla francese». È un ulteriore esempio di questa permuta della responsabilità, una delle funzioni dell'antiamericanismo, che consiste nel proiettare sugli Stati Uniti le tare della propria società.

Aggiungo – contraddizione supplementare che d'altronde risale al XIX secolo – che la società americana è descritta dagli europei talvolta come una giustapposizione di individui isolati, senza radicamento in una storia e in una cultura comuni, talaltra come una folla gregaria, uniformata nel conformismo, in cui l'individuo non può né reagire né pensare per proprio conto.

[1] Sul maccartismo, cfr. *infra*, cap. I.

[2] Cfr. *infra*, cap. II.

[3] 14 novembre 2001.

[4] Cfr. *Gli intellettuali giapponesi si interrogano sulla guerra in Afghanistan*, «Le Monde», 11 dicembre 2001.

[5] Francis Scott Fitzgerald, *The Crack-Up*, pubblicato inizialmente su «Esquire» nel febbraio 1936. [*N.d.T.*]

[6] Soprattutto la sua celebre trilogia *Usa* (*1919, 42° parallelo, Il grande paese*).

[7] In italiano «crimine» indica un'infrazione del codice penale. Dunque, se da un lato ha un'estensione maggiore rispetto all'equivalente francese («crime»), dall'altro ne ha una minore rispetto all'equivalente statunitense. [*N.d.T.*]

[8] Si troveranno le cifre specialmente in Alain Bauer, Emile Pérez, *L'Amérique, la violence, le crime, les réalités et les mythes*, Puf, Paris 2000.

[9] Cfr. «The Atlantic Monthly», marzo 1982. [*N.d.T.*]

[10] Cfr.: Alain Bauer, Xavier Raufer, *Violence et insécurité urbaine*, Puf, Paris 1998; Christian Jelen, *La guerre des rues, la violence et les «jeunes»*, Plon, Paris 1998.

[11] *Les braqueurs nouvelle vague*, «Le Point», 21 dicembre 2001.

[12] Cfr. il classico Henri-Irénée Marrou, *Storia dell'educazione nell'antichità*, Studium, Roma 1971. [*N.d.T.*]

[13] *La violence s'insinue dans les écoles primaires*, «Le Parisien-Aujourd'hui», 12 dicembre 2001.

[14] «Le Monde», 22 dicembre 2001.

[15] «Voleva seguire la lezione: il buon allievo si prende due schiaffi. In una scuola media di periferia, racconto di una violenza ordinaria», «Libération», 22 dicembre 2001. Si noti che gli articoli citati

sono concentrati in un lasso di tempo molto breve.

[16] Citato in «Désinformation-hebdo», 21 novembre 2001.

[17] Citato in «Les Échos», 21 dicembre 2001.

[18] Christian Jelen, *La guerre des rues, la violence et les «jeunes»*, Plon, Paris 1998.

[19] Questo troncone di frase sottolineato da chi scrive è stato scelto da «Le Monde» per servire da titolo all'intervista.

[20] La parola non ha alcun senso in questo contesto, perché «imperium» significa «delega del potere dello Stato, che comporta il comando militare e la giurisdizione», delega che evidentemente nessun giornalista, americano o no, può ricevere. Ma «imperium» ha il vantaggio di suggerire imperialismo.

[21] Si sa, i francesi sono notoriamente disinteressati.

[22] I *franc-comtois* sono gli abitanti della regione omonima, chiamata anche comté de Bourgogne. [*N.d.T.*]

[23] Michael Barone, *The New Americans. How the Melting Pot Can Work Again*, Regnery Publishing Inc., Washington 2001.

[24] Norman Podhoretz, *My Love Affair with America*, The Free Press, New York 2000.

[25] Con questo termine si indicano i giovani originari dei paesi maghrebini che vivono in Francia. Esiste, per esempio, anche una radio chiamata «Beur». [*N.d.T.*]

[26] Cfr.: Jeanne Hélène, Pierre-Patrick Kaltenbach, *La France, une chance pour l'Islam*, Le Félin, Paris 1991; Pierre-Patrick Kaltenbach, *Tartuffe aux affaires*, Éditions de Paris, Paris 2001, pp. 112-115. Il Consiglio di Stato si è talvolta addirittura mostrato indulgente nei confronti della poligamia. Cfr. Christian Jelen, *La famille, creuset de l'intégration*, Laffont, Paris 1993.

[27] Cfr. Jean-François Revel, *Fin du siècle des ombres*, Fayard, Paris 1999, p. 349 e il commento che avevo pubblicato in merito su «Le Point» del 3 giugno 1991, *Violence, drame en trois actes*.

[28] Non dimentichiamo che, secondo il codice penale, l'incendio volontario non è un reato minore, una forma di «inciviltà», ma un crimine, passibile della Corte d'assise.

[29] Jonathan Freedland, *Bring Home the Revolution*, Fourth Estate Ltd., London 1998.

[30] Cfr. «L'Express», 6 dicembre 2001. Nel suo editoriale, Denis Jeanbar, direttore del giornale, scrive: «È un fatto, questi atti anti-semiti sono commessi in maggior parte da musulmani».

[31] Daniel Boorstin, *The Americans*, Random House, New York 1973.

[32] Citato in Jelen, *La famille* cit.

[33] *Ivi*, capitolo 3, «La polygamie en France».

[34] Cfr. l'articolo che ho consacrato a una di queste polemiche, *Sécurité, les enfants après!*, «Le Point», 26 luglio 1997, ripreso nel mio *Fin du siècle des ombres* cit., p. 587.

[35] Il riferimento è al celeberrimo e assai discusso Luc Ferry, Alain Renaut, *Il 68 pensiero*, Rizzoli, Milano 1987. [*N.d.T.*]

Capitolo sesto

L'estinzione culturale

Secondo la retorica europea di ispirazione francese, la *diversità* culturale ha sostituito l'eccezione culturale. Ma in pratica i due termini indicano il medesimo comportamento, cioè il protezionismo culturale o la volontà di stabilirlo.

L'idea che una cultura preservi la propria originalità barricandosi contro le influenze straniere è una vecchia illusione, che ha sempre dato un risultato contrario a quello cercato. Non si può essere differenti solipsisticamente. È la libera circolazione delle opere e dei talenti che pemette a ogni cultura di perpetuarsi e al contempo di rinnovarsi. L'isolamento genera solo sterilità. La dimostrazione risale all'antico parallelismo fra Sparta e Atene. Atene, città aperta, fu il prolifico luogo di creazione in letteratura e arte, in filosofia e matematica, nelle scienze politiche e nella storia. Sparta, difendendo gelosamente la propria «eccezione», realizzò l'impresa di essere l'unica città greca che non produsse alcun poeta, oratore, pensatore o architetto. Certo, ottenne la propria diversità, ma fu quella del nulla.

Questa estinzione culturale si ritrova nei regimi totalitari moderni. La paura della contaminazione ideologica ha condotto nazisti, sovietici e maoisti a trincerarsi dietro un'arte retrograda e in una letteratura pomposa, autentiche ingiurie al passato dei popoli ai quali furono inflitte. Quando Jean-

Marie Messier, sollevando clamori inorriditi, ha dichiarato nel dicembre del 2001: «L'eccezione culturale alla franco-francese è morta», non ha detto molto e avrebbe potuto aggiungere: in realtà, fortunatamente non è mai esistita. Altrimenti la cultura francese sarebbe morta. Immaginate se i re di Francia, nel XVI secolo, invece di invitare i pittori italiani, si fossero detti: «La preponderanza della pittura italiana è decisamente insopportabile, lasciamo fuori questi pittori e i loro quadri». L'unico frutto di questa pratica castrante sarebbe stato l'inaridimento della fonte di un potenziale rinnovamento della pittura francese. Allo stesso modo, fra il 1880 e il 1914, c'erano molti più quadri impressionisti francesi nei musei e presso i collezionisti americani che nei musei e nelle collezioni francesi! Malgrado o a causa di ciò, più tardi l'arte americana ha trovato la propria originalità e a sua volta ha potuto influenzare quella francese.

Queste reciproche fecondazioni se ne infischiano di eventuali antagonismi politici. Nel corso della prima metà del XVII secolo, mentre Spagna e Francia si combattevano frequentemente, l'influenza creatrice della letteratura spagnola su quella francese fu particolarmente marcata. Il XVIII secolo, periodo di ripetuti conflitti tra la Francia e l'Inghilterra, fu anche il secolo in cui gli scambi intellettuali fra le due civiltà divennero indubbiamente più attivi e produttivi. Non si potrebbe dire che fra il 1870 e il 1945 le relazioni diplomatico-strategiche tra la Francia e la Germania fossero idilliache. Tuttavia, fu in quegli anni che i filosofi e gli storici tedeschi fecero maggiormente scuola in Francia. E Nietzsche non era forse impregnato di moralisti francesi? Si potrebbe allungare la lista degli esempi che illustrano questa verità: la diversità culturale nasce dalla molteplicità degli scambi. È vero anche per la gastronomia: solo gli allucinati fobici dei

McDonald's disconoscono questo fatto, facilmente verificabile, che mai prima d'ora ci sono stati tanti ristoranti etnici in
quasi tutti i paesi. La mondializzazione non uniforma, diver-
sifica. La reclusione inaridisce l'ispirazione.

In pratica, eccezione o diversità culturali, in Europa e
soprattutto in Francia, sono nomi in codice che indicano sovvenzioni e quote. Ripetere la litania secondo cui «i beni culturali non sono semplici merci» significa sprofondare nella
banalità. Chi ha mai preteso che lo fossero? Ma non sono
nemmeno semplici prodotti del finanziamento di Stato,
sennò la pittura sovietica sarebbe stata la più bella del
mondo. Gli avvocati del protezionismo e del sovvenzioni-
smo si contraddicono. Dicono di fare tutto questo baccano
contro il denaro. E nello stesso tempo caldeggiano il fatto che
la creazione sia condizionata dal denaro, a patto che si tratti
di quello pubblico. Ora, se talvolta il talento ha bisogno di
aiuto, l'aiuto non fà il talento.

«Guardate il cinema italiano», ci viene spiegato. «Senza
aiuti, è quasi scomparso». Ma negli anni del dopoguerra, la
causa del suo fulgore non si chiamava sovvenzione, ma
Rossellini e De Sica, Blasetti e Castellani, Visconti e Fellini. È
ugualmente all'immaginazione dei registi e non agli assegni
dei ministri che il cinema spagnolo deve il suo slancio negli
anni '80. E se il cinema francese ha riconquistato nel 2001 il
primo posto del mercato interno e ha collezionato alcuni successi all'estero, non è per esser stato sovvenzionato, ma per
aver prodotto un pugno di film la cui qualità è percepibile
dal pubblico e non solo dai loro autori.

Per fortuna, il cinema francese ha così dato prova di
autentica diversità più di quanto facciano i suoi monotoni
sostenitori.

D'altra parte, va dato il giusto peso a questo relativo successo. Come scrive a ragione Dominique Moïsi: «L'ironia di questo dibattito è rinforzata dal fatto che, l'anno scorso, il simbolo della resistenza della Francia all'egemonia di Hollywood è stato una commedia, piacevole ma assai superficiale: *Il favoloso mondo di Amélie*. Un film che non è né più né meno che una sequela di clip «collegate» in stile pubblicitario, che manca pietosamente di contenuti sociali o intellettuali. Al confronto, i film di Ken Loach, sebbene non beneficino di questo clima di eccezione culturale, riflettono la profondità di una diversità al contempo stimolante e rinfrescante»[1]. E Moïsi lamenta il fatto che, in luogo di un dibattito serio richiesto dalla questione dell'equilibrio fra il libero arbitrio degli spettatori e il volontarismo (o il favoritismo...) dello Stato, si è avuta «una esplosione di delirio verbale per difendere la natura universale dell'eccezione francese».

Non c'è bisogno di essere Aristotele o Leibniz per capire che l'eccezione universale, sul piano della logica più elementare, è effettivamente una contraddizione in termini. Non è l'unica, in questo battibecco confuso, in cui le passioni si scatenano più che gli argomenti si concatenino. Così, Denis Olivennes, direttore di Canal+, canale televisivo che riveste un ruolo importante nel finanziamento del cinema francese, sostiene che uno dei pilastri di questo finanziamento è un prelievo su tutti i biglietti di ingresso al cinema. In questo modo, scrive, «il cinema americano, che rappresenta circa la metà delle entrate al botteghino, contribuisce per metà al finanziamento dei fondi di sostegno»[2]. Ammirevole slittamento di senso! Poiché risulta chiaramente dal testo che non è il *cinema americano* a contribuire ai fondi di sostegno, ma piuttosto lo *spettatore francese* che va a vedere i film americani. Più generalmente, l'opposizione fra lo Stato e il mercato in arte, fra denaro pubblico e denaro *del* pubblico, è ingannevole. L'unico denaro «pubblico» è quello che lo Stato preleva *al* pubblico, con un mezzo o un altro, direttamente o indirettamente. Ma è sempre il pubblico a pagare. L'unica questione è sapere qual è la parte del contributo che proviene dalla sua libera scelta e qual è quella che deriva da un prelievo autoritario, il cui prodotto è in seguito utilizzato in maniera discrezionale da una minoranza di decisori politici e amministrativi o di commissioni i cui membri sono nominati e non eletti.

Una cultura entra in decadenza quando, consistendo solo in lodi che rivolge a sé stessa, si esalta denigrando le altre culture. Così, i professionisti francesi dell'audiovisivo ripetono ogni giorno e finiscono anche per credere e per far credere al pubblico che i telefilm americani, obbedendo all'esclusiva preoccupazione di «fare soldi», affondano nella facilità commerciale e sfuggono i soggetti consacrati a problemi sociali o politici controversi. Le serie francesi, al contrario, si dice e si ripete ciecamente, si inscrivono in una tradizione di televisione di Stato, finanziata dal denaro pubblico. Anche i canali privatizzati seguono i canoni estetici di questa tradizione nazionale. Così sfuggirebbero alla «dittatura del profitto», dunque potrebbero assumersi il rischio di spiacere a una parte dei telespettatori mostrando con coraggio situazioni dolorose o gravide di polemica.

In realtà è il contrario. Martin Winkler lo ha ampiamente illustrato, con numerosi esempi, nel suo libro *Les miroirs de la vie. Histoire des séries américaines*[3].

In un'intervista rilasciata a «Le Monde télévision» (9 febbraio 2002), Winkler (medico e romanziere, autore in particolare de *La malattia di Sachs*[4] grande successo dell'anno letterario 1998) dichiara: «Le serie francesi non sono fatte per far riflettere. I tre principali canali hanno una medesima e unica politica di fiction: [...] confortare il conformismo. Il telespettatore rapito viene assimilato a una pecora». Al contrario, negli Stati Uniti «la televisione ha dato il cambio alla critica sociale esercitata dal cinema negli anni '30, '40 e '50». La produzione convenzionale francese tiene prigioniero il pubblico ancora di più, perché solo il 15% dei francesi hanno la tv via cavo o il satellite, contro l'80% degli americani.

Portando acqua a questo mulino, ricorderò nuovamente il telefilm in diversi episodi girato e diffuso negli Stati Uniti sul Watergate, a caldo, pochissimo tempo dopo le dimissioni di Nixon, a metà degli anni '70. Si vedeva un attore che era praticamente un sosia del presidente interpretare il ruolo di Nixon. Tutti gli altri personaggi corrispondevano anch'essi a individui reali e perfettamente identificabili. E non è l'unico scandalo nazionale ad aver fornito in America lo spunto a soggetti destinati al piccolo e al grande schermo, soggetti che si accostano moltissimo agli eventi e alle figure storiche. In compenso, aspetto ancora un telefilm francese sul «reato di insider trading» [5] commesso in occasione dell'acquisto del gruppo Triangle da parte di Pechiney, i cui responsabili sono – pare – al più alto livello dello Stato francese. O ancora sullo scandalo del Crédit lyonnais o quello dell'Elf. Per paragonarsi ai modelli americani e al loro coraggio, questi telefilm francesi dovrebbero essere la trasposizione fedele di questi episodi poco lusinghieri per la Francia, con interpreti scrupolosamente calcati sui personaggi originali. Rischiamo di aspettarli ancora a lungo.

Rimasticando i resti del marxismo più ammuffito, Catherine Tasca, ministro francese della Cultura, confida a «Figaro Magazine» (9 febbraio 2002): «Le leggi del mercato sono la bandiera della potenza americana». Ma no! Non ne sono la bandiera: ne sono la spiegazione.

Nel campo della cultura come negli altri, la *querelle* della mondializzazione, che è sorta e si è inasprita durante l'ultimo decennio del XX secolo, traduce infatti ciò che vorrebbe essere una resistenza all'americanizzazione. E, nel campo culturale come negli altri, dobbiamo distinguere ciò che nella nostra percezione dell'americanizzazione in quanto minaccia o malattia è immaginario o inventato e ciò che è giustificato. E dobbiamo anche chiederci se non ci siano, nella cultura americana, realizzazioni positive dalle quali non è totalmente malvagio che le altre culture siano influenzate, se non qualche soluzione originale da cui le civiltà europee, asiatiche o africane guadagnerebbero eventualmente ispiradosene, senza pertanto copiarle ma adattandole.

Il timore di vedere le «identità» culturali soffocate in una sorta di uniformazione planetaria, che oggi sarebbe a dominante americana ma che un tempo fu ritenuta di altro colore, non poggia né su un'esperienza storica attestata né su una buona osservazione del mondo contemporaneo. La compenetrazione delle culture, con la preponderanza talvolta dell'una e talvolta dell'altra, ha sempre condotto, nell'antichità come nei periodi medievale, moderno e contemporaneo, non all'uniformità ma alla diversità. È così anche oggi ed è ciò che dimostra, fra molti altri autori, il saggista svedese Johan Norberg, pressapoco nei termini in cui l'ho fatto poco prima. «Molta gente – scrive – teme una "macdonaldizzazione" del mondo, una standardizzazione in cui ciascuno finirebbe per indossare gli stessi abiti e vedere gli stessi film. Ma questa non è una descrizione esatta del processo di globalizzazione. Chiunque passeggi oggi per Stoccolma evidentemente non avrà alcuna difficoltà a trovare hamburger e Coca-Cola, ma troverà altrettanto facilmente in abbondanza kebab, sushi, tex-mex, anatra alla pechinese, formaggi francesi, zuppa thai». E l'autore ricorda ciò che frequentemente viene dimenticato: la cultura americana non è solo le canzoni di Madonna e i film di Bruce Willis, è anche il paese in cui ci sono millesettecento orchestre sinfoniche, sette milioni e mezzo di biglietti all'anno per l'opera e cinquecento milioni di ingressi nei musei – abbastanza spesso gratuiti[6]. Inoltre, la quasi totalità dei musei americani, ricordiamolo, deve la propria esistenza e la possibilità di funzionare a finanziamenti privati.

È sorprendente che alcuni artisti abbiano così poca stima della propria arte da attribuirne l'eventuale diffusione internazionale solo alla potenza del denaro e della pubblicità. Così Bertrand Tavernier, che tuttavia ho conosciuto prima che diventasse egli stesso regista, fine conoscitore della cinematografia americana, ne spiega in questi termini il successo: «Con la complicità di alcuni politici e anche di giornali […] avvalendosi di un sistema di distribuzione a prova di bomba[7], gli americani ci impongono i loro film»[8]. Tavernier dovrebbe sapere che non si impone mai con la forza né con la pubblicità un'opera letteraria o artistica, ancor meno un'opera di semplice intrattenimento, a un pubblico che non ne è sedotto. Tutta la potenza di coercizione dell'Unione Sovietica non riuscì mai a «imporre» quanto avrebbero voluto le autorità la letteratura ufficiale ai lettori, che le preferivano le opere clandestine ciclostilate che circolavano sotto il cappotto, i famosi «samizdat» (letteralmente «autoproduzione»). La polizia, quando acchiappava gli autori o i diffusori dei samizdat, li mandava in prigione, nei campi di lavoro o all'ospedale psichiatrico speciale, sotto l'accusa di «cosmopolitismo», altro nome per la mondializzazione.

Nel gennaio del 2002, quando Yves Saint Laurent annunciò inaspettatamente la sua decisione di andare in pensione, mettendo improvvisamente termine alla sua attività di grande stilista, l'emozione fu enorme nel mondo intero, precisamente perché il talento di Saint Laurent si era diffuso in tutto il mondo. E d'altronde non solo il suo, ma anche quello di numerosi precedessori che, da più di un secolo, avevano instaurato e perpetuato l'affermazione internazionale dell'alta moda francese (ciò non toglie niente al merito di altre scuole, soprattutto di quella italiana).

In quel momento, non si è letto sulla stampa straniera che questa preminenza tradizionale dell'alta moda francese e l'incandescenza di Saint Laurent fossero dovute solo a «un sistema di distribuzione a prova di bomba» che, con la losca complicità di «politici e giornali», riusciva a «imporre» agli altri gli abiti degli artisti parigini. Gli autori di articoli del genere si sarebbero resi ridicoli.

Ma i francesi si preoccupano troppo raramente, purtroppo, di non cadere in questo genere di ridicolo. Così, fra il 1948 e il 1962, durante le Biennali di Venezia, la maggior parte dei premi furono assegnati ad artisti della scuola di Parigi. Ma quando nel 1964 la giuria premiò per la pittura Robert Rauschenberg, il più recente capofila di una scuola di New York la cui vitalità si affermava da vent'anni, i francesi gridarono allo scandalo, all'imperialismo, alla collusione della giuria con i collezionisti, parlarono di pressioni del governo americano[9] sul governo italiano e altre eleganze che non mostrano alcuni dei nostri rappresentanti sotto la loro luce migliore.

Ispirandosi a quel che Giancarlo Pajetta, un importante dirigente comunista italiano, diceva un giorno: «Alla fine ho capito cos'è il pluralismo; è quando diverse persone sono del mio stesso parere», i governi e le élite sono un po' dappertutto in favore della mondializzazione culturale, a condizione che il loro paese ne sia la fonte e il modello. Presentando un «progetto culturale estero francese», nel 1984 il governo diceva in primo luogo, con insigne modestia, che quel manifesto non aveva «probabilmente eguali in alcun altro paese». O si è geniali oppure non lo si è. Tutte le culture si equivalgono, concedevano gli autori del testo governativo (il che pecca per semplicismo «politicamente corretto»), ma quella francese è predestinata: il suo ruolo dev'essere quello di mediatore universale, poiché essa è «condivisa da uomini di tutti i continenti». Toccante ottimismo, che naturalmente portava alla conclusione che «l'avvenire della lingua francese nel mondo non può che essere solidale col destino dei popoli e promotrice di sviluppo». L'uniformazione culturale del mondo, per gli autori del manifesto governativo, presentava solo vantaggi, dal momento in cui era francese, almeno nelle loro illusioni.

L'uniformazione culturale del mondo, in cui oggi viene vista nella maggior parte dei casi la sua americanizzazione, non è d'altronde americana, nella misura in cui si dà solo per una parte della cultura, e non la più profonda né la più imperitura. Essa veicola soprattutto la cosiddetta cultura di massa, l'intrattenimento, alcuni spettacoli, alcune mode nell'abbigliamento o nell'alimentazione care ai giovani, alcune musiche pop, ma non tutte. In questo caso si tratta di un utilizzo del termine cultura in un senso ampio, direi addirittura troppo, che è prevalso perché sono le professioni dello spettacolo, per ragioni economiche, a dirigere il cuore delle lamentele contro la potenza dei produttori americani. Questa potenza pone un problema, ma è abusivo ridurvi la totalità della vita culturale.

Non spiaccia alla gente di cinema, la cultura è anche un po' la letteratura, la scienza, l'architettura, la pittura. Osserviamo i fatti: il momento in cui il romanzo americano

ha maggiormente influenzato quello europeo si situa fra le
due guerre mondiali, in un'epoca in cui gli Stati Uniti non
erano ancora la prima potenza planetaria. Questo ruolo era
a quel tempo piuttosto attribuito alla Gran Bretagna. Dopo la
seconda guerra mondiale, quando gli Stati Uniti diventano
politicamente dominanti, è la letteratura latino-americana a
ottenere in Europa un successo al contempo di critica e di
pubblico, ben superiore a quello della letteratura nord-ame-
ricana coeva, sebbene quest'ultima contasse tanti talenti di
prim'ordine durante quel periodo quanto nel precedente.
«Appena cinquant'anni fa – scrive Mario Vargas Llosa nel-
l'ottobre del 2000 – noialtri ispanofoni eravamo una comunità richiusa in sé stessa, che si esponeva assai poco al di
fuori delle proprie frontiere linguistiche. In compenso, oggi
lo spagnolo dà prova di una crescente vitalità e tende a guadagnare teste di ponte e posizioni talvolta importanti sui cinque continenti. Il fatto che gli Stati Uniti oggi contino da
venti a trenta milioni di ispanofoni spiega il fatto che i due
attuali candidati alla presidenza americana, il governatore
Bush e il vice-presidente Al Gore, utilizzino anche lo spagnolo nei loro discorsi elettorali»[10]. Questo esempio dimostra che la mondializzazione fa progredire la diversità culturale, anche negli Stati Uniti.

Bisognerebbe anche parlare dell'interesse internazionale
per la letteratura giapponese nel corso della seconda metà
del XX secolo, o della lenta ma irresistibile ascesa al ruolo di
autorità letteraria mondiale di un Naipaul, premio Nobel
per la letteratura nel 2001, scrittore le cui radici culturali
sono molteplici e complesse, al contempo antillesi, indiane e
inglesi, ma in ogni caso non americane. Gli autori dramma-
tici francesi, dal 1950, sono molto più presenti sulle scene di
tutti i continenti degli autori nord-americani. I poeti italiani,

Ungaretti o Montale, sono più rinomati dei loro colleghi americani.

Potrei continuare a lungo. È avvilente dover allineare queste banalità da manuale, ma si è costretti, per tentare di contrastare le stupide e ipocrite grida d'allarme concernenti i pericoli che minaccerebbero ai nostri giorni la diversità culturale, mentre questa diversità non è mai stata tanto grande, poiché la mondializzazione che avanza dal 1945 ha precisamente permesso una crescente circolazione delle opere intellettuali su tutto il pianeta e la contaminazione di un numero crescente di forme estetiche. Mi si può dire quanti autori francesi erano tradotti in giapponese nel XIX secolo e inversamente? Oggi lo sono quasi tutti.

Vedo altresì che gli architetti italiani, scandinavi, sudamericani, francesi, svizzeri o di altre nazionalità non ricevono meno commesse dei loro colleghi nordamericani. Tutte queste nazionalità e molte altre hanno fornito e continuano a fornire nomi illustri all'arte architetturale. I loro geni creatori si sono ispirati reciprocamente senza perdere la rispettiva originalità e, anche in questo caso, la diversità ne ha guadagnato. Quanto alla pittura, se l'emergere della scuola di New York, intorno al 1960, come ho già ricordato in precedenza, ha fatto digrignare i denti ai pittori e ai critici francesi, abituati da due secoli alla loro posizione dominante, è difficile negare che questa fioritura newyorkese ha arricchito più che uniformato l'arte pittorica, come l'ha diversificata il gruppo Cobra nell'Europa del Nord o il rinnovamento italiano nello stesso periodo.

Contrariamente a quel che ha detto Jacques Chirac[11], la mondializzazione non è il «laminatoio delle culture». Essa è ed è sempre stata il suo principio fecondante. Per esempio, si pensi al fattore di rinnovamento che ha rappresentato la scoperta o, piuttosto, una più ampia conoscenza della pittura giapponese alla fine del XIX secolo, per la creazione artistica francese, o l'arrivo in Francia dell'arte africana, dieci o vent'anni più tardi. Casi simili pullulano. A meno di essere obnubilati dagli urlatori di Seattle o di Porto Alegre, non si può cancellare la lezione plurimillenaria della storia delle civiltà: è il separatismo a laminare e sterilizzare le culture, è la compenetrazione ad arricchirle e ispirarle.

La scienza merita di essere considerata a parte. La ricerca dipende assai più dai mezzi finanziari messi a disposizione di quanto avviene in altre attività intellettuali. Questa è la ragione che in parte spiega la recente preponderanza americana, ma solo in parte. Essa deriva anche dal funzionamento delle università americane, che sposano molto più intimamente delle sorelle europee, con l'eccezione delle università britanniche e tedesche, l'insegnamento e la ricerca. È una delle ragioni per le quali le università americane attirano tanti professori e studenti stranieri. Nel suo rapporto annuale del 2002, la Corte dei conti francese ha criticato – una volta di più – la sclerosi del Centro Nazionale della Ricerca Scientifica (CNRS), l'invecchiamento dei ricercatori, l'assenza di esami. Questa diagnosi pessimistica è un ritornello che torna periodicamente da decenni ma che, com'è d'abitudine in Francia in ogni campo, non ha mai comportato la pur minima riforma. Malgrado queste inefficienze, nel corso dei decenni recenti qualche premio Nobel è andato a ricercatori francesi, così come ad altri ricercatori di paesi diversi dagli Stati Uniti, benché questi ultimi ne abbiano ottenuti il maggior numero. Ma la diversità geografica della ricerca persiste comunque, benché la nozione di diversità nella scienza non abbia un grande significato, poiché la conoscenza scientifica non potrebbe, contrariamente alla scultura o alla musica, essere differente a Tokyo, Roma o Bombay da quella che è nel Massachusetts o in California. Ne consegue ancor più che la mondializzazione della conoscenza scientifica è anch'essa necessaria al suo progresso e a quello di ogni civiltà. Se Cartesio non avesse rigettato la fisica di Galileo per dogmatismo filosofico, forse sarebbe stato un francese a scoprire ciò che più tardi scoprì Newton, in un'Inghilterra in cui il pensiero scientifico era molto più affrancato che in Francia dai pregiudizi metafisici. E se l'Islam non avesse rifiutato la scienza moderna, da tre secoli i paesi islamici non soffrirebbero forse della loro «eccezione culturale» piuttosto negativa.

L'affermazione e la diffusione di una cultura riposano su un fondamento essenziale: l'ampiezza e la qualità dell'insegnamento nel paese o nell'area geografica del suo insediamento, e il suo adattamento alle evoluzioni della conoscenza. La degradazione degli insegnamenti elementare e secondario in Francia a partire dal 1970 circa è una catastrofe riconosciuta e abbondantemente documentata e commentata. Ma si estende in misura minore sulle insufficienze dell'insegnamento superiore francese. In un'epoca in cui una parte crescente della popolazione può accedervi, è dalla qualità di questo insegnamento che dipendono il vigore di una cultura e l'attrattiva che può suscitare per coloro i quali la osservano da fuori.

Perché studenti, insegnanti e ricercatori provenienti da tutti i paesi del mondo sgomitano nelle università americane e non in quelle francesi? In uno studio della più grande importanza, *L'Université française du XIX au XXI siècle*[12], Jean-Claude Casanova espone con un'inesorabile precisione le cause del malfunzionamento dell'insegnamento superiore francese, paragonato a quello degli Stati Uniti. Una prima categoria di cause concerne la semplice insufficienza di mezzi. Così, ricorda Casanova, il capitale dell'università di Harvard, ossia di *una sola* università americana, nemmeno la più grande, è di venti miliardi di dollari: cioè più del doppio della spesa annuale della Francia per la *totalità* del proprio sistema universitario. Una seconda categoria di cause concerne una concezione erronea che, dall'inizio del XIX secolo, ha fatto prevalere la centralizzazione amministrativa. A lungo si è detto l'Università francese e non *le* università francesi. Già alla fine del XIX secolo, in *Les origines de la France contemporaine* [13], Hippolyte Taine aveva descritto in maniera convincente, certo inutilmente, l'artritismo culturale generato da questo autoritarismo educativo.

A quest'assenza di autonomia delle università, che tuttavia aveva prosperato nel Medioevo, si aggiunse l'errore che consiste nel separare l'insegnamento dalla ricerca. Sono cinquant'anni che le nefaste conseguenze vengono regolarmente denunciate da grandi ricercatori francesi, soprattutto da quelli che hanno fatto esperienza in università tedesche, inglesi o americane. Ma qui come altrove, l'incapacità francese a tener conto delle analisi meno confutabili e a riformare (salvo che in senso demagogico) ha perpetuato quest'assurdo divorzio. Infine, terzo aspetto dell'inferiorità, secondo Casanova, «l'università francese organizza solo con ritardo considerevole la formazione di massa, contrariamente alle università americane che, per prime al mondo, la intraprendono da metà del XX secolo».

La vera cultura trascende sempre le frontiere nazionali. Tuttavia, è una stranezza che, fra le contraddizioni dell'antiamericanismo, si trovi la condanna dell'internazionalismo culturale, *anche nel caso in cui sia la cultura americana a ispirarsi alla cultura europea, asiatica o altra*. E anche quando questa influenza si esercita sulla cultura di massa.

Così, una giornalista del Québec tuona contro «il fast-food culturale odierno [...]. *The Phantom of the Opera* è un prodotto culturale che assomiglia molto al sandwich di punta della catena McDonald's, il Big Mac»[14]. Oltre al fatto che lo spettacolo di cui parla la Villancourt è di concezione britannica e non americana, nessun giornalista ignora o dovrebbe ignorare che è tratto da un celebre romanzo francese, pubblicato nel 1910, *Le fantôme de l'Opéra*[15], firmato da Gaston Leroux, padre di Rouletabille e di Chéri Bibi. Dunque, dal nostro punto di vista, dovremmo gioire del fatto che la letteratura popolare francese, attraverso la produzione americana, venga portata sugli schermi di tutto il mondo. Ma, secondo il giusto commento di Mario Roy, «non è mai stata questione di dover tener conto dei fatti».

Così, talvolta l'odio per gli americani è spinto fino al punto in cui si trasforma in odio per sé stessi. È ciò che avvenne quando fu installata una Disneyland nei pressi di Parigi, nel 1992. Questo evento fu denunciato dai nostri intellettuali come una «Chernobyl culturale». Ora, ricorderete senza dover dare prova di un'eccezionale erudizione, che gran parte dei temi ispiratori di Walt Disney, soprattutto nei lungometraggi, sono attinti da fonti europee. *Biancaneve e i sette nani*, *La bella addormentata nel bosco*, il *Pinocchio* di Collodi, le musiche di *Fantasia* o la ricostruzione del vascello pirata dell'*Isola del tesoro* di Stevenson sono prestiti – e omaggi – che l'America deve al genio europeo, così come quando tributa omaggi a capolavori che appartengono ad altre culture, per esempio le *Mille e una notte*.

Che questi racconti popolari – frutto, nel corso dei secoli, dell'immaginazione di tanti popoli differenti, e a lungo trasmessi di generazione in generazione per via orale, per essere poi fissati in forma scritta dai diversi autori che li raccoglievano – infine si materializzino sullo schermo grazie all'invenzione del cinema e al talento di un artista californiano, non è forse un esempio del progredire e dell'imprevedibile contaminarsi delle culture? La dinamica mondializzatrice sfrutta gli strumenti di trasmissione più diversi, antichi o moderni, e se ne infischia delle ipocrisie scioviniste dei protezionisti ottusi [16].

Sicuramente obietteranno che lo sfruttamento di queste leggende occidentali od orientali da parte dell'industria americana dello spettacolo non può che tradirne l'originalità, deformarla, renderla mercantile. Tutti lo sanno o dovrebbero saperlo: Hollywood è sempre stata la capitale del cattivo gusto, della volgarità, della banalità. La produzione americana di spettacoli distrugge la cultura altrui piuttosto che valorizzarla. A questo punto, abbiamo abbandonato la sfera razionale per rinchiuderci in quella del delirio contraddittorio.

Ancora più contraddittorio, visto che questa diatriba triviale si accompagna spesso, nei paesi in cui risuona quotidianamente, a una propensione suicida a distruggere il proprio patrimonio culturale.

Nella sua *Histoire du vandalisme. Les monuments détruits de l'art français* [17], Louis Réau, che consacrò tutta la sua carriera di storico all'arte francese, compila la spaventosa contabilità dei capolavori di architettura che furono demoliti, bruciati o sfigurati, in ogni epoca, ma soprattutto durante e dopo la Rivoluzione francese. Vale a dire, per un'incomprensibile incoerenza, durante il periodo in cui sbocciava con maggiore virulenza il nazionalismo culturale. Aggiornando l'opera di Réau, Fleury e Leproux fanno il quadro non meno avvilente del vandalismo dopo il 1958, cioè durante la V Repubblica, regime in cui la rinvigorita pretesa di affermare una «politica culturale della Francia» si è accompagnata, col pretesto della modernizzazione, a un abbruttimento metodico di Parigi, a costo della distruzione o della mancata manutenzione di opere preziose appartenenti al patrimonio architettonico [18]. Inoltre, la legge di decentralizzazione, accrescendo i poteri degli eletti locali, ha *ipso facto* decuplicato anche le potenzialità provinciali di vandalismo. Non si contano più gli edifici destinati a ospitare i consigli municipali, provinciali o regionali che sono stati innalzati sulle rovine di un monumento storico, a meno che non lo si sia «ristrutturato» in maniera tale da mutilarlo per sempre. Nel 1990, per esempio, il consiglio municipale di Nîmes vota la demolizione di una casa medioevale ornata da affreschi coevi. Poiché uno dei consiglieri municipali, un maniaco passatista e isolato, protestava contro questo sacrilegio, si sentì rispondere dal vicesindaco e dall'assessore alla cultura: «Questa locanda non era del Medioevo, ma del XIV secolo» [19]. Per essere ignoranti sino a questo punto in merito ai diversi periodi storici della Francia e dell'Europa, probabilmente questi due vandali dovevano essere americani.

A partire dal 2000, questa furia nel saccheggiare i monumenti storici si è fatta strada anche nell'organismo amministrativo incaricato proprio di preservarli, gestirli, valorizzarli e aprirli al pubblico: il Centro dei Monumenti nazionali. Presi da una smania pseudo-modernista, i funzionari hanno deciso che il patrimonio così com'era, non offrendo probabilmente ai loro occhi più alcun interesse in sé stesso, ormai doveva servire all'«animazione culturale», espressione che serve a designare la chiacchiera vuota e conformista. Il patrimonio andava «aperto alla creazione contemporanea». È assai lodevole volerla incoraggiare, ma non si capisce perché questo incoraggiamento dovrebbe avere per condizione l'annichilimento della creazione passata.

Per esempio, perché sfigurare palazzo Sully, una delle perle del Marais, una fra le rare abitazioni del XVII secolo conservate intatte, con tappezzerie d'epoca disegnate da Simon Vouet e la galleria dei ritratti della famiglia Sully, per ridipingerne il salone in giallo e rosa shocking, nonché infangarlo con decorazioni e lampadari «di tendenza» che evocano meno Enrico IV o Luigi XIII che la hall di un palazzo per nuovi ricchi in una stazione balneare indonesiana? Con quale diritto alcuni funzionari, incaricati di vegliare sulla manutenzione dei monumenti che giustamente il pubblico viene a visitare per conoscere il proprio passato, prendono di testa loro iniziative tali? È vero, il livello della loro cultura personale pare essersi tragicamente abbassato da una o due generazioni. Una sotto-direttrice di Action culturelle non rispondeva forse, al conservatore del castello di Chambord che proponeva di «animarlo» allestendovi *Il borghese gentiluomo*, che «a parte *Fedra* [sic], Molière è noioso»[20]?

Possiamo concludere da questo breve excursus che il vandalismo autodistruttore del patrimonio culturale francese è più temibile e ha già fatto più danni del presunto «laminatoio» della mondializzazione. E la Francia non è certo l'unico paese in cui imperversa questa furia, d'origine molto spesso ideologica o falsamente innovatrice. Per esempio, ha causato anche perdite artistiche irreparabili nella Cina di Mao, come ha osato scrivere Simon Leys in pieno regno universale della maolatria[21].

L'ossessione di veder cancellare la diversità delle culture a favore della sola cultura americana è rinforzata da un'altra causa, stavolta reale: la diffusione internazionale dell'inglese. È la lingua materna di circa trecentottanta milioni di esseri umani. Più o meno altrettanti la usano come seconda lingua, senza contare il numero ancora superiore di quelli che ne conoscono qualche parola, il minimo indispensabile per cavarsela nella vita pratica all'estero, anche al di fuori dei paesi anglofoni. Se questa internazionalizzazione dell'inglese deriva in gran parte dalla superpotenza degli Stati Uniti – non solo politica e strategica, ma economica, scientifica e tecnologica – ciò comporta un'americanizzazione culturale del pianeta? Assolutamente no. Osserviamo innanzitutto che parlare un inglese elementare, per le necessità della vita quotidiana, per gli scambi commerciali, per le negoziazioni finanziarie, se non politiche e diplomatiche, non suppone avere una conoscenza approfondita e nemmeno superficiale della *cultura* e del *pensiero* anglo-americani e abbandonare i propri in loro favore. L'impiego utilitario dell'inglese da parte di centinaia di milioni di nostri contemporanei è affatto compatibile con un'abissale ignoranza dei grandi scrittori e pensatori, così come degli avvenimenti storici, politici, religiosi che hanno informato le civiltà britannica e americana. Al contrario, chi non sa una parola di russo può essere impregnato di sensibilità russa grazie a una lettura assidua dei classici, nelle traduzioni spesso ammirevoli che ne sono state fatte in molte lingue.

Inoltre, la mondializzazione è un fattore di diversificazione anche nell'apprendimento delle altre lingue, oltre l'inglese. Come dice ancora Vargas Llosa, nel testo già citato, «quanti milioni di giovani dei due sessi, in tutto il pianeta, grazie alla mondializzazione, hanno cominciato a imparare il giapponese, il tedesco, il mandarino, il cantonese, l'arabo, il russo, il francese? Sicuramente la cifra è importante, e questa è un'evoluzione propria della nostra epoca, che fortunatamente si amplificherà negli anni a venire». In effetti, non dimentichiamolo: la mondializzazione è anche il viaggio reso più facile. Le destinazioni più lontane, un tempo accessibili solo ai ricchi, ora sono alla portata di una innumerevole folla cosmopolita, pagando somme relativamente modeste. Anche questa è una fonte di diversità, non di uniformità.

Certo, a giusto titolo si può obiettare che l'onnipresenza dell'inglese spesso altera le altre lingue, nient'affatto a causa dei termini che da esso si prendono a prestito – un fenomeno linguistico normale e universale –, quanto a causa delle deformazioni nelle costruzioni e nel vocabolario che imprime loro. In Francia, Etiemble stilò già nel 1964 un inventario di queste contaminazioni, nel suo famoso *Parlez-vous franglais?* [22]. Se gli anglicismi abusivi e d'altronde in generale superflui hanno la tendenza a invadere molte lingue, tuttavia va sottolineato che il degrado di alcune lingue di alta cultura ha soprattutto cause autoctone. Ve ne sono principalmente due: il declino del livello degli studi in paesi in cui l'insegnamento era eccellente e un modernismo da poco che consiste nell'imputare ogni volontà di preservare e sviluppare le virtù proprie di una lingua a un purismo passatista e accademico. La maggior parte delle confusioni di senso, delle improprietà, delle incoerenze sintattiche che caratterizzano oggi, per esempio, il francese mediatico, hanno un'origine santamente autctona. Non devono nulla all'influenza dell'inglese. In compenso, è vero che l'impoverimento e la sregolatezza di una lingua la indeboliscono e dunque la rendono sempre più permeabile all'invasione di termini ed espressioni bastarde calcati su un'altra lingua – nella fattispecie, ai nostri giorni, nella maggior parte dei casi su un cattivo inglese. Ogni lingua evolve, certo. Ma si ha torto a dimenticare che ogni evoluzione va necessariamente sia in un senso buono che in uno cattivo, in quello del progresso o in quello del declino. Il bombardamento di una cattedrale è indubbiamente una forma di evoluzione dell'architettura. È quella più auspicabile?

Resta il fatto che, anche sul terreno delle lingue, la mondializzazione si rivela fonte di diversità e non di uniformità. Da un parte, la diffusione dell'inglese – eh sì! – facilita la comunicazione fra le culture e la loro fecondazione reciproca. Non è poco che, grazie a questa *lingua franca*, giapponesi, tedeschi, filippini, italiani, russi, francesi, brasiliani ecc. possano partecipare a un medesimo colloquio e scambiarsi idee e informazioni. D'altra parte, molte più persone che in passato parlano o capiscono, oltre alla lingua materna, una o due lingue straniere, diverse dall'inglese.

Ciò che costituisce l'autentico pericolo di morte per la cultura europea, per fobia antiamericana e no global, è il rifiuto del progresso. Guy Sorman ha mostrato a quali regressioni scientifiche e tecniche ci condurrà questo oscurantismo, nel suo libro *Le progrès et ses ennemis*[23]. Questa non è una tesi «di destra» opposta a una visione «di sinistra», è la tesi della ragione. È difesa tanto dal liberista Sorman che dal socialista Claude Allègre. Quest'ultimo si leva contro l'idea che l'Europa dovrebbe abbandonare l'energia nucleare, gli ogm e la ricerca che utilizza le cellule staminali. Se i gruppi di pressione avessero la meglio, «gli stati d'Europa – scrive Allègre – regredirebbero, in vent'anni, al livello dei paesi sottosviluppati, in un mondo che allora sarebbe dominato dalla coppia Stati Uniti-Cina». I fanatici dell'antiamericanismo sarebbero così riusciti a rendere l'Europa ancora più dipendente dagli Stati Uniti di quanto non lo sia oggi.

[1] *Les deux France*, «Les Échos», 14 gennaio 2002. Notiamo comunque che i due principali successi del cinema francese nel 2001-2002, *Il favoloso mondo di Amélie* e *Asterix e Obelix: missione Cleopatra*, sono stati girati in studi tedeschi e inglesi. Perché? Perché lo Stato francese vessa i produttori di successo e sovvenziona gli incapaci.

[2] «Le Monde», 12 gennaio 2002. Olivennes si è dimesso nell'aprile del 2002.

[3] Martin Winkler, *Les miroirs de la vie. Histoire des séries américaines*, Éditions du Passage, Paris 2002.

[4] Martin Winkler, *La malattia di Sachs*, Feltrinelli, Milano 1999. [*N.d.T.*]

[5] Nel linguaggio giuridico francese, il «délit d'initiés» corrisponde al reato di insider trading. Viene commesso quando qualcuno acquista o vende una società perché è al corrente di una operazione riservata. In questo modo viola le regole del mercato finanziario. [*N.d.T.*]

[6] Johan Norberg, *In defence of global capitalism*, Timbro, Stockholm 2001.

[7] *Sic*. Dobbiamo allora supporre che il nostro è stato bombardato?

[8] Dicharazione all'Afp, 5 novembre 1992. Citato in Mario Roy, *Pour en finir avec l'antiaméricanisme*, Éditions du Boréal, Montréal 1993.

[9] Che era tanto più stupido, poiché la giuria della Biennale è internazionale.

[10] *Cultures locales et mondialisation*, «Commentaire», autunno 2000.

[11] Citato in «Le Journal du dimanche», 3 febbraio 2002.

[12] Cfr. Thierry de Montbrial (a cura di), *La France du nouveau siècle*, Puf, Paris 2002.

[13] Hippolyte Taine, *Le origini della Francia contemporanea*, Adelphi, Milano 1989. [*N.d.T.*]

[14] Julie Vaillancourt, «Le Devoir», 22 dicembre 1992. Citato in Roy in *Pour en finir* cit.

[15] Gaston Leorux, *Il fantasma dell'Opera*, Milano, Tea 1994. [*N.d.T.*]

[16] Per più ampi sviluppi, mi permetto di rinviare al mio articolo *Le péril suprême: Disneyland*, «Le Point», 21 marzo 1992, e ripreso nel mio *Fin du siècle des ombres* cit., p. 389.

[17] Louis Réau, *Histoire du vandalisme. Les monuments détruits de l'art*

français, Robert Laffont, Paris 1958 (nuova edizione ampliata da Michel Fleury e Guy-Michel Leproux, edita presso Robert Laffont, Paris 1994).

[18] Cfr. in merito soprattutto André Fermigier, *La bataille de Paris. Des Halles à la Pyramide*, Gallimard, Paris 1990.

[19] Seduta del 24 luglio 1990.

[20] Riportato in «Le Figaro», 2-3 febbraio 2002, in cui Anne-Marie Romero consacra un lungo articolo assai preciso allo scandalo dell'hôtel Sully e ad altre vicende.

[21] Cfr.: Simon Leys, *Images brisées*, Robert Laffont, Paris 1976; *Ombre cinesi*, SugarCo, Milano 1980. [*N.d.T.*]

[22] Etiemble, *Parlez-vous franglais?*, Gallimard, Paris 1964. [*N.d.T.*]

[23] Guy Sorman, *Le progrès et ses ennemis*, Fayard, Paris 2001.

Capitolo settimo

Il «semplicismo» dei dirigenti europei
in politica internazionale

Ricorderete che nel 1983, quando Ronald Reagan definì l'Unione Sovietica «l'impero del male», in Europa e soprattutto in Francia si ascoltò il consueto boato di sogghigni impietositi e pieni di rimprovero. Tuttavia, pare che i progressi della ricerca storica compiuti sinora sul comunismo russo non autorizzino esattamente a chiamarlo «impero del bene». In quel momento, la maggioranza dei popoli oppressi dal comunismo si sentirono sollevati, constatando che un capo di Stato occidentale finalmente provava un po' di comprensione per la loro triste situazione. Soprattutto, nel 2002 è chiaro – ed è evidente soprattutto negli ex «satelliti» dell'Europa centrale – che la politica di Reagan, fra il 1980 e il 1990, precipitò la disgregazione del sistema che regnava a Mosca da quasi tre quarti di secolo e che la politica di «distensione» dei suoi predecessori era solo riuscita a prolungarne l'agonia.

Diciannove anni più tardi, nel gennaio del 2002, dopo il tradizionale discorso annuale del presidente degli Stati Uniti George W. Bush sullo stato dell'Unione, di fronte al Congresso, un medesimo concerto di imprecazioni accolse in Europa l'espressione «asse del male». George W. Bush indicava in quel modo i paesi sospettati di appoggiare il terrorismo internazionale o che notoriamente lo hanno fatto e che, d'altronde, accumulano clandestinamente armi di distruzione di massa. Il ministro francese degli Esteri, Hubert Védrine, condannò il «semplicismo» che «riporta tutti i problemi del mondo alla lotta contro il terrorismo». Condannò – un ritornello arcinoto – l'«unilateralismo» col quale l'America – colmo dell'orrore! – «prende decisioni fondate sulla propria visione del mondo e sulla difesa dei propri interessi».

Sia detto *en passant*, quest'ultima frase costituisce un'eccellente definizione della politica estera «indipendente» un tempo rivendicata per la Francia dal generale De Gaulle, alla quale si sono in seguito richiamati i suoi successori. Inoltre, il discorso sullo stato dell'Unione, come si evince dal nome stesso, è un resoconto annuale che il presidente degli Stati Uniti fa ai suoi compatrioti. Va da sé che questo bilancio tratta essenzialmente ciò che li concerne. E come negare che, dopo la catastrofe dell'11 settembre del 2001, il terrorismo fosse quel che maggiormente li preoccupava?

Ciò non significa che Bush riduca *tutti* i problemi del mondo alla lotta contro il terrorismo. Significa che l'attualità ha posto il terrorismo in primo piano. L'11 settembre ha modificato profondamente la visione della diplomazia e della difesa che gli Stati Uniti e le altre democrazie avevano sino ad allora. È un'analisi che non fa solo Bush. Non si contano più, anche in Europa, gli articoli e i libri che sviluppano la tesi che da allora tutto è cambiato, che abbiamo a che fare con una «nuova guerra» e che quest'ultima «è solo all'inizio» [1]. Tuttavia, gli autori non affermano che la totalità delle relazioni internazionali si riassume nella lotta al terrorismo, e non lo fa nemmeno Bush. Come quest'ultimo, si limitano a sottolineare che le nazioni, in particolare le democrazie, ormai devono imperativamente integrare questo nuovo e decisivo elemento.

Bush come avrebbe potuto non assegnargli la priorità nel suo discorso, quando da cinque mesi si moltiplicavano le accuse ai malfunzionamenti dei servizi segreti americani, che per anni – si diceva – non avevano compreso la portata dei segnali premonitori e delle manifestazioni precedenti dell'iperterrorismo? Certo, possiamo ritenere che l'espressione «asse del male», come la «crociata» proclamata nel settembre del 2001, discenda da una retorica piuttosto pomposa. Ma che il dirigente la cui eloquenza non abbia mai peccato di iperboli scagli la prima pietra! Soprattutto, qui la forma è meno importante del contenuto. I giornalisti e i commentatori desiderosi di far bene il proprio mestiere dovrebbero anche precisare che questo genere di espressioni rinvia alle fondamenta stesse della cultura americana e che una traduzione letterale ne amplifica la portata, ben aldilà dell'intenzione di coloro che le utilizzano. Allo stesso modo, l'abitudine delle autorità politiche e culturali francesi a parlare in ogni discorso del «fulgore» della Francia può sembrare il colmo del ridicolo. Preso alla lettera, in effetti quel termine implica che si consideri la Francia come il sole dell'umanità, l'astro la cui funzione è di illuminare e riscaldare l'intero pianeta. Ma fortunatamente ben pochi oratori che ripetono meccanicamente questa metafora sono pienamente coscienti dell'immagine che essa fornisce agli stranieri della vanità nazionale francese.

Quanto all'unilateralismo, per evitare una politica definita da un'unica parte occorrerebbe che ci fosse qualcuno dall'altra in grado di proporre e condurre azioni strategiche concrete, proporzionate alle nuove minacce, invece di limitarsi a biascicare litanie riprovatrici. Ora, sembrava che col passare del tempo gli europei considerassero sempre più gli attentati dell'11 settembre un'anomalia, una parentesi che andava chiusa. Ancora una volta, invece di affrontare il pericolo, gli europei ne negavano l'esistenza. Che errore! Un nuovo terrorismo, diretto da gruppi assai bene organizzati e certamente o verosimilmente ospitati o aiutati da alcuni Stati, è in ascesa costante dall'inizio degli anni '80. Con o senza Bin Laden, questi gruppi hanno continuato a essere attivi dopo l'11 settembre 2001. Parecchie allerte serie sono state date dai servizi segreti, nei mesi che seguirono l'11 settembre. Una di queste faceva temere un altro importante attacco sul territorio americano il 12 febbraio, dunque *dopo* il discorso sullo stato dell'Unione, da parte di sospetti yemeniti e sauditi. Poiché il dramma è servito da lezione, le reti terroristiche, con le loro ramificazioni planetarie, dall'11 settembre del 2001 sono meglio sorvegliate e individuate. Se l'Europa tende a rifiutare di ritenerle una minaccia, forse è perché la sua capacità di intervento militare è considerevolmente diminuita negli ultimi dieci anni, mentre quella degli Stati Uniti ha continuato ad aumentare e a perfezionarsi, scavando fra le due Unioni uno scarto strategico ormai impossibile da colmare. L'Europa innalza a principio la propria impotenza.

Quanto alla teoria secondo la quale il terrorismo sarebbe causato solo dalle disuguaglianze economiche e dalla povertà nel mondo, non è in alcun modo avvolorata dai fatti. La maggior parte dei terroristi proviene da ambienti agiati di paesi musulmani ricchi. Spesso ha studiato in università occidentali. La fonte del nuovo iperterrorismo è essenzialmente ideologica: è l'estremismo islamico.

Scrive Francis Fukuyama: «L'attuale conflitto non costituisce uno scontro di civiltà, nel senso in cui si avrebbe a che fare con culture della medesima importanza. Piuttosto, è sintomatico di una lotta di retroguardia condotta da chi si sente minacciato dalla modernizzazione, dunque dalla sua componente morale, il rispetto dei diritti dell'uomo». Per i terroristi islamici, osserva ancora Fukuyama, il nemico assoluto è «il carattere laico della concezione occidentale dei diritti, concezione che è all'origine della tradizione liberale»[2]. Va notato che questa stessa tradizione è altresì la bestia nera degli avversari occidentali della mondializzazione.

Ciò non siginifica che non si debba fare tutto il possibile per favorire lo sviluppo dei paesi poveri. Ma non sarà sufficiente se gli aiuti vengono dilapidati e distratti. I rimedi basilari sono le riforme: buona gestione economica, democratizzazione politica, educazione laica, sradicamento della corruzione, uguaglianza fra uomini e donne, libertà di stampa e di pensiero, pluralismo delle credenze, tolleranza. In breve, tutto ciò a cui si oppone, tutto ciò che ferocemente odia l'estremismo islamico e tutto ciò che combatte col terrorismo. Il mezzo per ridurre lo scarto fra paesi ricchi e paesi poveri è la modernizzazione. Ora, è precisamente ciò che gli estremisti islamici non vogliono, almeno non nella forma che sarebbe efficace, poiché per metterla in opera dovrebbero scostarsi dalla sharia. A coloro i quali obiettano che il cristianesimo ha saputo adattarsi alla civiltà moderna e che l'Islam non può perpetuare il suo modello dell'anno Mille, essi rispondono che non si possono modificare le prescrizioni che Dio stesso ha dettato al Profeta[3]. Gli islamici vorrebbero modernizzarsi senza occidentalizzarsi. Ma non esistono molti metodi, diversi da quello seguito in Occidente negli ultimi secoli, per realizzare la modernizzazione economica, politica e culturale. Gli islamici si sono dunque rinchiusi in una contraddizione insormontabile, fonte del loro risentimento contro l'Occidente, cioè – vista l'attuale ripartizione del potere nel mondo – soprattutto contro gli Stati Uniti. Oltretutto, evidentemente il terrorismo non li aiuta a superare questa contraddizione. Facendo scoppiare bombe sul metrò Saint-Michel, come avvenne a Parigi nel 1995, o prendendo il volo Parigi-Miami con dell'esplosivo nelle suole delle scarpe, come fece un terrorista anglo-arabo nel dicembre del 2001, non si avrà la benché minima possibilità di favorire la crescita economica dei paesi poveri.

Inoltre, sostenere che l'unico modo per lottare contro il terrorismo consiste nel cominciare a debellare la povertà e le disuguaglianze nel mondo, non solo significa attribuire al terrorismo una causa che l'esame dei fatti non corrobora, almeno in quanto causa esclusiva; significa soprattutto sottrarsi a ogni resistenza al terrorismo, in pratica e nell'immediato. Questa arguzia escatologica, subordinando ogni politica di difesa all'avvento preliminare di un universo perfetto, autorizza a pazientare tranquillamente fino alla fine del mondo. Negli europei equivale a mascherare la propria impotenza a formulare *hic et nunc* una strategia operativa e, negli americani di estrema sinistra, una riedizione del vecchio *Blame America first*. Con un identico sofismo, i pacifisti e i neutralisti, all'epoca della guerra fredda, predicavano che le democrazie occidentali avrebbero avuto il diritto di contenere, se non di condannare i regimi totalitari, solo dopo aver cancellato tutte le ingiustizie al proprio interno e nei paesi della loro sfera d'influenza. In entrambi i casi, questo modo indiretto di giustificare l'inazione deriva dalla medesima idea fissa: l'antiamericanismo. Poiché in entrambi i casi gli Stati Uniti guidano la coalizione democratica, i loro alleati devono sottrarsi a questa coalizione, della quale però sono membri e alla quale devono la loro sicurezza e libertà.

Gli «alleati» europei approvano nel complesso, ma disapprovano nello specifico, le operazioni di repressione o prevenzione del terrorismo attuate dagli Stati Uniti. Proprio come, all'epoca della guerra fredda, aderivano all'Alleanza atlantica in linea di principio, pur criticando spesso, se non contrastando talvolta le iniziative americane, sebbene fossero dettate dalle necessità della politica di arginamento e dissuasione. Si pensi alle gigantesche manifestazioni che inondarono, fra il 1979 e il 1983, la Germania, l'Italia, la Grecia, la Francia e la Spagna contro il dispiegamento a Ovest degli euromissili, indispensabili per controbilanciare gli SS20 che l'Unione Sovietica aveva appena installato a Est. Se il presidente Mitterand, invitato a parlare di fronte ai deputati del Bundestag all'inizio del 1983, sostenne coraggiosamente gli euromissili, in compenso i socialisti dell'SPD tedesco li osteggiarono ferocemente sino alla fine. Ricorderete anche le grida di sdegno che, in quello stesso anno, risuonarono contro l'intervento americano a Granada. Tuttavia, era provato che l'Unione Sovietica aveva fatto clandestinamente costruire sull'isola un campo dell'aviazione militare e una base per i sottomarini. Dopo l'assassinio del presidente in carica, grazie alla destrezza degli agenti cubani, il governo era passato interamente sotto l'influenza sovietica. C'erano più cubani che granadini. Il pericolo diventava così evidente che l'intervento americano era stato deciso su richiesta dell'Organizzazione dei Caraibi orientali. Ignorando questo insieme di dati precisi e noti, nulla può impedire alla maggioranza dei media europei di far credere che avevamo assistito a una pura e semplice aggressione americana, senz'altra motivazione se non l'imperialismo yankee. Ricordo, a un pranzo di lavoro a Madrid il giorno stesso dell'operazione, di essere stato assillato da domande in merito. Scandalizzai parecchi giornalisti spagnoli rispondendo che vedevo nei sovieto-cubani, autori del colpo di stato, gli autentici aggressori.

Nel 1987, quando di fronte al muro di Berlino Ronald Reagan esclamò: «Signor Gorbaciov, cosa aspetta a far abbattere questo muro?», lo spavento e il disprezzo scoppiarono nelle cancellerie europee, soprattutto in Germania Ovest, fatta eccezione per Helmut Kohl. Decisamente, quel poveraccio di Reagan era un pericolo pubblico. Si sapeva che era idiota – come Kohl – ma ecco che lo si scopriva ogni giorno più irresponsabile. Due anni dopo, il muro di Berlino crollava sotto i colpi dei popoli oppressi dai sovietici, sebbene alcuni intelligenti dirigenti dell'Europa occidentale si dessero da fare per tentare di mantenere in vita la DDR comunista ed evitare la riunificazione tedesca. O si ha il senso dell'avvenire oppure non lo si ha. Nel 2002, la famosa frase del pericoloso imbecille Reagan accoglieva i visitatori all'ingresso di una mostra sulla storia di Berlino, proprio nella capitale tedesca...

Questi sono solo uno o due esempi. Molti altri suggeriscono ugualmente che se durante la guerra fredda gli Stati Uniti non avessero fatto prova di un minimo di «unilateralismo» di fronte agli eterni dispensatori europei di consigli, l'Impero sovietico sarebbe durato molto più a lungo. I popoli che tiranneggiava lo sanno perfettamente. Collocano Ronald Reagan fra i loro benefattori. Adam Michnik, l'editorialista e proprietario di giornali più influente in Polonia, ama ricordare che l'Iniziativa di difesa strategica, tanto denigrata dagli occidentali, fu il fattore decisivo che persuase i sovietici dell'impossibilità di vincere la guerra fredda, rendendo patente la loro irrimediabile inferiorità tecnologica. Fu un elemento scatenante della perestroika e di quel che ne seguì.

A differenza dei dirigenti americani, quelli europei sono più brillanti nel campo delle idee (almeno così credono) rispetto a quello della pratica. È possibile non essere un grande intellettuale – come Reagan – ma essere un grande uomo d'azione; e viceversa[4].

Di fronte alle analisi degli strateghi, che tracciavano le diverse linee dei fronti fra le zone democratiche e quelle dei loro nemici, nel 1987 notavo che dimenticavano un fronte molto importante, sprovvisto di ogni localizzazione geografica specifica: il fronte del terrore[5]. Il fenomeno terroristico, sino al 2001, è stato costantemente sottovalutato, mentre spesso aveva già assunto le dimensioni di un'autentica guerra.

Dopo l'11 settembre del 2001 e le distruzioni di massa a New York e Washington, numerosi commentatori e responsabili, a cominciare dallo stesso presidente George W. Bush, hanno espresso la convinzione che si trattasse non più solo di terrorismo, ma di un atto di guerra, addirittura di un tipo di guerra che sarebbe probabilmente diventata caratteristica del XXI secolo[6]. L'enormità dell'aggressione e la quantità di vittime istantanee giustificano evidentemente questa diagnosi. E tuttavia non era la prima volta che il terrorismo poteva essere considerato una forma di guerra.

Guerra civile, guerra di religione, guerra ideologica, guerra contro un potere centrale in nome di un nazionalismo regionale: nel presente come nel passato non mancano gli esempi di casi in cui il terrorismo viene utilizzato come mezzo strategico. Si tratta proprio di terrorismo, poiché non è il dispiegamento di un esercito regolare subordinato a uno Stato per lottare contro un altro Stato, e nemmeno di una guerriglia che si oppone a un esercito ufficiale. Tuttavia si tratta di guerre, poiché abbiamo a che fare con azioni coordinate da un'organizzazione al servizio di obiettivi politici precisi, o che paiono tali a coloro i quali li perseguono. Le Brigate Rosse in Italia, la RAF tedesca, Action directe in Francia durante gli anni '70 e '80 del XX secolo avevano un obiettivo di guerra: sostituire il capitalismo democratico con il comunismo. Ora sappiamo che queste associazioni criminali erano «consigliate», addestrate e finanziate direttamente o indirettamente dai servizi segreti dell'Est. In questo modo s'inscrivevano nel contesto della guerra fredda propriamente detta, della quale erano in qualche modo i tentacoli «caldi», fatto che conferma ancora di più l'esistenza antica di un terrorismo con obiettivi strategici.

Nemmeno l'ampiezza del numero delle vittime negli attentati alle torri gemelle di New York e al Pentagono è una novità assoluta. Dal 1990 al 2001, il terrorismo del Gia (Gruppo Islamico Armato) ha causato in Algeria da cento a centocinquantamila morti, ai quali vanno aggiunte le vittime degli attentati omicidi di Parigi nel 1995. Il commando del Gia che nel 1994 prese in ostaggio un airbus dell'Air France e che la polizia francese riuscì a neutralizzare all'aereoporto di Marsiglia-Marignane, intendeva colpire la torre Eiffel, uccidendo evidentemente tutti i passeggeri più qualche centinaia di visitatori della torre. Un'operazione che prefigurava quella delle torri gemelle. Sono terroristi poiché impiegano il terrore per far pressione sul governo algerino e su quello francese (visto che suppongono che questo sia complice di quello). E si ritengono anche soldati che partecipano a una guerra, poiché basano la propria azione su un'analisi geostrategica e perseguono obiettivi politico globali. L'anarchico italiano che assassinò re Umberto I nel 1900 era un puro terrorista. Il suo crimine non poteva cambiare nulla e non cambiò nulla nel corso della politica del paese. In compenso, gli assassini del prefetto Érignac, ad Ajaccio nel 1998, si ritenevano combattenti in una guerra immaginaria fra la Corsica e la Francia. Il loro obiettivo politico era liberare la prima dal presunto «giogo» della seconda e spingere il governo francese a concessioni che avrebbero condotto all'autonomia dell'isola. Ci riuscirono.

Nel 1986, quando gli Stati Uniti fecero bombardare la Libia come rappresaglia per gli atti terroristici commessi in Germania contro militari americani, queste azioni s'inscrivevano in una incontestabile logica di guerra. Anche Gheddafi, del resto, poiché rispose sparando missili Scud sull'isola di Lampedusa. Gli abituali santarellini europei si velarono il capo di fronte alla nuova e pericolosa cavalcata del «cowboy di serie B» che occupava la Casa Bianca. I governi europei – fatta eccezione per quello britannico – arrivarono a rifiutare agli aerei dei loro «alleati» americani l'autorizzazione a sorvolare i propri territori. Perciò si comportarono di fatto come alleati di Gheddafi. In particolare, fu il caso della Francia, sempre la più zelante quando si tratta di andare a prostrarsi di fronte a un dittatore. Ne fu ricompensata, poiché nel 1989 alcuni terroristi agli ordini di Gheddafi provocarono l'esplosione di un aereo dell'Uta-Air France sulla linea Brazzaville-Parigi, uccidendo centosettanta persone. Nel 1988 aveva avuto luogo l'esplosione sopra Lockerbie, in Scozia, di un aereo della Pan Am (duecentosettanta morti). Dunque era chiaro che, nella mente di Gheddafi, il terrorismo era guerra.

Malgrado tutti questi precedenti, la sensazione di aver cambiato epoca, provata dai governi, dall'opinione pubblica e dai commentatori dopo l'11 settembre del 2001 era e resta giustificata. Un mutamento, un «salto di qualità», come dicono i filosofi, si sono incontestabilmente prodotti e hanno trasformato il tipo di minaccia al quale devono far fronte le democrazie. Per diverse ragioni: la prima è la massa delle vittime, varie migliaia, sterminate in appena qualche minuto. Una operazione tale è paragonabile a un atto di guerra piuttosto che al terrorismo ordinario, che spesso uccide altrettante persone, ma più lentamente. Per questo motivo si è parlato di «iperterrorismo», definito come una nuova varietà di guerra. In secondo luogo, o in altri termini, l'aggressore, anche se non è uno Stato, agisce comunque col medesimo coordinamento nei preparativi e con la stessa metodicità nell'esecuzione, come se si trattasse dello Stato più efficace. La lunga preparazione strategica, il finanziamento e l'utilizzo dei mezzi più aggiornati della circolazione planetaria di denaro, la disseminazione di «talpe» o «cellule dormienti» in quasi tutti i paesi, la padronanza degli armamenti chimici, biologici e anche nucleari fanno di questa organizzazione multinazionale la matrice di un fenomeno inedito: un terrorismo moderno. Almeno per quanto concerne i suoi mezzi. Poiché, in compenso, è arcaico nelle motivazioni.

Si è molto discusso, dopo l'11 settembre, sullo «scontro fra civiltà». Ma come ha detto assai giustamente il cancelliere Gerhard Schröder, andando nello stesso senso di Francis Fukuyama, «questa non è una lotta fra civiltà, è una lotta per la civiltà». Per la civiltà democratica, laica, multiconfessionale, in cui il diritto è radicalmente separato dalla religione, dove la donna è giuridicamente uguale all'uomo e in cui la libertà di pensiero permette la scienza. Questa è la civiltà che l'integralismo islamico vuole distruggere.

Anche tutte le teorie che spiegano Bin Laden e la sua multinazionale terroristica, al-Qā'ida (la «base» in arabo), con una volontà di lotta contro le disuguaglianze economiche e la povertà nel mondo non sono pertinenti. Nessun testo redatto da al-Qā'ida menziona questo risentimento, così come non è chiamato in causa l'«unilateralismo» reale o presunto della politica estera americana, soggetto di recriminazione da parte degli Stati, nient'affatto dei terroristi, che se ne infischiano. Gli integralisti rimproverano alla civiltà occidentale di contravvenire, con la sua stessa esistenza, agli insegnamenti del Corano. Inculcando in loro questa nozione, rendono fanatici gli esecutori degli attentati suicidi.

Non dobbiamo sbagliare: l'iperterrorismo islamico intende colpire l'Occidente nel suo complesso e non solo gli Stati Uniti, benché questi, in quanto prima potenza democratica, siano evidentemente il loro principale obiettivo. Nel 2000, la polizia neozelandese arresta a Auckland un commando islamico che preparava l'esplosione di un reattore nucleare in Australia, a Sydney, in occasione dei Giochi olimpici. Già nel 1998, la sezione antiterrorismo francese aveva sventato i piani di estremisti islamici che si apprestavano a commettere un attentato allo Stade de France, a Parigi, durante i Mondiali di calcio. Nel novembre del 2001 furono arrestati trecentosessanta agenti di al-Qā'ida, dislocati in cinquanta paesi. In Spagna, il giudice Baltazar Garzon mandò in prigione un gruppo di otto sospetti, il 18 novembre. È in Europa che si trova concentrato il maggior numero di cellule iperterroristiche. Tuttavia, al-Qā'ida se la prende anche con parecchi paesi musulmani che hanno il torto di lottare contro l'integralismo: per esempio, la Tunisia o l'Egitto (un tentativo di assassinio ha avuto luogo contro il presidente Mubarak nel 1995 e diverse decine di turisti occidentali sono morte, vittime di attentati islamici, durante gli anni '80 in Egitto).

L'iperterrorismo prende a prestito dalla nostra civiltà

moderna i mezzi tecnologici per tentare di abbatterla e di sostituirle una civiltà arcaica mondiale, che genererebbe povertà e sarebbe la negazione stessa di ogni nostro valore. In questi termini si definisce la «guerra del XXI secolo».

Così, è sempre più chiaro che l'attacco dell'11 settembre del 2001 contro New York e Washington ha trasformato la nostra visione delle relazioni internazionali. Dal 1990 al 2000, la diplomazia mondiale era sostanzialmente subordinata alla logica scaturita dalla guerra fredda. Come accompagnare gli ex paesi comunisti nella loro evoluzione verso l'economia di mercato e la democrazia politica? Come ampliare la NATO e l'Unione Europea all'Europa centrale e agli Stati baltici senza suscitare l'ostilità russa? Che fare dei vecchi trattati sull'equilibrio nucleare risalenti all'inizio degli anni '70? Quale politica seguire nei confronti della Cina, che sta diventando economicamente capitalista tentando al contempo di rimanere politicamente totalitaria? Come agganciare il vecchio «terzo mondo» allo sviluppo economico mondiale e alla civiltà dei diritti dell'uomo? Quale evoluzione prevedere nelle relazioni fra la nuova «superpotenza» americana e i suoi alleati?

Questa lettura del pianeta attraverso le griglie di mezzo secolo fa è stata relegata nel passato quando scoppiò ciò che alcuni commentatori non esitano a chiamare la «quarta guerra mondiale» [7]. Innanzitutto, la superpotenza americana si conferma come obiettivo privilegiato del nuovo iperterrorismo, che la colpisce con una vulnerabilità imprevista. Inoltre, gli altri mutamenti sopravvenuti sono stupefacenti al contempo per ampiezza e rapidità. La Russia, fino all'autunno del 2001, era ossessionata dal difendere quel che restava del suo status di grande potenza, se non contro l'Occidente almeno distinguendosi da esso. Nel 2002

Vladimir Putin non solleva più alcuna obiezione all'ingresso nella NATO degli ex membri del Patto di Varsavia. In un attimo ha smesso di protestare contro la presenza di forze NATO in Kosovo. Improvvisamente decide di prendere in considerazione l'abrogazione, da parte degli Stati Uniti, del trattato che vieta i missili antibalistici, ciò che prima rifiutava con le energie residue. Ha dato il beneplacito all'installazione di basi militari americane nelle ex repubbliche sovietiche dell'Asia centrale. In breve, la Russia si è convertita in potenza occidentale. Questa metamorfosi sarebbe parsa improbabile ancora a metà del 2001.

Perché è avvenuto questo capovolgimento? Putin non ha tardato a cogliere il senso di ciò che era accaduto. L'11 settembre ha messo in luce il carattere obsoleto della nostra abituale percezione delle minacce. Ma per farcene prendere coscienza, è stato necessario che nuove minacce si imponessero alla nostra attenzione, avvenendo su una scala gigantesca. Dopo questo terremoto, chi poteva ancora credere in Russia che il pericolo fosse che gli Stati Uniti lanciassero una testata intercontinentale su Mosca? Con quale obiettivo? E a Ovest chi può credere che Mosca, nel 2002, voglia polverizzare a sorpresa Parigi, Londra o New York? Dunque, gli scenari della guerra fredda sono ora lontani quanto quelli della guerra dei Cent'anni. Ciò che presiede all'attuale divisione dei campi è che da un lato ci sono i gruppi della guerra terroristica, con gli Stati «canaglia», dall'altra i governi che si uniscono per proteggersi, ivi compresi alcuni governi di paesi musulmani ostili agli estremisti. In questo senso Bin Laden è stato un valido professore di strategia. Ci ha obbligati a guardare infine nella direzione dalla quale provengono le future minacce.

Infatti, per circa vent'anni, le aggressioni terroristiche di cui furono oggetto i paesi occidentali, gli Stati Uniti ma anche la Francia (nel 1986, 1994 e 1995 a Parigi e Algeri, nel 1983 in Libano), sono rimaste impunite. Sono state tutte considerate operazioni isolate, iniziative individuali attribuite a fanatici, invece di essere analizzate come altrettante tessere di un piano di guerra sistematico. Qui mi riferisco al solo terrorismo islamico, profondamente diverso dagli altri terrorismi: basco, irlandese, corso, colombiano o peruviano. Dal 1983 – quando gli hezbollah, armati dall'Iran e dalla Siria, uccisero sessantatré funzionari dell'ambasciata degli Stati Uniti a Beirut con un camion-bomba, fino all'attentato dell'ottobre del 2000 contro la corazzata americana Cole, che costò la vita a diciassette marines, passando per il primo attentato contro il World Trade Center nel 1993 e per il tentativo di assassinio dell'ex presidente Bush (padre) da parte di Saddam Hussein lo stesso anno in Kuwait, o per la serie di esplosioni del 1998 che causarono diverse centinaia di morti nelle ambasciate americane di Nairobi e Dar es-Salaam – non si finisce di sgranare la litania delle offensive metodiche di un terrorismo islamico sempre meglio organizzato, comandato, equipaggiato, informato, finanziato e provvisto di reclute rese fanatiche, pronte al suicidio per uccidere gli infedeli.

Ma ciò che gli storici futuri segnaleranno come un fatto estremamente sorprendente in questi due decenni di atti di guerra, è che nessuna delle potenze prese di mira al momento ha avuto una visione d'insieme, né ha abbozzato nei confronti dei suoi aggressori il benché minimo tentativo di rappresaglia, eccetto gli Stati Uniti contro Gheddafi nel 1986, fatto che suscitò la generale costernazione delle presunte democrazie europee. Cellule terroristiche islamiche hanno potuto prosperare negli Stati Uniti, in Francia, in Gran

Bretagna, in Belgio, in Germania e in Spagna per vent'anni, senza che la polizia e i governi di quei paesi ne cogliessero la reale portata. La lezione che le potenze terroristiche non mancarono dunque di trarre è che potevano intensificare la guerra senza dover temere repliche. In questo contesto va posta la frase di George W. Bush nel suo discorso sullo stato dell'Unione, nel gennaio del 2002, contro l'«asse del male», particolarmente o principalmente l'Iraq, l'Iran e la Corea del Nord. A dispetto delle grida stridule e inferocite degli europei alla pronuncia del discorso, è provato che questi tre paesi – non solo loro, ma sono i più eclatanti fra i paesi pericolosi – possiedono e fabbricano o acquistano armi di distruzione di massa, le vendono e le regalano. Così facendo, permettono ai terroristi di procurarsele. Molti governi, non solo musulmani, possono essere sospettati di aiutare o di aver aiutato il terrorismo islamico, direttamente o indirettamente. Nel caso dell'Iran è assolutamente risaputo.

La frase di Bush costituiva dunque un *avvertimento* rivolto a quei paesi. Il messaggio era: sinora, dopo i diversi attentati di cui eravamo l'obiettivo, non abbiamo reagito contro i paesi che (probabilmente) hanno equipaggiato i terroristi. Dopo l'11 settembre tutto è cambiato. Siamo in guerra. D'ora in avanti, ogni aggressione terroristica varrà ai suoi autori e ai suoi istigatori, ufficiali o celati, una risposta proporzionale all'attacco. Nel linguaggio strategico, è quel che si definisce dissuasione. La dissuasione dell'epoca della guerra fredda ritorna dunque a essere attuale, ma sotto una forma modificata e contro un altro tipo di minaccia.

Non spiaccia ai censori europei, ma anche se Bush avesse voluto fare opera di prevenzione per vie traverse, non si capisce perché questo avvertimento fosse «semplicistico». Al contrario, è proprio frutto di un progetto, trasposto nel contesto della nuova guerra contro l'iperterrorismo. Si potrebbe citare il fatto che i tre governi messi sotto accusa da Bush sono regimi abominevolmente repressivi, ove abbondano gli internamenti arbitrari, le esecuzioni sommarie, gli stermini di massa. Questo dettaglio non disturba affatto le ipercoscienze di sinistra. Al contrario, per gli osservatori del terrorismo internazionale, dei suoi punti d'appoggio strategici e delle sue fonti di foraggiamento, classificare queste dittature come un «asse del male» non ha nulla di eccessivo. È una semplice descrizione. La passività, o addirittura la semicomplicità, di cui alcuni paesi europei hanno dato prova nel corso degli anni nei confronti di queste tirannie sanguinarie, agli occhi dei posteri non figurerà certamente fra le pagine più gloriose della storia europea.

Una delle ragioni che spiegano l'«unilateralismo» americano è che in generale gli europei bollano sistematicamente come false le analisi degli Stati Uniti e dunque vietano a sé stessi di associarsi ai politici che le accettano. Certo, non è sempre così. Ma anche quando gli alleati agiscono di concerto con l'America, per esempio nella guerra del Golfo nel 1991 o nell'intervento in Afghanistan dieci anni più tardi, in seguito si affrettano a smarcarsi, non appena si devono trarre le conseguenze pratiche di queste operazioni. A che scopo aver partecipato alla guerra del Golfo se poi si difende Saddam Hussein, quando il dittatore vìola gli impegni che ha firmato dopo la sua disfatta, e se in questo modo si accetta di annullare i benefici di quest'ultima? A che scopo aver inviato truppe europee in Afghanistan nell'autunno del 2001, se nel 2002 si nega la persistenza di una minaccia iperterroristica mondiale e si contesta la malvagità degli stati «banditi» che aiutano o hanno i mezzi per aiutare a rinascere questo iperterrorismo? Gli esperti americani dell'antiterrorismo ritenevano, all'inizio del 2002, che i colpi assestati ad al-Qā'ida avessero diminuito, ma non eliminato, la minaccia, ed è sulla base di questa diagnosi che l'amministrazione Bush elabora una certa politica. Se gli europei non condividono la diagnosi, e dunque condannano la politica, in seguito come potrebbero far parte di un'azione «multilaterale»? Si replicherà che gli Stati Uniti potrebbero almeno dare maggior peso alle obiezioni europee. Ma per l'appunto, nella maggior parte dei casi, non si tratta di obiezioni ma di un rifiuto integrale dell'analisi americana e di un'ostinazione a ritenere non fondata e pericolosa la politica che ne consegue.

Da parte europea, la molla che fa scattare questa attitudine è d'altronde più psicologica che politica. Da qui proviene la propensione a deformare i fatti, a dimenticarli volontariamente o a inventarli, quando rischierebbero di indebolire la permanente requisitoria contro gli Stati Uniti. Così, nel momento stesso in cui l'Unione Europea condannava l'America per aver preferito lo scontro alla negoziazione nei confronti dei tre paesi dell'«asse del male», nel febbraio del 2002 l'Iran rifiutava il visto a un ambasciatore della Gran Bretagna, sostenendo che fosse «ebreo e agente del servizio di spionaggio britannico». Ora, se è vero che ci sono spie in tutte le ambasciate, raramente l'ambasciatore è uno di loro. Inoltre, il diplomatico in questione non era affatto ebreo. E anche se lo fosse stato, il pretesto invocato dagli ayatollah non sarebbe meno spregevole. La Repubblica islamica non ignorava l'inanità delle motivazioni addotte. Col suo gesto voleva semplicemente manifestare la propria ostilità nei confronti dell'Occidente, gettando così alle ortiche due anni di sforzi del Foreign Office per migliorare le relazioni con Teheran. Bel successo della «negoziazione» tanto raccomandata dall'Unione Europea! Ma l'Ue non ha tratto alcuna lezione da questo affronto. Per farlo avrebbe dovuto dare un po' di ragione agli Stati Uniti: un dolore insopportabile. Nondimeno, Washington dice chiaramente di non prevedere alcuna operazione militare contro l'Iran, osservando che nel paese un forte partito anticonservatore e un'ampia corrente dell'opinione pubblica, soprattutto fra i giovani, sono stanchi del regime, dunque un'evoluzione verso la democrazia è possibile e merita di essere incoraggiata.

In merito alla Corea del Nord, l'inesattezza europea confina con la crassa menzogna, anche piuttosto disonorevole. In effetti, dopo il discorso di Bush sull'«asse del male», fu intonato un cantico da parte di parecchi dirigenti e giornalisti europei: lanciando il suo brutale avvertimento alla Corea del Nord, deploravano questi buoni apostoli, il presidente interrompeva pericolosamente il processo di riavvicinamento e di pace in corso fra le due Coree. Ora, questo processo era stato interrotto ben prima, nel giugno del 2000, ossia sei mesi buoni prima che Bush fosse eletto alla Casa Bianca. Subito dopo la storica visita di Kim Dae Jung, il presidente della Corea del Sud, a Pyongyang, Kim Jong II, il dittatore della Corea del Nord, cominciò a sabotare la politica di «riavvicinamento» (*Sunshine Policy*). Il Nord, preoccupato innanzitutto della sopravvivenza del suo regime totalitario, in pratica ha neutralizzato gli sforzi del Sud, limitandosi a estorcergli denaro, senza concedere nulla in cambio. Erano sei anni che gli stessi Stati Uniti sostenevano il «riscaldamento», prodigando al Nord un aiuto sostanziale. Da parte loro, gli europei hanno sostenuto e ancora sostengono il totalitarismo di Pyongyang con la creduloneria che è loro abituale appena hanno a che fare con una tirannia.

Da qualche anno, la capitale della Corea del Nord è una

delle destinazioni favorite del «turismo» politico. Nel 1994, gli Stati Uniti hanno negoziato con Pyongyang un accordo di fornitura di aiuti alimentari, petrolio e mezzi per costruire due centrali nucleari civili. In cambio, Pyongyang si impegnava a sospendere il programma nucleare strategico e le vendite di missili all'estero. Il dittatore della Corea del Nord, Kim Jong II, intascò gli aiuti e non sospese il programma, sottraendosi a ogni ispezione probante.

Nel 1998 lanciò addirittura un missile balistico che sorvolò il Giappone, giusto per fornire un saggio delle proprie potenzialità. Si stima che, dal 1985, la Corea del Nord abbia venduto almeno cinquecentoquaranta missili alla Libia, all'Iran e ad altri paesi non esattamente pacifici. Dal 1998, avrebbe venduto quattrocentottanta missili di tipo Scud all'Iraq, all'Iran e all'Egitto. Quando si chiede allo Stalin in miniatura di Pyongyang di interrompere questo commercio, risponde che non può fare a meno del denaro che gli frutta. Ma quando gli si versa quel denaro affinché se ne astenga, continua comunque a venderli.

E i pellegrini politici continuano imperterriti a sfilare a Pyongyang, convinti di darsi all'alta diplomazia, perché propongono crediti in cambio di sgarbi e promesse non mantenute. Nel giugno del 2000, il presidente della Corea del Sud andò a sollecitare il pagamento delle fatture. Nell'autunno del 2000, Madeleine Albright, segretario di Stato americano, partecipò a una festa per celebrare il cinquantesimo anniversario del partito comunista nord-coreano! Aveva come obiettivo la preparazione di un viaggio ufficiale del presidente Clinton, che infine non potè avere luogo. Nella primavera del 2001 venne il turno di una delegazione parlamentare belga che, cito «Le Monde», «esagerò in ossequiosità» e cadde nel ridicolo. A maggio fu la volta di una delegazione dell'Unione Europea, capeggiata dal primo ministro svedese. Alcuni membri dell'Ue (ma fortunatamente non la Francia) hanno allora promesso di allacciare relazioni diplomatiche con Pyongyang, senza alcuna contropartita. Tuttavia, a parte la tecnologia nucleare e balistica di cui l'Unione Sovietica l'aveva equipaggiata, la Corea del Nord è uno fra gli Stati più fragili del pianeta. Economicamente è un paese moribondo, annientato dal flagello collettivista. Gli esperti stimano che le vittime delle carestie che si succedono dal 1990 ammontino a uno-due milioni (su una popolazione di ventidue milioni di abitanti). Folle di bambini orfani cercano di sopravvivere frugando nella spazzatura. In dieci anni, l'aspettativa di vita è diminuita di sei anni. E ciò nonostante generosi aiuti alimentari: centomila tonnellate di cibo inviate da Washington ancora all'inizio del maggio del 2001 e duecento milioni di euro versati dall'Ue. Occorrerebbe fra l'altro accertarsi che questi soccorsi servano a migliorare le sorti della popolazione. Ma è lecito pensare che servano piuttosto ad accrescere l'arsenale militare: nel momento peggiore della carestia, nel 1994, la Corea del Nord ha acquistato quaranta sottomarini dalla Russia.

Inoltre, questo Stato è fra tutti i cocci comunisti che ancora sopravvivono il più crudele e il più criminale. Una caserma totalitaria dove la repressione è assoluta, i campi di concentramento ben «arredati» e in cui si praticano abbondanti esecuzioni pubbliche. Le soavi obiurgazioni in favore dei diritti dell'uomo, sussurrate dai visitatori sorridenti giunti da paesi democratici, sono respinte con un ferreo disprezzo da Kim Jong II e dalla sua giunta. Nel campo umanitario come in quello strategico, le umili preghiere dei pellegrini non vengono mai esaudite, nemmeno quando si accompagnano a sostanziali offerte.

Certo, gli obiettivi di questa politica sono i più lodevoli: l'apertura alla democratizzazione della Corea del Nord, il miglioramento della sua economia e, a lunga scadenza, la riunificazione delle due Coree. Sfortunatamente, non possono essere conseguiti senza che sia soddisfatta una condizione sulla quale Kim Jong II e la sua nomenklatura non possono essere d'accordo: la sparizione del regime. Ora, la diplomazia del pellegrinaggio e delle concessioni unilaterali, al contrario, non fa altro che rinforzare il regime o aiutarlo a perpetuarsi aldilà del suo termine naturale.

Tutto sommato, malgrado le critiche rivolte contro la Corea del Nord, George W. Bush ha mantenuto la sua disponibilità agli incontri. Invano, per quanto concerne il 2001 e il 2002. È anche proseguito l'aiuto finanziario americano per le consegne di petrolio e la costruzione delle due centrali. Ha pure continuato a fornire ai coreani del nord un generoso aiuto umanitario, principalmente alimentare, in compagnia della Corea del Sud, del Giappone, della Cina e dell'Europa. Però Kim Jong II non ha ripreso gli incontri né ha accettato le ispezioni e i controlli sulle armi di distruzione di massa che erano stati convenuti. Questi sono fatti precisi che, se si è in buona fede, è tanto difficile dimenticare quanto facile verificare[8]. «In cambio di centinaia di milioni di dollari di aiuti umanitari che il Sud ha accordato al Nord – scrive il "New York Times" –, in cambio di tutti gli investimenti realizzati dalle imprese sud-coreane, la maggior parte in perdita, la Corea del Nord non ha praticamente fatto nulla per azzerare la propria attività di preparazione alla guerra»[9].

Se ne converrà, questa ostinazione non rende insensato che gli Stati Uniti esercitino una certa pressione su questo Stato pericoloso. La constatazione è ancora più illuminante nel caso dell'Iraq, l'unico dei tre paesi dell'«asse del male» contro il quale l'amministrazione Bush lasciò intendere, sin dal gennaio del 2002, che prevedeva un'azione propriamente militare. Gli europei sono liberi di condividere l'azione degli Stati Uniti in merito ai tre paesi e a ben altre faccende. Ma non propongono alcuna soluzione per fronteggiare il pericolo terroristico e quello della diffusione delle armi di distruzione di massa. Ripetere, come continuano a fare, che bisogna ricorrere a una soluzione «politica», equivale a parlare al vento. Le soluzioni «politiche» proposte a Saddam Hussein sono state tutte respinte a partire dal 1990. Ostinandosi a ripetere questa formula priva di senso di fronte all'interlocutore iracheno, gli europei confessano di non voler prendere nemmeno in considerazione l'attuale aspetto forse più importante del problema della sicurezza internazionale. Dichiarando così forfait, che non vengano poi a brontolare contro l'unilateralismo della diplomazia e della strategia americane. Questo unilateralismo è opera loro.

Tuttavia, secondo alcuni osservatori, parrebbe che gli europei, dopo essersi dedicati alle loro rituali invettive contro il rapporto sullo stato dell'Unione del 2002, un mese più tardi abbiano un po' addolcito le proprie critiche. Secondo l'editorialista britannico John Lloyd, il «fossato che separa l'Europa dagli Stati Uniti è meno ampio di quanto si dica» [10]. La dichiarazione di Chris Patten [11] contro l'unilateralismo americano ha suscitato in Gran Bretagna, sostiene Lloyd, «una unanime reazione negativa» sia fra i conservatori che fra i laburisti. È possibile. Noterò comunque che, annunciando la sua intenzione, eccezionale in Europa, di associare il proprio governo a un'operazione militare americana contro l'Iraq, il primo ministro Tony Blair ha visto ergersi contro di lui, nel marzo del 2002, numerosi deputati del partito laburista e addirittura ministri del suo governo. Hubert Védrine, il ministro degli esteri francese, avrebbe precisato che la sua annotazione sul «semplicismo» americano non implicava alcuna aggressività. Questo è puro Védrine. A quanto dice, i costanti attacchi contro l'America non sono mai altro che l'espressione della sua benevolenza. Sempre secondo Lloyd, Védrine avrebbe aggiunto: «Forse c'è un maggiore sentimento antifrancese negli Stati Uniti che antiamericano in Francia». Io non l'ho mai constatato. Certo, visto che il denigramento degli Stati Uniti occupa i nove decimi del pensiero francese, gli americani, soprattutto la stampa, vedono la propria pazienza messa a dura prova quasi ogni giorno e replicano spesso in maniera mordace. Ma, aldilà di questi scambi polemici, in America non ho mai percepito nei confronti della Francia la stessa *fondamentale* malevolenza che si percepisce in Francia nei riguardi dell'America.

Raramente questa malevolenza è stata tanto patente quanto nella vicenda dei terroristi di al-Qā'ida detenuti a Guantanamo. Alcune organizzazioni difendono quelli che chiamano, secono il loro punto di vista molto speciale, diritti dell'uomo solo quando si tratta di discolpare i peggiori avversari delle democrazie e di vietare a queste ultime di difendersi. Spesso queste leghe di virtù si sono mobilitate per protestare contro l'incarcerazione lontano dai Paesi baschi degli assassini dell'Eta militare – allontanamento che aveva evidentemente come obiettivo rendere più difficili i contatti con i complici che erano ancora in libertà. Queste stesse curiose organizzazioni hanno raddoppiato lo zelo per reclamare, in favore degli sbirri di Bin Laden internati a Guantanamo, lo statuto di prigionieri di guerra, com'è stabilito dalla Convenzione di Ginevra, o piuttosto *dalle*

Convenzioni di Ginevra, visto che ne esistono tre. Anche rileggendo quei testi in tutti i sensi e intrepretandoli con la più indulgente ampiezza di spirito, la loro definizione del combattente che porta l'uniforme di un esercito regolare e che viene fatto prigioniero non può essere applicata a un terrorista vestito in abiti civili, che passa inosservato e che, in tempo di pace, uccide a caso e all'improvviso altri civili, in una città, su un aereo, in un'ambasciata, in una chiesa o in un tempio. È comportarsi da combattente degno di essere trattato come un prigioniero di guerra sgozzare un giornalista, Daniel Pearl, poi decapitarlo, avendo cura di filmare la scena e di mandare la videocassetta alla vedova? «Daniel Pearl – scrive il direttore dell'"Express" Denis Jeambar – era americano, ma in primo luogo era un giornalista e, in quella veste, un difensore di quei valori universali che sono le libertà di pensiero e di pubblicazione [...]. L'indignazione francese ed europea, così tempestiva a manifestarsi per denunciare il trattamento dei prigionieri talebani a Guantanamo, avrebbe dunque dovuto risuonare alta e forte. Purtroppo non abbiamo sentito nulla! O comunque assai poco»[12].

La manovalanza di al-Qā'ida è stata portata a Guantanamo per impedirle ogni possibilità di evadere e, interrogandola, per poter ottenere eventuali informazioni su operazioni in via di progettazione, cioè per prevenire possibili omicidi. I presunti difensori dei diritti dell'uomo ci tengono tanto che questi omicidi avvengano? È probabile, perché si sono scatenati, in Europa e negli Stati Uniti, anche contro le modeste misure di sicurezza poliziesche che le autorità hanno introdotto, dopo l'11 settembre del 2001, per facilitare l'intercettazione di esplosivi o di armi all'interno dei veicoli o dei bagagli. Queste misure, abbiamo sentito urlare, sono liberticide, abbattono lo stato di diritto! Osserva giustamente

Hervé Algalarrondo: «Per quale ragione, per esempio, il fatto di autorizzare la polizia a perquisire le auto, in certe condizioni ben definite, attenterebbe alla libertà? I doganieri possono farlo da sempre, senza che ciò abbia mai infastidito nessuno» [13]. In particolare, l'autore nota che Robert Badinter, il celebre ex ministro della Giustizia, tra gli uomini meno sospetti di nutrire tendenze «liberticide», ha sostenuto la legittimità di queste misure arguendo: «Lo stato di diritto non è lo stato di debolezza». Nessuno, deplora Algalarrondo, si è dato la pena di rispondere a Robert Badinter...

Ovviamente. Perché alla base di questa crociata all'inverso per le libertà, di fatto c'è l'odio per le libertà, per la democrazia, odio ancor più esacerbato quando questa democrazia si chiama Stati Uniti. Qui ritroviamo gli «intellettuali», i quali hanno ritenuto che con gli attentati dell'11 settembre gli americani avessero in sostanza avuto «quello che meritavano», oppure che quegli attentati non avevano mai avuto luogo, poiché questa folle tesi, elaborata da un cervello disturbato, ha avuto corso per qualche tempo in Francia e fu addirittura accolta con favore e diffusa con fervore dai media francesi. Gli autentici soldati della libertà sarebbero così i terroristi che fanno scoppiare le bombe sul metrò. Sfortunatamente, a causa della mondializzazione americanizzata, vengono troppo spesso respinti dai nemici della libertà. «L'idea stessa di libertà – scrive il filosofo francese Jean Baudrillard – si sta cancellando dai costumi e dalle coscienze [...]. La mondializzazione liberista si sta realizzando sotto una forma esattamente inversa: quella di una mondializzazione poliziesca, di un controllo totale, di un terrore securitario» [14].

Chi oserà dire che la Francia non ha più grandi pensatori?

Anche quando le nostre critiche degli Stati Uniti sono fondate, spesso sono reciprocamente contraddittorie e per di più in contraddizione con ciò che noi stessi europei professiamo e pratichiamo. Esaminiamo la decisione americana, nel marzo del 2002, di prelevare fino al 30% dei diritti doganali sulle importazioni di acciaio, per tentare di proteggere un'industria in declino, in cui si erano moltiplicati i fallimenti. Decisione politica opportunistica, presa sotto pressione della lobby delle compagnie, degli azionari e dei sindacati operai della siderurgia. Decisione economica esecrabile, subito denunciata come tale dagli stessi Stati Uniti, compresi esponenti del partito repubbicano. George F. Will, editorialista considerato conservatore, accusa Bush di aver «prodotto un amalgama indigesto di diritti e quote che getta il ridicolo sulla sua retorica libero-scambista» [15].

Le proteste europee e asiatiche erano dunque non solo giustificate, ma largamente approvate dalla stampa e dagli ambienti politici statunitensi, tanto più che questi diritti e quote non potevano avere altro effetto che far pagare sul mercato interno americano l'acciaio a un prezzo superiore a quello mondiale. Peccato che gli europei, e soprattutto i no global, sempre pronti a tuonare contro il liberismo «selvaggio» attribuito all'America, non siano in posizione adatta per rimproverarle anche il suo protezionismo, quando questo si manifesta. Ci piacerebbe sapere cosa è nocivo: la libertà del commercio o il suo contrario, la barriera doganale?

A questa incoerenza intellettuale, gli europei aggiungono una contraddizione fra i loro principi e le loro azioni. I francesi sono campioni in questo doppio gioco, tanto nei confronti degli Stati Uniti e dell'Asia quanto nei confronti dei loro partner europei. Lo si poté constatare qualche giorno dopo la decisione di Bush sull'acciaio. I quindici membri dell'Unione si riunivano il 16 marzo a Barcellona, avendo come programma del summit la liberalizzazione del commercio dell'energia in Europa. Il dibattito si trascinava da anni, era stata oggetto di precedenti summit, a Lisbona, poi a Stoccolma, senza fare passi in avanti. Non avanzò di molto neanche a Barcellona, per una ragione che attirò l'attenzione della stampa: l'ostruzione della Francia. Violando gli impegni sottoscritti e anche i trattati firmati, più precisamente l'articolo 86 del Trattato di Roma, che prevede la libera concorrenza, l'ostinazione francese riuscì nuovamente a far aggiornare l'attivazione della libera concorrenza nel campo dell'energia. Il presidente della Repubblica Jacques Chirac e il primo ministro Lionel Jospin, acerrimi nemici nella campagna elettorale allora in corso, si riconciliarono provvisoriamente per condurre e vincere con patriottica unanimità questa battaglia contro la libertà. Perché? A causa della paura che ispirava loro la prospettiva di inevitabili disordini sociali, nel caso in cui avessero accettato di cominciare a prevedere la privatizzazione di uno dei più feroci mammut del settore nazionalizzato francese: EDF, che per di più è nelle mani del sindacato comunista, CGT, che detiene così un monopolio nel monopolio, e la cui onnipotenza è recentemente minacciata solo da un sindacato ancora più estremista e antiliberista: Sud. Come le ferrovie, l'educazione nazionale e i trasporti parigini, EDF dispone di temibili mezzi di ritorsione che raramente i governi hanno il coraggio di affrontare, soprattutto in campagna elettorale, il che spiega la gloriosa resistenza francese a Barcellona contro l'Ue.

Per coglierne il costo, va notato che la libera concorrenza permetterebbe un abbassamento importante delle tariffe del gas e dell'elettricità per i consumatori francesi, sia imprese che privati. Dunque, genererebbe un aumento del potere d'acquisto delle famiglie e una diminuzione del prezzo dei prodotti venduti dalle imprese ai consumatori. Una volta di più, dunque, com'è abituale in Francia, una lobby di categoria estremamente organizzata è riuscita a mantenere la propria posizione dominante e i propri vantaggi, facendoli pagare agli utilizzatori e ai contribuenti più del prezzo normale [16]. Contrariamente a ciò che Lionel Jospin ha sostenuto a Barcellona a dispetto dei fatti più noti, in Europa l'elettricità costa in media il 30% in più che negli Stati Uniti; e nelle nazioni europee in cui è stata liberalizzata – paesi scandinavi, Gran Bretagna, Germania – le tariffe si sono abbassate di quasi il 25% [17]. Loyola de Palacio, commissario europeo all'Energia, calcola che l'insufficiente liberalizzazione di questo mercato costa ogni anno agli Stati membri quindici miliardi di euro [18]. La Francia ha strappato agli altri membri dell'Ue la concessione di ritardare la liberalizzazione dell'energia sul mercato interno fino al 2003, e forse fino al 2004 per le imprese e al 2005 per i privati. Supponendo che a quelle date non estorca un nuovo aggiornamento – poiché aveva già promesso di adottare a Barcellona ciò che aveva scartato a Lisbona, poi a Stoccolma, e non aveva mantenuto la parola –, ci si può stupire per la decisione di infliggere a milioni di privati la penalità di dover pagare, per un anno in più rispetto alle imprese, il gas e l'elettricità a un prezzo superiore al corso medio europeo. E questa si chiama Europa sociale!

È vero, a Barcellona era tutto irrazionale, poiché trecentomila no global hanno devastato la città per insorgere contro il libero scambio, mentre giustamente le potenze europee, istigate dalla Francia, avevano appena spontaneamente esaudito i loro desideri. Con la medesima logica, già evocata in queste pagine, tre anni prima i no global avevano saccheggiato Seattle per opporsi all'Organizzazione mondiale del commercio e per chiedere la regolazione degli scambi, quando l'OMC ha precisamente per funzione di regolamentare gli scambi! Ad esempio ha condannato a più riprese gli Stati Uniti, ancora nel gennaio del 2002, per aver permesso a imprese nazionali di delocalizzare nei paradisi fiscali i propri aiuti all'esportazione, il che equivaleva a sovvenzionarle indirettamente[19].

L'enorme e cronico deficit commerciale degli Stati Uniti, se per loro è un inconveniente, per il resto del mondo è un vantaggio. Quando l'economia americana rallenta, come ha fatto nel 2001, l'economia mondiale arretra, a causa della diminuzione delle commesse da parte del suo principale acquirente. Decine di paesi, dalla Thailandia alla Nigeria, nel 2000 hanno evaso più del 10% del loro prodotto interno lordo negli Stati Uniti, i quali acquistano il 6% dell'intera produzione di beni e servizi del mondo intero, nel quale l'impiego di sei lavoratori su cento dipende dunque direttamente dal cliente americano[20]. L'Europa e l'Asia, l'America Latina e l'Africa hanno dunque altrettanto interesse degli Stati Uniti, se non addirittura di più, affinché il commercio sia libero. Ciò spiega le urla che si levano da tutti i continenti appena gli americani adottano la benché minima misura protezionistica. Ed è ciò che rende assurde, dal punto di vista stesso dei no global, i quali pretendono di difendere gli interessi dei paesi poveri, le tiritere reazionarie contro la liberalizzazione degli scambi.

[1] François Heisbourg, Fondation pour la Recherche Stratégique, *Iperterrorismo: la nuova guerra*, Meltemi, Roma 2002; Alain Bauer, Xavier Raufer, *La guerre ne fait que commencer*, Lattès, Paris 2002.

[2] «Le Figaro», 26 novembre 2001.

[3] Su questo argomento, cfr., fra gli altri, Bernard Lewis, *Il suicidio dell'Islam*, Mondadori, Milano 2003. [*N.d.T.*]

[4] Cfr. Dinesh D'Souza, *Ronald Reagan. How an ordinary man became an extraordinary leader*, The Free Press, New York 1992.

[5] Cfr. Jean-François Revel, *Le terrorisme contre la démocratie*, Hachette, Paris 1987: prefazione.

[6] Claude Imbert, *La guerre du XXI siècle*, «Le Point», 14 settembre 2001.

[7] Norman Podhoretz, *How to win World War IV*, «Commentary», febbraio 2002.

[8] Per una chiara messa a punto sul periodo che ho appena evocato, cfr. Pierre Rigoulot, *Séoul-Pyongyang: Radioscopie d'un naufrage*, «Politique internationale», n. 94, inverno 2001-2002.

[9] 4 marzo 2001. Citato in Rigoulot, *Séoul-Pyongyang* cit.

[10] «Les Échos», 27 febbraio 2002.

[11] Commissario europeo agli Affari esteri e membro eminente del partito conservatore britannico.

[12] «L'Express» 28 febbraio 2002.

[13] Hervé Algalarrondo, *Sécurité, la gauche contre le peuple*, Robert Laffont, Paris 2002. Hervé Algalarrondo è caporedattore aggiunto della sezione politica al «Nouvel Observateur».

[14] «Le Monde», 3 novembre 2001.

[15] «George W. Bush has cooked up an unpalatable confection of tariffs and import quotas that mock his free-trade rhetoric», «International Herald Tribune», 8 marzo 2002. George F. Will scrive sul «Washington Post», ma i suoi editoriali sono ripresi su numerosissimi altri giornali americani, per i quali è syndicated columnist.

[16] Su questo soggetto, cfr. Jacques Marseille, *Le grand gaspillage*, Plon, Paris 2002.

[17] Cfr. *A French exception, the not so free market*, «Time», edizione europea, 18 marzo 2002.

[18] Intervista rilasciata a «Figaro Économie», 15 marzo 2002.

[19] Si possono leggere tutti i dettagli di questa condanna dell'OMC e le sue motivazioni su «Les Échos» del 15 gennaio 2002, articolo di Laurence Tovi.

[20] Valutazioni di Klaus Friedrich, economista a capo del gruppo Allianz e della Dresdner Bank, «International Herald Tribune», 27 febbraio 2002.

Capitolo ottavo

L'America come scappatoia

L'antiamericanismo va distinto dalla critica nei confronti degli Stati Uniti. Quest'ultima, insisto ancora, è legittima e necessaria, a condizione che sia fondata su informazioni esatte e concerna abusi, errori o eccessi che esistono realmente, senza ignorare in modo deliberato le buone decisioni, gli interventi salutari o benintenzionati e le azioni coronate da successo. In questo senso, l'autentica critica rivolta all'America, l'unica utile poiché precisa, giudiziosa e motivata, si ritrova quasi solo... nella stessa America, sulla stampa quotidiana o settimanale, sui media, nella classe politica, sulle riviste mensili di alto profilo che laggiù hanno un'ampia diffusione, assai più che in Europa.

Da parte sua, l'antiamericanismo riposa su una visione totalizzante, se non totalitaria, la cui passionale cecità si riconosce in particolare nel fatto che questa censura universale, nell'oggetto della propria esecrazione, condanna un comportamento e il suo contrario a qualche giorno di distanza, se non simultaneamente. Prima ho fornito vari esempi di tale contraddizione e ora ne esporrò alcuni altri. Secondo questa visione – nel senso che dà a questa parola il dizionario [1]: «Immagine vaga che si crede di vedere, per paura, sogno, follia, superstizione» –, gli americani compiono *solo* errori, commettono *solo* crimini, dicono *solo* sciocchezze e sono colpevoli di *tutti* i fallimenti, di *tutte* le ingiustizie, di *tutte* le sofferenze del resto dell'umanità.

Così definito, l'antiamericanismo è nella maggior parte dei casi un partito preso delle élite politiche, culturali e religiose, assai più di quanto sia un sentimento popolare. Si risponderà che la «piazza», la famosa «piazza» musulmana, rappresenta proprio le masse. Ma visto che quasi nessun paese musulmano è democratico, è difficile valutare sino a che punto le manifestazioni antiamericane in quelle società siano spontanee e quanto invece siano frutto dell'organizzazione del potere. Nei paesi in cui quest'ultimo si è avvicinato agli Stati Uniti e combatte gli integralisti, sono gli imam, coi loro sermoni accalorati e xenofobi, a incaricarsi di eccitare le folle, che d'altronde sono per la maggior parte analfabete e incapaci di ottenere informazioni indipendenti, che ad ogni modo la censura intercetta, anche e soprattutto alla radio e in televisione. Per esempio, è verificato, almeno dal 1995, che in Iran gli ayatollah non riescono più a nascondere che la popolazione, soprattutto nella fascia d'età compresa fra i quindici e i venticinque anni, ha smesso di seguirli nella demonizzazione del Grande Satana e ostenta apertamente una predilezione per i prodotti, i divertimenti e gli stili di vita americani. Questo fenomeno non è l'effetto di un «imperialismo culturale» americano che i piagnoni europei non mancheranno di incriminare. La dittatura teocratica, oscurantista e sanguinaria degli ayatollah opprime e impoverisce il popolo iraniano, di cui si sforza di irregimentare i costumi con metodi polizieschi, inquisitori e brutali. Gli sbirri di Allāh perseguitano con particolare crudeltà i giovani, desiderosi più dei padri di sposare la vita moderna. Visto il contesto soffocante, la civiltà americana, fosse anche nei suoi aspetti più triviali, appare agli iraniani come portatrice di libertà e non di imperialismo, così come spesso è avvenuto in numerose parti del mondo. Dopo tutto, niente impediva all'Europa di ricoprire il ruolo di messaggera di libertà in Medio Oriente. Se non l'ha rivestito, ancora una volta è a causa del suo puro antiamericanismo, per cui ha ritenuto opportuno raccomandare il «dialogo», cioè la complicità con i tiranni e non con le vittime. Se un giorno gli iraniani accederanno alla democrazia, non dovranno essere affatto riconoscenti verso gli europei, così come non dovranno esserlo gli iracheni quando saranno liberati dal loro despota.

Anche in Cina si osserva il medesimo contrasto fra l'antiamericanismo ufficiale e l'interesse popolare per tutto ciò che proviene dagli Stati Uniti. «Paragonare la vita di dieci anni fa a quella odierna è come paragonare la terra al cielo», dichiara un cinese a un giornalista statunitense[2]. «Gli americani non ci vendono solo prodotti, ma una cultura», aggiunge, «ed è proprio una cultura che numerosi cinesi desiderano. Dicono: se voi acquistate questo, accederete a un nuovo stile di vita». Forse quest'impressione è ingannevole, ma rappresenta un fatto storico.

In America Latina, i sentimenti diffusi sono governati da un antichissimo rancore, quello dell'America che ha fallito contro l'America che è riuscita, trauma storico analizzato nell'ineguagliato libro di Carlos Rangel, *Dal buon selvaggio al buon rivoluzionario*. Tuttavia, anche in questo caso sono i dirigenti politici e soprattutto gli intellettuali a perpetuare per primi questo rancore, al prezzo di uno sdoppiamento della personalità che confina con una sorta di «bisessualità» politico-culturale, poiché la maggior parte di essi sono allievi e clienti degli Stati Uniti, pur vituperandoli quando arringano i propri concittadini. Per parte loro, i popoli seguono l'onda, sebbene la disuguaglianza fra nord e sud del continente si sia considerevolemente ridotta dopo il 1950, il che non esclude frequenti regressioni, quando questo o quel paese ricade nelle aberrazioni di un tempo. Ma l'antimericanismo popolare è più conformista che militante e si accompagna a un onnipresente desiderio di divenire parte integrante della macchina economica e della civiltà nordamericane.

È in Europa che si può meglio misurare lo scarto fra le élite e i cittadini, grazie alla precisione degli strumenti di studio dell'opinione pubblica. Secondo un'inchiesta Sofres risalente al maggio del 2000[3], solo il 10% dei francesi prova antipatia per gli Stati Uniti. Commentando questo sondaggio, Michel Winock sottolinea dunque che «in Francia l'antiamericanismo non è un sentimento popolare, ma appartiene a una parte dell'élite». Lo storico nota che una delle sue cause nel XX secolo è l'influenza del comunismo su vasti settori dell'intellighenzia francese, ma ricorda anche che, sin dal XIX secolo, il disprezzo per l'America e l'animosità nei suoi confronti furono inaugurati dalla destra intellettuale, che da allora non ha molto riconsiderato il proprio giudizio. Bonald, già durante la Restaurazione, vedeva nell'America – dove, va da sé, non era mai stato – solo conformismo, materialismo, borghesume, incultura e idolatria del denaro, sottolinea Michel Winock.

Un altro storico, Laurent Theis, riassumendo «duecento anni di amori contrastati» fra i due popoli[4], ci insegna che nel XIX secolo, dopo La Fayette, l'antico attaccamento dei francesi agli americani viene sostituito da una repulsione già spinta al parossismo. Theis scrive: «Appaiono allora il nome e la figura dello yankee nordista, agli antipodi del nobile delle piantagioni del Sud. Istinti bruti, appetiti carnali, avidità», naturalmente ipocrisia, bigottismo. Stereotipi che nei pubblicisti di ogni fede politica prendono in contropiede le idee precedentemente acquisite. La democrazia americana, che consiste nella «legge del più forte», smette di far sognare. Il buon selvaggio, la giovane pura e valorosa, l'austero quacchero diventano personaggi da commedia.

Qual è, viene scritto, «quel popolo di bottegai ignoranti e di gretti industriali che sul proprio vasto continente non ha una sola opera d'arte»? Quel paese «privo di Opéra»? Un verdetto emesso da una minoranza della società francese che teneva professionalmente in mano una penna e disponeva di colonne sui giornali. Cosa pensavano dell'America gli altri francesi, se ne pensavano qualcosa? È assai arduo scoprirlo. Ai nostri giorni lo sappiamo perfettamente. Secondo un altro sondaggio [5], dopo gli attentati dell'11 settembre del 2001 il 52% dei francesi dichiarava di essersi sempre sentito vicino agli Stati Uniti e il 9% che l'opinione su di essi era recentemente cambiata in meglio (contro il 32% e l'1% in senso opposto).

Gli intellettuali europei credevano di vedere nell'America del XIX secolo un vuoto culturale, che in realtà non era altro se non il loro vuoto informativo. Fu necessario che nel 1856 Charles Baudelaire traducesse Edgar Allan Poe per rivelare loro che esisteva vagamente negli Stati Uniti quella che si poteva chiamare una letteratura. Il mito della barbarie culturale di un popolo, visto come asservito al solo allettamento del lucro (pulsione notoriamente estranea all'animo puro degli europei), si perpetuò fino alla metà del XX secolo, mentre la realtà lo contraddiceva e, in particolare, il più generoso mecenate che si sia mai visto creava e manteneva migliaia di musei, università e finanche quelle «Opéra» di cui Stendhal (era lui) stigmatizzava la mancanza. Ai lazzi sul presunto deserto culturale americano seguirono improvvisamente le recriminazioni contro il loro «imperialismo» culturale. Si passa dal vuoto al troppo pieno. Anche in questo campo, qualunque cosa accada, gli Stati Uniti non possono mai avere ragione! Probabilmente hanno culturalmente torto anche quando il Congresso adotta, per il 2002, il budget più elevato che sia mai stato votato in alcun paese per la ricerca pubblica: centoquattro miliardi di dollari (ai quali bisogna aggiungere le spese private per la ricerca, anch'esse le più ingenti al mondo). Seguendo la via inversa, quella del declino, le spese per la ricerca e la ricerca stessa continuano a ridursi in Francia, il che non impedisce al coro mediatico-politico di tenere ben alta la bandiera della propria superiorità culturale[6].

Malgrado la sua presunta indifferenza per ogni attività mentale, l'America fu la prima – cinquant'anni prima di Jules Ferry in Francia – fra le nazioni più sviluppate a dar vita all'istruzione elementare gratuita e obbligatoria, dapprima nello Stato di New York nel 1832, poi molto velocemente negli altri Stati. Questa precoce alfabetizzazione spiega parzialmente un'altra causa dell'acidità antiamericana: l'anzianità e la rapidità del decollo economico degli Stati Uniti. In *L'enfance du monde*[7], Emmanuel Todd mostra quanto questo fattore sia decisivo. Ogni paese che «decolla» si trova ad aver varcato la soglia critica dell'alfabetizzazione, cioè il 50% della popolazione o, ancora più illuminante, il 70% dei giovani compresi fra i quindici e i venticinque anni. Così la Svezia e la Svizzera, paesi ancora quasi interamente rurali a metà del XIX secolo, sono al contempo i più alfabetizzati d'Europa, il che fornisce una delle chiavi del loro successivo e rapido sviluppo industriale. Nel 1848, la Francia conta almeno il 50% di analfabeti, di cui una parte importante non parla francese.

Il progresso americano nella democratizzazione dell'insegnamento non suscitava certo alcuna riflessione nel visconte di Bonald che, dall'alto della sua condiscendenza monarchica, non apprezzava alcuna forma di democrazia, e di conseguenza non riteneva potesse esserci alcun legame fra democrazia politica, liberismo economico, istruzione pubblica e prosperità. Così non comprese nemmeno – e non era affatto l'unico in Europa, prima che venisse Tocqueville e anche dopo – l'importanza del vantaggio che gli Stati Uniti avevano acquisito istituendo il suffragio universale, sin dal 1820 per gli uomini[8]. E, anche per le donne, l'America precedette le altre democrazie. Poterono votare sin dal 1869 nel Wyoming, seguito da altri undici Stati fra il 1869 e il 1914, poi dall'intero paese nel 1920. In Francia dovettero attendere il 1944.

Questi fatti, che dipendono proprio dall'istruzione elementare, urtano di fronte all'ostinazione degli europei ad ammettere che gli Stati Uniti sono un'autentica democrazia. Se neghiamo loro facilmente l'appartenenza a questo regime politico, gli africani e i latinoamericani gliela contestano ancora di più, proprio loro, i cui titoli per parlare in nome della democrazia sono evidentemente eclatanti. Sono noti i principali capi d'accusa nei confronti dell'America in questo campo: la schiavitù, poi le discriminazioni di cui furono vittime i neri, il mantenimento della pena di morte o ancora il sostegno accordato a dittature, specie in America Latina.

In *Tous Américains*[9] il direttore di «Le Monde» Jean-Marie Colombani si giustifica per aver scritto sul proprio giornale, all'indomani degli attentati dell'11 settembre, un articolo intitolato *Nous sommes tous Américains*[10]. Numerose e immediate erano state le reazioni ostili all'articolo e al suo titolo, tanto fra i lettori di «Le Monde» che fra i suoi redattori. Ciò perché la sinistra non sa rinunciare senza dolore, anche dopo il massacro di diverse migliaia di civili a New York e a

Washington, a un'immagine demoniaca degli Stati Uniti, immagine di cui ha tanto più bisogno visto che il socialismo è naufragato. Se il Bene al quale votava il proprio culto è sprofondato, almeno si consola continuando a esecrare il Male che ne era l'antitesi. Sia maledetto chi pare volerla privare del proprio Lucifero di servizio, l'ultima boa di salvataggio ideologico!

Ci vuole coraggio e abnegazione per argomentare, come fa Colombani, contro il fanatismo, che rende impermeabili agli argomenti le menti che ha investito. Dopo aver ricordato che, scrivendo a caldo il proprio articolo, obbediva a un movimento di compassione e di decenza, Colombani procede ad alcuni richiami storici e politici che spazzano via la credenza delirante secondo la quale l'America non avrebbe mai operato in favore della difesa e della diffusione della libertà. Beninteso, evoca la liberazione dell'Europa nel 1944 e nel 1945, chiede se si doveva respingere quel liberatore, al fine di «rifiutare l'America e la sua segregazione razziale [...]. Un paese che già sosteneva Ibn Saud, il dittatore Somoza in Nicaragua».

Queste ultime riserve sono fondate. Ma se fossero sufficienti per stabilire che l'America non era e non è nemmeno oggi democratica, bisognerebbe anche negare questa qualifica sia alla Francia che alla Gran Bretagna. In effetti, la storia dell'Africa e dell'Asia brulica di dittature di ogni tendenza politica sostenute da questi due paesi. Dal 1945 al 1965, gli Stati Uniti eliminarono al loro interno ogni segregazione, almeno ufficiale, grazie a un'azione decisa del potere federale e della Corte suprema contro gli Stati tradizionalmente razzisti. Durante lo stesso periodo, in Indocina, nel Madagascar e in Nordafrica, la Francia si dedicava a combattimenti di retroguardia le cui vittime civili si contavano a centinaia di migliaia e a repressioni che ricorrevano su vasta scala alla tortura e alle esecuzioni sommarie. Tuttavia, i francesi che vivevano sotto la IV Repubblica e all'inizio della V si sarebbero assai sorpresi sentendo affermare che il loro regime non era democratico.

Allo stesso modo, si guardi fra quelli che s'indignano nel veder persistere negli Stati Uniti la pena di morte. Dodici Stati l'hanno abolita, trentotto l'hanno mantenuta, fra i quali sedici la applicano. È ancora moltissimo. Ma va ricordato che il governo federale non ha sempre il potere di imporre le proprie preferenze ai legislatori degli Stati, che adottano o abrogano le leggi in funzione dei voti espressi dagli elettori locali. Inoltre, alcuni paesi in cui l'abolizione è tutto sommato molto recente – 1964 per il Regno Unito, 1981 per la Francia – hanno la tendenza a perdere la memoria quando si ammantano della bianca veste umanitaria per far precipitare l'America nell'abisso dell'antidemocrazia. Intorno al 1937, all'epoca del caro Fronte popolare, dobbiamo decretare che la Repubblica francese non fosse una democrazia, visto che maneggiava con destrezza la ghigliottina? L'accettazione o il rifiuto di un barbaro castigo dipendono dall'evoluzione dei costumi e dalla sensibilità, più che dalla natura delle istituzioni politiche. All'alba del XXI secolo, ottantasette paesi nel mondo praticano ancora la pena di morte, alcuni fra essi – la Cina, l'Iraq – in dosi massicce e senza garanzie nella procedura né rispetto per il diritto di difesa. Ma gli anatemi internazionali si concentrano solo sugli Stati Uniti, destando il sospetto che queste diatribe talvolta mirino non tanto alla pena di morte in sé, quanto agli Stati Uniti. Come spiegare altrimenti che ciò ch'è disonorevole ad Austin sia veniale a Pechino o a Lhasa?

Dunque, ritroviamo i due tratti più palesi dell'antiamericanismo ossessivo: la selezione delle prove e la contraddizione interna della requisistoria.

Come esempio del primo, torniamo sul caso Somoza. Prova indiscutibile, ci viene detto, che gli americani sostengono dittatori reazionari. Ma allora dove la mettiamo la battaglia politica ed economica condotta dagli Stati Uniti contro il dittatore di Santo Domingo, Rafael Trujillo? Gli inflissero e gli fecero infliggere dall'America Latina (nel quadro dell'OSA, l'Organizzazione degli stati americani) sanzioni economiche che finirono per mettere Trujillo in ginocchio, prima ancora che morisse assassinato nel 1961. Le sanzioni che colpirono il dittatore di estrema destra furono molto più dure dell'embargo che l'America più tardi applicò a Castro. A tal proposito, quanti giornalisti o politici menzionano il fatto che Castro prese il potere con l'aiuto della CIA? Washington desiderava mettere fine alla dittatura di Batista e organizzò la sua caduta con il concorso di Castro[11]. Gli Stati Uniti furono il secondo paese al mondo, dopo il Venezuela, a riconoscere sin dal 7 gennaio del 1959 il nuovo regime dell'Avana. Solo in seguito, quando Castro ebbe fondato sull'isola una dittatura stalinista e si mise agli ordini di Mosca, gli Stati Uniti si rivolsero contro di lui. Inoltre, l'imbroglio della selezione fa solo vagamente appello alla nozione di prova. Ma l'antiamericanismo può anche spingere il proprio virtuosismo fino a ricorrere all'assenza totale di prove. Questa prodezza l'abbiamo vista in Francia col libro, pubblicato a marzo del 2002, di un certo Thierry Meyssan, *L'incredibile menzogna*[12], al quale ho fatto già fatto una fuggevole allusione. Secondo Meyssan, nessun aereo si è schiantato sul Pentagono l'11 settembre del 2001. Si trattava di un atto di propaganda e di disinformazione, montato dai servizi segreti americani e dal «complesso militare e industriale» per giustificare, presso un'opinione pubblica sconvolta, un intervento armato in Afghanistan e in Iraq. Ognuno è libero di forgiare nel nulla una teoria divertente, per esempio che la disfatta francese del giugno del 1940 fu una pura invenzione della destra per fornire al maresciallo Pétain un pretesto per cambiare regime politico. Ma si passa dalle crasse risate all'inquietudine quando centinaia di migliaia di persone credono a queste futilità, disprezzando le prove materiali più accessibili alla percezione visiva di chiunque. È ciò che si produsse in Francia di fronte alle elucubrazioni del signor Meyssan. Non solo i media audiovisivi si trasformarono con compiacenza in casse di risonanza per i suoi capricci, ma il libro fu un immediato e gigantesco successo di vendite. Questa pazza corsa verso l'assurdo la dice lunga sulla dabbenaggine dei francesi e ispira dolorose perplessità sul livello intellettuale del popolo «più intelligente della terra».

Quanto al secondo sintomo, il costante ricorso a rimproveri contraddittori che si allineano fianco a fianco distruggendosi reciprocamente, senza che i sostenitori abbiano coscienza della propria incoerenza, se ne pesca qualche brillante illustrazione nel fascicolo del Medio Oriente. Beninteso, quel dossier è anche pieno di falle derivanti dalla selezione delle prove da parte dei commentatori europei. Un solo esempio: a forza di venire ripetuto, è diventato un assioma che Israele abbia «invaso» il Libano nel 1982 perché Sharon voleva andare a prendere Arafat a Beirut e che oggi si vendichi perché il capo dell'OLP gli sfuggì. Oltre al fatto che Sharon, allora ministro della Difesa, non aveva alcun potere per decidere da solo una guerra, ci si dimentica un altro piccolo dettaglio: nel 1982, Israele è intervenuta solo per replicare all'invasione del Libano da parte della Siria, che occupava il paese da più di quattro anni, aveva distrutto metà Beirut nel 1978 con i suoi «organi di Stalin» [i missi-li Katiusha, *N.d.R.*] e il cui esercito si avvicinava sempre più alla frontiera israeliana. Non sono un esperto orientalista, ma mi interesso al funzionamento della mente umana: per-ché questo concatenarsi di cause ed effetti storici ben noti viene regolarmente troncato e ridotto all'ultimo episodio, quando viene evocato dai nostri «informatori» a proposito della crisi israelo-palestinese del 2001-2002? Poiché a ogni costo va «dimostrato» che Sharon vuole «vendicarsi» per non essere riuscito a catturare Arafat nel 1982. Sono coscien-te degli errori di Sharon, non c'è affatto bisogno di appiop-pargli quelli che non ha commesso.

Durante tutta la crisi, il valzer ondivago dei giudizi euro-pei sulla politica americana fu uno spettacolo istruttivo. Dopo aver a lungo rimproverato agli americani di ritenersi gli unici attori competenti in Medio Oriente, abbiamo viva-mente biasimato la passività di George W. Bush che, invece di intervenire per riassorbire la crisi, restava passivo e si sot-traeva al proprio dovere. Quando infine l'America ha dichia-rato che avrebbe preso l'iniziativa, abbiamo annunciato che sarebbe stata necessariamente a favore di Israele, parziale a tal punto da privarla di ogni legittimità. Quando Bush e il suo consigliere alla Sicurezza, Condoleezza Rice, ingiunsero a Israele di evacuare «senza dilazioni» i territori palestinesi occupati, proclamammo subito che le loro richieste sarebbe-ro state vane e che era inutile il viaggio progettato dal segre-tario di Stato Colin Powell in Medio Oriente.

Non sono tanto gli errori di valutazione e i processi alle intenzioni sui quali riposano questi giudizi a essere gravi, sono soprattutto le incongruenze. Inoltre, è stupefacente la nostra incapacità nel riconoscere che ci siamo sbagliati quan-do l'evento lo dimostra.

Nel complesso e nel corso del tempo, i governi, i media e l'opinione pubblica in Europa ritengono che gli Stati Uniti, in Medio Oriente, abbiano sempre sostenuto e sostengano Israele in maniera troppo incondizionata e parziale. Ma quando gli Stati Uniti adottano un atteggiamento neutrale e decidono di immischiarsi meno direttamente negli affari isrealo-palestinesi, come fece George W. Bush nel 2001 e fino all'inizio del 2002, subito l'Europa s'indigna per quella che giudica essere una colpevole irresponsabilità americana, e supplica Washington di assumersi le proprie responsabilità. Poi, quando il presidente, all'inizio dell'aprile del 2002, invia sul posto diversi emissari e fa una dichiarazione energica, quasi un ultimatum, per esigere che il primo ministro israeliano, Ariel Sharon, ritiri le truppe dal territorio palestinese, «non domani, ma senza ritardi e con inizio immediato», la nettezza di questa posizione incita pochissimi europei a riconoscere che la loro tesi precedente sul sostegno a priori e «incondizionato» degli Stati Uniti a Israele era dunque errata. Così come era sbagliata la tesi (per di più incompatibile con la precedente) di un'egoistica indifferenza americana al dramma del Medio Oriente. Che gli Stati Uniti, a marzo e ad aprile del 2002, abbiano votato insieme al Consiglio di sicurezza dell'ONU la condanna di Israele e la decisione di creare una commissione d'inchiesta dell'ONU sui crimini di guerra israeliani a Jenin, non ha impedito a ogni operatore od operatrice di giornale radiofonico francese di continuare imperturbabilmente ad affermare che Washington opponeva sempre il proprio veto alle menzioni sfavorevoli a Israele al Consiglio di sicurezza.

In realtà, come ricorda a buon diritto Henry Kissinger, «da trent'anni la diplomazia americana è il catalizzatore di quasi tutti i progressi compiuti dal processo di pace destinato ad avvicinare israeliani e arabi, soprattutto palestinesi». Ciò è dimostrato da una rapida ricapitolazione. Oltre alla «spola» continua (*Shuttle Diplomacy*) di Kissinger tra Gerusalemme, Il Cairo, Damasco e Amman dal 1972 al 1976, nel 1978 a Camp David ha luogo una conferenza fra i presidenti Sadat e Carter e il primo ministro Begin. Questa conferenza sfocia nel trattato di pace israelo-egiziano, firmato a Washington nel 1979. Il processo di pace israelo-palestinese viene avviato alla conferenza di Madrid nel 1991. Prosegue nel 1993 con l'accordo di Oslo, ratificato nel dicembre dello stesso anno a Washington da Rabin e Arafat, che si stringono la mano in presenza di Clinton e delle telecamere di tutto il mondo. È la «Dichiarazione di principio sull'autonomia palestinese», di ispirazione americana. È seguita, sempre dietro impulso degli Stati Uniti, nel 1995 dall'accordo di Taba (in Egitto), detto anche «Oslo II», che concerne «l'estensione dell'autorità palestinese a tutta la Cisgiordania». Poi, nel 1998, viene il memorandum di Wye Plantation (Maryland), seguito nel 1999 dall'accordo di Sharm el-Sheikh sull'applicazione del memorandum. Infine, nel luglio del 2000, Clinton riunisce di nuovo a Camp David Arafat e il primo ministro israeliano dell'epoca, Ehud Barak.

In merito a quest'ultima conferenza a Camp David – che richiedette e immobilizzò il presidente degli Stati Uniti per quindici giorni – è nata una polemica attorno all'«intransigenza» di Arafat, che avrebbe rifiutato le «generose proposte» di Ehud Barak e così avrebbe fatto deragliare il processo di pace, rendendo inevitabile la successiva vittoria di Sharon alle elezioni e incoraggiando ipocritamente il terrorismo palestinese. Arafat non è certo privo di responsabilità nel naufragio del processo di pace. Ma la storia di ciò ch'è veramente accaduto durante quell'estate dell'anno 2000 a Camp

David in realtà pare più complessa [13]. Mi asterrò in questa sede dal chiarirla, poiché per ora non è mia intenzione dare risposte alla questione mediorientale, bensì descrivere le reazioni europee alla diplomazia americana in merito a questa questione. Il meno che si possa dire è che sono al contempo ingiustificate e incoerenti. Altrettanto ingiustificato è il motivo di risentimento rituale e ossessivo secondo il quale gli Stati Uniti, in questa crisi, avrebbero agito in maniera «unilaterale», senza consultare gli europei. Al contrario, il segretario di Stato Colin Powell fece precedere la propria missione mediorientale dell'aprile del 2000 da una tappa a Madrid, il 10 aprile (la Spagna allora esercitava la presidenza dell'Unione Europea). Consultò i ministri degli esteri dei quindici paesi membri dell'Unione, quello della stessa Unione Javier Solana, *e quello russo*, anch'egli invitato. Difficilmente si può tacciare questo comportamento di unilateralismo. Il segretario generale delle Nazioni Unite, Kofi Annan, grazie alla sua presenza accentuava ancor più il carattere multilaterale di quegli incontri. Cionondimeno, a Madrid gli europei non riuscirono a mettere sul tappeto alcuna proposta concreta, alcun piano d'azione realistico. Non solo non riuscirono a intendersi con gli Stati Uniti, il che va quasi da sé, ma non riuscirono nemmeno a intendersi fra loro! È vero, la discussione fu complicata dall'evocazione del problema iracheno, che Powell riteneva indissociabile dal conflitto israelo-palestinese e dalla lotta contro il terrorismo, ma davanti al quale gli europei da sempre si velano paurosamente il capo. Non si può pretendere di fissare una politica di pace in Medio Oriente senza esaminare il problema Saddam Hussein.

Qualche giorno dopo Madrid, si verificò che la spola di Colin Powell fra Sharon e Arafat non aveva dato alcun risul-

tato, poiché né l'uno né l'altro erano apparentemente dispo-
sti alla benché minima concessione, anche se una settimana
più tardi gli israeliani ritirarono le proprie truppe da varie
città palestinesi. Questo relativo fallimento nell'immediato
non significava che il viaggio fosse stato interamente inutile
a lungo termine, per preparare un'azione futura.
Ciononostante, si era dato un fallimento nell'immediato e la
stampa americana fu la prima a proclamarlo. Ma in questa
congiuntura, la parte più comica fu interpretata dal coro dei
commentatori europei che, dall'alto della nostra sterilità
intellettuale e diplomatica, insitettero sul fiasco di Powell e
di Bush con la loro abituale condiscendenza soddisfatta [14].

Il seguito degli avvenimenti non doveva tardare a ritorce-
re contro di loro il ridicolo che credevano fosse riservato ai
dirigenti americani. In effetti, il 22 aprile 2002, sotto l'accresciuta pressione di George W. Bush, il governo di Ariel
Sharon si rassegnava a levare l'assedio al quartier generale
di Yasser Arafat a Ramallah, che durava da metà dicembre
2001. Inoltre Bush insisteva per ottenere un'evacuazione
rapida e completa del territorio palestinese da parte dell'e-
sercito israeliano, in vista dell'avvio di un nuovo processo di
pace, del quale aveva appena disegnato i contorni col prin-
cipe ereditario dell'Arabia Saudita, Abdallah, invitato negli
Stati Uniti. Dunque, si vede quel che valevano le tre affermazioni preferite dagli europei, cioè: 1. gli americani sono
totalmente inattivi in Medio Oriente; 2. quando agiscono è
sempre a favore di Israele; 3. le loro iniziative sono tutte dei
fallimenti.

Tuttavia, anche in questo caso, i fatti non distolgono i
pappagalli dell'antiamericanismo dai loro immutabili ritornelli. In occasione del summit annuale transatlantico che, il 2
maggio del 2002, riunì a Washington gli Stati Uniti, l'Unione

Europea e la Russia, il corrispondente di TF1, Ulysse Gosset, al telegiornale delle venti paragona l'azione di George W. Bush in Medio Oriente al cammino oscillante di un «funambolo» che non riesce ad assumere alcuna posizione ferma. In questo modo, aggiunge, lo «sceriffo» delude profondamente gli europei. Ammirate la ricchezza del vocabolario: quando ci viene risparmiato il «cow-boy» è per servirci lo «sceriffo». Che arte! Come abbiamo visto, proprio in quel momento Bush aveva appena ottenuto dagli isrealiani che levassero l'assedio ad Arafat e procedessero a un certo numero di evacuazioni di truppe dalla Palestina. In terzo luogo – e questa novità non era la meno importante –, il presidente aveva avallato e fatto adottare il principio di una conferenza internazionale sul Medio Oriente, la cui apertura era auspicata per l'inizio dell'estate. Doveva riunire gli Stati Uniti, l'Unione Europea e la Russia. Detto altrimenti, era esattamente ciò che questi paesi da mesi chiedevano, e ciò che fra parentesi faceva cadere il rimprovero di unilateralismo ritualmente rivolto agli americani. A fianco di questo progresso sussistevano alcuni punti oscuri, ma erano attribuibili più alla situazione medioorientale che a una presunta inerzia americana. Quest'ultima, comunque, se esiste pare attivismo a paragone dell'inerzia europea in questo campo – come in molti altri.

L'ostilità spinge troppi europei a impuntarsi sulla convinzione che gli Stati Uniti si sbaglino sempre. Ma un governo che si sbaglia sempre è altrettanto mitico quanto uno che non si sbaglia mai. Il governo americano talvolta, anzi spesso, compie errori, come tutti i governi. I giornali e il Congresso non lo nascondono quando ritengono che ciò avvenga. Generalmente lo fanno con maggiore competenza degli stranieri. Le esitazioni dell'amministrazione Bush durante la crisi mediorientale del 2001-2002, i suoi «zig-zag» che talvolta sembravano favorire i palestinesi e tal altra gli israeliani, poi i tangibili disaccordi ai vertici dell'équipe dirigente, tutti questi ostacoli a una diplomazia efficace furono, durante quel periodo, crudelmente additati sia da Zbigniew Brzezinski, l'eminente storico e politologo ex consigliere alla Sicurezza di Carter, sia dai principali editorialisti della carta stampata, settimanale o quotidiana [15]. Inoltre, sui quotidiani americani, le pagine dedicate agli editoriali e alle tribune politiche presentano di norma punti di vista differenti o opposti, e non sono, contrariamente all'abitudine francese, rubricati come «Polémique», come se il lettore non fosse abbastanza adulto per confrontare e valutare da sé gli argomenti esposti e farsi un'opinione in merito, soppesando i pro e i contro. Anche i dibattiti televisivi sui temi più vari di politica interna ed estera mettono regolarmente faccia a faccia interlocutori – politici o esperti – che presentano analisi divergenti, spesso con calma e cortesia. Dunque, gli americani capiscono benissimo che si critichi la loro politica e la loro società, poiché sono i primi a farlo, sovente in maniera feroce. Ma c'è un abisso fra l'analisi critica, nutrita dal confronto fra opinioni diverse, e quella sorta di automatismo della condanna che frequentemente spinge gli europei a decretare il costante fallimento della diplomazia americana, la quale d'altronde sarebbe l'immagine della società americana nel suo complesso.

Nell'aprile del 2002, dopo il primo turno delle elezioni presidenziali, la Francia scopre l'umiliazione di vedere un demagogo populista di estrema destra superare il candidato socialista, ottenere il secondo posto dietro Jacques Chirac e dunque essere il solo a opporsi al presidente uscente nel secondo turno. Allora cosa trova da scrivere uno fra i più eminenti commentatori, Olivier Duhamel, professore all'Istituto di studi politici e deputato socialista europeo? La perla seguente: la Francia «raggiunge le democrazie degenerate, sul modello degli Stati Uniti, dell'Austria e dell'Italia» [16]. In altri termini, grazie ai propri voti, i francesi innalzano Jean-Marie Le Pen a un'altezza che non avrebbe mai potuto raggiungere in una sana democrazia, però è la democrazia americana a essere degenerata. Certo, dopo il vergognoso risultato del 21 aprile, la Francia si accosta a questa degenerazione, ma l'America aveva preceduto gli altri ormai da tempo immemorabile. L'America non è forse «strutturalmente fascista»? Che strano, è sempre in Europa che sorgono le dittature e i regimi totalitari, ma è sempre l'America a essere fascista! Tuttavia, sommando i voti raccolti da Le Pen nel corso di quella consultazione con le preferenze espresse per i candidati trotzkista, del partito comunista e dei Verdi (che in Francia sono più gauchisti e maoisti che ecologisti), si constata che un terzo degli elettori ha votato candidati che, all'estrema destra e all'estrema sinistra, rifiutano quella che chiamano «mondializzazione ultraliberista», cioè la libertà economica, madre della libertà politica, e auspicano il ritorno del dirigismo protezionista più obsoleto, indiscutibilmente connotato dal totalitarismo. Dunque, la «degenerazione» della democrazia francese sembra molto più reale di quella attribuita, con l'abituale commiserazione buffonesca, alla democrazia americana. Che la Francia impari finalmente a vedersi per com'è, con una Costituzione impraticabile e moribonda, uno Stato incapace di imporre il rispetto della legge, e che sa dire solo «tasso e distribuisco», con una intellighenzia sempre più miope e una popolazione sempre meno attiva, convinta di poter guadagnare sempre più studiando e lavorando sempre meno. Purtroppo, l'umiliante lezione del 21 aprile non è affatto stata capita! Alcune fra le più celebri penne del giornalismo francese attribuirono addirittura a Jacques Chirac la responsabilità del successo di Le Pen, col pretesto che, insistendo sul flagello dell'insicurezza, il presidente uscente avrebbe «fatto il gioco» del Fronte nazionale. È curioso vedere dei giornalisti professionisti raccomandare la soppressione dell'informazione, adducendo che la verità potrebbe facilitare l'avversario. È un vecchio sofismo! Significa dimenticare che, se la verità può facilitare l'avversario, allora è stato commesso un errore e lo si vorrebbe nascondere, oppure si è permesso che una situazione si creasse e si teme di doverne assumere la paternità. Questo è il caso di tutti i governi succedutisi in Francia durante gli ultimi due decenni del XX secolo, per ciò che concerne l'insicurezza e l'integrazione degli immigrati. Invece di analizzare i problemi attuali, i francesi hanno la mania di riportarli ad avvenimenti passati, accaduti in un contesto che non alcun legame con quello odierno. Per buone che siano le ragioni – ragioni differenti, d'altronde, nei due casi – per criticare Haider in Austria o Berlusconi in Italia, paragonare il loro arrivo sulla scena politica odierna rispettivamente all'Anschluss nel 1938 e al fascismo nel 1922 chiarisce solo l'insondabile incompetenza storica degli autori di queste fantasiose confusioni. I manifestanti, assai numerosi, che si riversarono nelle città francesi dopo il 21 aprile per schernire Le Pen esibendo svastiche hanno sbagliato epoca. Reinterpretavano il cerimoniale antifascista d'anteguerra. Fortunatamente, il Fronte nazionale non ha i mezzi che aveva il partito nazista per irregimentare e terrorizzare la società. Ogni paese del vecchio continente oggi è «protetto» dalla solida democrazia dell'Unione Europea, che differisce completamente dall'Europa degli anni '30, infettata dalle dittature. Piuttosto che urlare per le strade, mimando episodi vecchi di settant'anni, i «giovani» avrebbero fatto meglio a tentare di capire la natura inedita e le autentiche origini del fenomeno del Fronte nazionale, per come si presenta ai nostri giorni. In effetti, i manifestanti che Elisabeth Lévy, con crudeltà ma non senza fondamento, chiama «antifascisti da operetta» [17], davano spettacolo per sé stessi piuttosto che procedere a un'azione consona alle circostanze.

Queste lotte contro pericoli che risalgono all'anteguerra spiegano l'inefficacia della lotta contro i pericoli attuali. Ma per la sinistra, nel suo sistema di difesa, hanno una funzione ben precisa, sono in qualche modo il «beneficio secondario» della propria nevrosi. Disonorata dalla partecipazione ai genocidi comunisti – o dalla indulgenza compiacente e complice nei loro confronti –, la sinistra inventa continuamente pericoli fascisti tratti dai musei della storia. E innanzitutto impone una versione di questa storia secondo la quale l'unico totalitarismo del XX secolo sarebbe stato il nazismo, e in generale il fascismo nelle sue molteplici forme. Da qui deriva l'incessante martellamento su Hitler, l'Olocausto, Mussolini, Vichy, mentre la cronaca dei crimini del comunismo, che per giunta continuano a essere perpetrati, è sempre oggetto di una vigile censura. Ogni libro a essi consacrato scatena una controffensiva contro chi lo scrive, su cui vengono riversate carrettate di interpretazioni menzognere, di calunnie che mirano a solo screditarlo: in primo luogo l'accusa di fare indirettamente il «gioco» del nazismo e dell'antisemitismo [18]. È alla sinistra che si potrebbe chiedere a cosa «gioca». Dunque, non stupisce che gli studenti, nelle loro prese di posizione politiche e nelle manifestazioni pubbliche, si riferiscano a una storia amputata e purgata, quella che prevale nell'insegnamento secondario e universitario. Jacques Marseille, storico «reietto», racconta: «Quando sedevo nella giuria dell'Hec, spesso interrogavo gli studenti sullo stalinismo. La maggior parte di essi, molto seriamente, rispondevano che l'errore del Piccolo Padre dei popoli era di aver privilegiato i beni di produzione a scapito dei beni di consumo. Allora domandavo loro se non vedevano niente di più grave, per esempio i gulag… Stupore!»[19].

Dunque, si coglie il ruolo fondamentale dell'antiamericanismo al cuore di questo dispositivo. L'Europa in generale e la sinistra in particolare assolvono sé stesse dalle colpe morali e dai grotteschi errori intellettuali riversandoli sul capro espiatorio per definizione, l'America. Affinché la stupidità e il sangue spariscano dall'Europa, gli Stati Uniti devono diventare l'unico pericolo per la democrazia, a dispetto di tutti gli insegnamenti impartiti dalla storia. Al tempo della guerra fredda, l'Unione Sovietica o la Cina potevano anche annettere l'Europa centrale o il Tibet, attaccare la Corea del Sud, asservire i tre paesi dell'Indocina, satellizzare vari paesi africani o invadere l'Afghanistan, tanto per gli europei – dalla Svezia alla Sicilia, da Atene a Parigi – l'unico «imperialismo» era quello americano.

Per motivazioni in parte differenti da quelle della sinistra, la destra europea condivide ampiamente questa visione negativa dell'America. Così, nell'aprile del 2002, il settimanale conservatore britannico «The Spectator», per mano di Andrew Alexander, editorialista del quotidiano anch'esso conservatore «Daily Mail», ci insegna dottamente che la guerra fredda fu… un complotto americano. Dunque non c'è stata, contrariamente a quel che avevano creduto di vedere e di vivere alcuni testimoni ingenui fra cui io stesso, l'annessione *de facto* da parte di Mosca della maggior parte dell'Europa centrale e balcanica, e nemmeno l'invasione di

Praga né l'occupazione di Berlino nel 1948, né gli scioperi insurrezionali in Italia e in Francia, segnali di sinistre brame staliniste, né la guerra di Corea o quella civile in Grecia. Come abbiamo potuto essere tanto creduloni! Tutti quegli avvenimenti, costernando uno Stalin notoriamente sprovvisto di ogni aggressività, erano fomentati di nascosto da un'America che in quel modo si costruiva un pretesto per dominare il pianeta. Seguendo questa logica, si potrebbe sostenere che la guerra dei Cent'anni è stata creata di sana pianta da Giovanna d'Arco, desiderosa di mettersi in mostra in una pseudo-resistenza agli inglesi, assolutamente concilianti. O ancora, che è stato lo zar Alessandro I a mettere in giro la frottola della Grande Armata condotta da Napoleone alla conquista della Russia. Sostenendo di averla sconfitta, lo zar giustificava in anticipo l'occupazione di Parigi da parte del proprio esercito. Tutto sommato nel 1940 il generale De Gaulle non ha forse machiavellicamente instillato nelle menti dei francesi l'incubo di essere stati occupati dall'esercito tedesco, al fine di trovare in questa catastrofe immaginaria un buon trampolino di lancio per accedere al potere nel 1944? Questo modo di riscrivere la storia parrebbe a tutti delirante e comico nei casi che ho appena citati. In compenso, quando concerne gli Stati Uniti passa per essere degno di considerazione e quasi plausibile. Su «Le Monde» del 25 aprile del 2002 Patrice de Beer, commentando l'elucubrazione di Andrew Alexander, giudica «convincente la sua argomentazione»[20]. Ricordiamo che, al contrario, il *Libro nero del comunismo* non lo era affatto!

La destra europea[21] processa gli Stati Uniti per non dover spiegare come è nata la superpotenza, anche a causa delle proprie cantonate. Inoltre, agli occhi della sinistra, l'antiamericanismo possiede il pregio di permetterle di proseguire la lotta contro il liberismo. Così, «L'Humanité» del 27 aprile 2002, nient'affatto scoraggiata dalla «caduta finale» del partito comunista alle elezioni del 21 aprile, scrive che la battaglia contro il Fronte nazionale è la battaglia contro «il fascismo, il razzismo e l'ultraliberismo». Il tema resta dunque invariato: assimilare il liberismo al fascismo. E beninteso, gli Stati Uniti sono la roccaforte del liberismo, dunque del fascismo. Notiamo *en passant* che, pur essendo moribondo con il 3,4% dei voti, il partito comunista è talmente legato alla menzogna che non può evitare di restarle fedele anche nel momento del trapasso: in effetti, Le Pen non è affatto liberista, è antiliberista benchè sia di estrema destra, o forse *proprio perché* è di estrema destra. Ed è antiamericano come la sinistra. D'altronde, Mussolini e Hitler erano violentemente ostili al liberismo, come Stalin. E per la medesima ragione: conoscevano l'intimo legame che unisce il liberismo alla democrazia. All'epoca era principalmente la democrazia britannica l'obiettivo della loro esecrazione. Per i totalitari odierni, che si chiamano Laguiller o Le Pen, è l'America a svolgere la funzione di ariete.

Conveniamo tuttavia sul fatto che, per un intermittente ritorno di buon senso, spesso gli europei prendono coscienza della futilità degli eccessi dell'antiamericanismo ossessivo e sono i primi a denunciarli. Presentando il sondaggio che ho precedentemente commentato, «Le Monde»[22] enumera questi eccessi: «Cretinismo puritano, arroganza barbara, capitalismo sfrenato e pulsione egemonica: sono note le tematiche privilegiate di cui si nutre l'esecrazione dell'America». Il motivo di risentimento del «cretinismo puritano» fu notoriamente ravvivato in Europa all'epoca delle noie che perturbarono la presidenza di Bill Clinton a causa della sua relazione con Monica Lewinsky, una stagista della Casa Bianca.

Noialtri europei, e soprattutto i francesi, andiamo ripetendo sulla stampa e nelle trasmissioni, siamo troppo civilizzati per immischiarci nella vita privata dei nostri dirigenti e per decidere di allontanarli dal potere quando capita loro di avere un'avventura extra-coniugale. Oltre all'ipocrisia del puritanesimo affibbiato agli americani, per spiegare quest'offensiva contro Clinton l'Europa adduceva un altro pensiero infingardo: i repubblicani avrebbero orchestrato la campagna stampa puntando alla deposizione del presidente, perché in qualche modo si consideravano i proprietari della Casa Bianca e non si rassegnavano al fatto di essere stati soppiantati da un democratico.

Come la maggior parte dei ritornelli antiamericani, queste due presunte spiegazioni riposavano su un allegro disprezzo dei fatti, fra l'altro assai facili da verificare. Per ciò che concerne il puritanesimo in generale, sappiamo benissimo che il movimento di liberazione sessuale, diffusosi in Europa alla fine del decennio 1960-1970, ha preso slancio negli Stati Uniti prima di giungere in Europa. La conquista da parte delle donne di una libertà personale uguale alla leggendaria svergognatezza degli uomini, l'affermazione da parte degli omosessuali maschili e femminili del loro diritto a rivedicarsi come tali e a uscire da un'umiliante clandestinità, tutte queste rivoluzioni dei costumi sono partite dagli Stati Uniti. Se c'è stato un puritanesimo, sono gli americani che vi hanno posto fine e che hanno influenzato l'Europa. Quanto alla vita privata dei dirigenti, è altrettanto rispettata in America quanto pare esserla in Europa. Tutti sapevano, almeno nell'ambiente giornalistico e politico, che tanto Franklin D. Roosevelt quanto sua moglie Eleanor avevano un amante: nessuno ha mai pubblicato un'indiscrezione su queste relazioni, così come avvenne nel 1961 a proposito della vita sessuale piuttosto esuberante di John F. Kennedy, quando quest'ultimo divenne presidente. In realtà, quel che verrà rimproverato a Clinton non è l'avventura in sé, ma di essersi dato ai propri trastulli in compagnia di Monica Lewinsky quasi in pubblico, nell'ufficio presidenziale, il che costituiva per lo meno una mancanza di gusto; ed è soprattutto di aver negato sotto giuramento l'esistenza di questa relazione. Che il presidente degli Stati Uniti, garante del buon funzionamento dello stato di diritto, si renda colpevole di spergiuro, è senza dubbio un motivo valido per essere deposto (*impeachment*).

Per comprendere ciò, non è necessario immaginare un rancore dei repubblicani, a quanto pare furiosi per esser stati spossessati di una magistratura suprema che sarebbero abituati a occupare in permanenza. Ancora una volta, questo presunto abbonamento dei repubblicani alla Casa Bianca è un mito europeo volto a inventare un «complotto» reazionario contro Clinton. È sufficiente ricordare qualche data per veder crollare questo mito. Senza raccontare tutta la storia degli Stati Uniti, limitiamoci a risalire sino al primo mandato di Franklin Roosevelt. Un rapido calcolo permette di constatare che i democratici hanno occupato la Casa Bianca dal 1933 all'inizio del 1953 (Roosevelt poi Truman), dal 1961 all'inizio del 1969 (Kennedy poi Johnson), dal 1977 all'inizio del 1981 (Carter), infine dal 1993 all'inizio del 2001 (Clinton): ossia, in tutto quarant'anni. Da parte loro, i repubblicani l'hanno occupata, se si considera il medesimo periodo, dal 1953 all'inizio del 1961 (Eisenhower), dal 1969 all'inizio del 1977 (Nixon poi Ford), dal 1981 all'inizio del 1993 (Reagan poi Bush padre): ossia, in tutto ventotto anni. Quaranta contro ventotto! Proprio non si capisce su cosa avrebbe potuto fondarsi l'amarezza del partito repubblicano per esser stato indebitamente espulso da una Casa Bianca che avrebbe da sempre «monopolizzata». Pertanto, stabilire l'insulsaggine di tali frottole non richiede un grande sforzo di calcolo. Ma forse la volontà di compierlo ne richiede uno sovraumano.

L'ideologia è una macchina atta a respingere i fatti che rischierebbero di costringerla a modificarsi. Serve anche a inventarli quando queste invenzioni sono necessarie per perseverare nell'errore. Nel campo della storia economica, per esempio, è stato indispensabile all'ideologia socialista o sotto influenza socialista credere o far credere che l'«ultraliberismo» di Ronald Reagan avesse impoverito il popolo americano, arricchendo però una minoranza di persone agiate; che avesse quasi soppresso ogni protezione sociale, aggravato le disuguaglianze, riformato il fisco a profitto dei benestanti. Una volta posto questo dogma, la maggior parte dei commentatori si è considerata una volta per tutte dispensata dallo studiare meglio la storia economica degli Stati Uniti, per come si è svolta dal 1980 al 2000.

Beninteso, gli europei non potevano essere totalmente ignoranti in merito alla crescita economica americana degli ultimi due decenni del XX secolo (interrotta solo da una breve recessione all'inizio degli anni '90), né al miglioramento del tenore di vita che comportò e delle decine di milioni di nuovi posti di lavoro. La nostra immaginazione rimaneva comunque feconda per le favole ingenue o per le menzogne protettrici, destinate a risparmiarci il dolore di dover prendere atto del successo americano e del concomitante fallimento dell'Europa continentale. In quest'Europa così pregna della propria superiorità, per la prima volta dopo la fine della seconda guerra mondiale riappariva la disoccupazione di massa, una «nuova povertà», che poneva sotto gli occhi di tutti una vergognosa mendicità, sempre più visibile per le strade delle grandi città. I miti ai quali si abbeveravano la nostra cecità e la nostra ipocrisia erano notoriamente che la crescita americana recava profitto solo ai ricchi, che i posti di lavoro creati erano solo «lavoretti» malpagati, mentre la disoccupazione e l'esclusione in Europa erano ferite lenite dai benefici delle nostre preoccupazioni sociali e dalla nostra «lotta contro le disuguaglianze».

Tuttavia, un piccolo sforzo d'informazione sarebbe stato sufficiente per mostrare l'inanità di queste scappatoie. In effetti, la politica del repubblicano Reagan, continuata dal democratico Clinton, ha ridotto e non ha aggravato le disuguaglianze, in particolare in campo fiscale. «The Economist», nel numero del 15 aprile del 2002, intitola così un copioso studio sulla fiscalità reaganiana: *L'era del socialismo fiscale*[23]. Un titolo evidentemente ironico, tanto le verità messe in luce nel dossier vanno dolorosamente in senso contrario ai pregiudizi più cari agli europei continentali (preciso «continentali», poiché la Gran Bretagna di Margaret Thatcher vi sfuggì e a causa di ciò venne gettata nel medesimo calderone dell'America reaganiana, benché alla fine degli anni '80 avesse raggiunto un tasso di disoccupazione inferiore della metà di quello francese).

Con la legge del 1986 Reagan ha riportato il tasso marginale dell'imposta federale sul reddito dal 50% al 39,6%. Ma ha anche soppresso numerose esenzioni e ha introdotto un credito d'imposta per i redditi più modesti. In pratica, commenta Erik Izraelewicz[24], il prelievo sui redditi bassi si è ridotto e quello sui più elevati è aumentato. Il quintile più alto dava al fisco il 28,5% del reddito complessivo nel 1979. Vent'anni più tardi circa il 30%. In senso opposto, la pressione fiscale sul quintile più basso è scesa radicalmente dall'8,4% al 4,6%: una sensibile diminuzione. Quanto alle classi medie, motore del consumo poiché più numerose, la loro imposta è scesa al livello del... 1966.

A proposito dello stesso rapporto del CBO (Congressional Budget Office), il celebre editorialista economico americano Robert J. Samuelson fa osservare che, se fosse stato esatto che i ricchi in America erano tanto potenti e avevano una tale influenza politica, il loro fardello fiscale si sarebbe ridotto. Invece è avvenuto il contrario, mentre crescevano le spese in favore delle classi medie, di quelle povere e delle persone anziane. «Gli americani – conclude Samuelson – vivono in democrazia. È il popolo a votare, non il denaro. I dirigenti politici tendono a soddisfare gli elettori più numerosi, spesso a discapito della minoranza»[25]. (Va sottolineato che Samuelson è editorialista del «Washington Post» e del settimanale, dello stesso gruppo, «Newsweek», che in generale vengono situati a sinistra e che, è il meno che si possa dire, non hanno sostenuto ardentemente l'Amministrazione Reagan.)

Perché gli europei, salvo qualche pubblicazione specializzata e alcuni libri letti da un pubblico ristretto, non tengono conto di questi dati? Si può sostenere a buon diritto che l'immensa maggioranza dei cittadini europei non ha il tempo per specializzarsi in economia e ha di meglio da fare che immergersi nei rapporti del CBO, se non nei giornali che li riassumono. Ma i nostri politici? I qualunquisti dei nostri media? Il loro silenzio è ancora meno scusabile, poiché uno dei luoghi comuni della vulgata antiamericana è il rimprovero ai media statunitensi di poca curiosità per le questioni europee e internazionali in generale. Un rimprovero manifestamente infondato, ma che almeno potrebbe ispirarci lo scrupolo di non meritarlo noi stessi. Se utilizzo l'espressione «qualunquisti dei nostri media» è perché in Europa abbiamo una stampa economica in generale bene informata e imparziale, così come, soprattutto nelle trasmissioni radiofoniche, spesso editorialisti economici competenti, che rendono perfettamente conto della realtà americana e non solo. Perché allora le informazioni che tutti possono ottenere grazie a loro paiono evaporare prima di raggiungere i nostri cervelli e raramente riescono a varcare quella specie di barriera stagna che le separa dalla stampa ad ampia diffusione e dai telegiornali dei canali e delle ore di grande ascolto?

Riflettendoci meglio, la curiosità europea per l'altra sponda dell'Atlantico è talvolta assai viva, ma anche assai selettiva. Quando le notizie dell'economia americana sono brutte, la curiosità si mette improvvisamente a galoppare sui nostri media, che ridivengono miracolosamente ricettivi. Il 2 maggio 2002 le cifre rese pubbliche a Washington mostrano un aumento della disoccupazione ad aprile, dal 5,2% al 6%. Aggravamento ancora più incomprensibile, secondo il Dipartimento del tesoro, poiché la crescita negli Stati Uniti, durante il primo trimestre, ha raggiunto al contrario il livello eccezionalmente elevato del 5,5% su base annua, mentre la crescita europea stagnava intorno al 2%. Subito i media europei si precipitano golosamente su questa brusca impennata della disoccupazione americana. Le radio e le televisioni francesi diffondono la divina sorpresa in ogni trasmissione durante i due giorni che seguono l'annuncio. Erano assai meno loquaci l'anno precedente, quando la disoccupazione americana stazionava al 4%, cifra considerata dagli economisti coincidente con il pieno impiego e di cui la Francia ha perso il ricordo dalla metà degli anni '60.

Si pensi alle grida di trionfo che avrebbero emesso i nostri governi se, nel corso di quel mese di aprile del 2002, la disoccupazione francese fosse scesa al 6%! Al contrario, era risalita dal 9% al 9,3% – almeno, poiché le nostre cifre sono sempre un po' truccate dagli estetisti ufficiali. Allo stesso modo, ci si guardava bene nel 2001 dal situare nel contesto internazionale la diminuzione della disoccupazione francese di cui s'inorgoglivano i socialisti. Certo, la diminuzione era reale. Ma, dal 1998 al 2001, la disoccupazione era dimunuita in tutta Europa, grazie alla ripresa economica mondiale, e la Francia era uno dei paesi in cui era diminuita meno e dunque aveva saputo peggio approfittare di quella stessa ripresa. Col 9% di disoccupati (ufficialmente), in materia di impiego la Francia arriva ben dopo il Regno Unito (5,1), l'Austria (3,9), la Danimarca (5,1), la Svezia (4) e la Svizzera (2,6), solo per citare i paesi europei. Questi paragoni internazionali, o meglio intra-europei, che avrebbero «relativizzato» (per utilizzare il gergo politico) il presunto successo socialista, non li ho mai sentiti stabilire dai mass media, che invece stanno bene attenti appena si tratta di strombazzare un fallimento dell'economia americana.

L'immagine che molti europei hanno dell'America è oltremodo sommaria, quando in essa vedono la fortezza dell'«ultraliberismo». Come tante altre idee acquisite acriticamente, deriva da un'insufficienza informativa, spesso scrupolosamente alimentata dai mezzi impropriamente detti... d'informazione. Il governo americano è sotto diversi aspetti nella medesima situazione dei governi europei. Anch'esso è assalito dalle offensive di un'infinità di gruppi di pressione che mirano, e in generale riescono, a estorcergli sovvenzioni, esenzioni e protezioni di ogni sorta, vantaggi che, come in Europa, in seguito si rivelano essere praticamente irreversibili. Quando gli si parla di queste lobby, gli europei tendono a immaginare dietro di esse la mano del «grande capitale yankee». Ora, lo abbiamo visto con Robert Samuelson, le lobby americane più potenti non sono quelle delle grandi aziende. Esercitano un'influenza assai più forte sul potere federale la lobby dei pensionati [26] o quella degli agricoltori, temibile in tutti i paesi sviluppati, o quella dell'Associazione americana degli impiegati pubblici o quella dell'Associazione degli hotel e dei luoghi di villeggiatura e centinaia di altri gruppi, che rappresentano milioni di elettori. Secondo uno studio statistico redatto nel 1990 dall'Associazione dei dirigenti d'associazione [27] – bisognava inventarla –, sette americani su dieci appartengono almeno a un'associazione e un quarto di essi a quattro o più associazioni. Da tempo «gruppo di pressione» e lobby hanno smesso di indicare esclusivamente un pugno di capitalisti ritenuti onnipotenti. «In compenso, oggi negli Stati Uniti tutti sono organizzati e tutti fanno parte di un gruppo di interessi», scrive Jonathan Rauch in un libro il cui titolo esprime bene ciò che l'autore vuol dire: *Government's End, why Washington stopped working* [28]. In tutte le democrazie sviluppate si osserva questo accerchiamento dello Stato da parte di interessi di categoria, e d'altronde alcune di esse sono immischiate nello Stato stesso o in servizi cosiddetti «pubblici». Con un'espressione che evoca lo stile lapidario di Frédéric Bastiat, Rauch scrive: «Ci sono due modi per diventare ricchi. Uno è produrre di più. L'altro è impadronirsi della maggior parte possibile di ciò che gli altri producono». Le lobby si sono create e moltiplicate a questo scopo, perfezionando l'arte di presentare i vantaggi esorbitanti del patrimonio comune che sottraggono ai loro concittadini, giustificato dall'interesse generale e dalla solidarietà sociale. Talvolta è vero, ma raramente: nella maggior parte dei casi si tratta di un'economia parassitaria che s'innesta sull'economia produttiva. Così, le società si trasformano poco a poco in collezioni di interessi partico-

lari che soffocano lo Stato e gonfiano le tasse. Gli Stati Uniti
non sfuggono più di quanto lo facciano le altre società a questa prigionia del bene pubblico, contrariamente a ciò che si
figurano i visionari europei, i quali credono che l'intero paese
sia invaso dalla «giungla» di un neoliberismo «selvaggio» e
sfrenato. Ma Jonathan Rauch a mio avviso versa in un pessi-
mismo eccessivo quando qualifica come totali e ormai irreversibili i vantaggi particolari, in altri termini i privilegi estor-
ti dai gruppi di categoria. In effetti, questa quasi impossibilità
di riforma esiste in alcune nazioni, come la Francia. O almeno, la resistenza al cambiamento vi perdura da un tempo lun-
ghissimo. Ma altre nazioni sono maggiormente in grado di
riformarsi. Di quando in quando, i loro governi hanno abbastanza energia per liberarsi dalla costrizione dei corporativi-
smi. Lo si è visto in Gran Bretagna, in Svezia, in Olanda e
anche in Italia, nel corso degli ultimi anni del XX secolo. Gli
Stati Uniti, malgrado il peso schiacciante e l'ingegnosa efficacia delle lobby, fanno parte di quei paesi dove periodicamente si varano riforme che permettono alla collettività di
ricominciare a respirare, in particolare con lo sgravio di alcune tasse o mettendo fine ad alcuni «espropri» legalizzati.

Paradossalmente, i censori europei scomunicano come
«reazionari» quei dirigenti e quegli eletti americani che
hanno il coraggio di tentare delle riforme. Per esempio Newt
Gringrich, che divenne presidente della Camera dei rappresentanti quando il partito repubblicano riconquistò la maggioranza, all'epoca delle elezioni di metà mandato del
novembre del 1994. Senza mezzi termini venne dipinto in
Europa come uno spaventoso destroide, addirittura un
«fascista». Perché? Poiché voleva, dopo molti altri che ci avevano provato, riformare lo stato sociale, il Welfare. Da tempo
era risaputo, anche fra i democratici, che il Welfare fosse

diventato al contempo troppo costoso e inefficace, che sfuggisse a ogni controllo. L'espressione «la zavorra del Welfare» ornava da trent'anni l'eloquenza politica della domenica. Gringrich progettava di ridurre non le spese sociali giustificate, ma i «saccheggi». Ora, in America come altrove, sono proprio questi ultimi a nutrire più grassamente la classe parassitaria. Di conseguenza, l'obiettivo è di farli passare per «progressisti». Da qui deriva la sollevazione di massa contro le riforme che li avrebbe eliminati.

Un altro progetto di riforma di Gringrich che fallì era la soppressione o almeno la pesante riduzione delle sovvenzioni all'agricoltura. In questo caso si capiscono ancor meno le proteste francesi contro «lo spaventoso ometto» (epiteto che all'epoca ho sentito su una delle principali radio francesi). È necessaria tutta l'illogicità figlia dell'odio più cieco per recriminare continuamente, come fa l'Unione Europea, contro le sovvenzioni americane all'agricoltura e allo stesso tempo trascinare nel fango l'uomo che ha cercato proprio di farne votare la diminuzione.

Il muro considerato ermetico e insuperabile che separerebbe la sinistra dalla destra è il frutto di una concenzione radicata nella storia ideologica europea. Negli Stati Uniti i partiti sono abbastanza spesso reciprocamente collaborativi, come dimostrano le frequenti proposte di legge elaborate congiuntamente da un rappresentante democratico e da uno repubblicano, oppure lo slittamento di diversi progetti di legge da un'amministrazione a un'altra. In fin dei conti, fu il democratico Bill Clinton a far ratificare l'accordo di libero scambio nordamericano fra gli Stati Uniti, il Canada e il Messico, accordo negoziato dal suo predecessore repubblicano. Fu ancora Clinton a far adottare – finalmente! – alcune riforme del Welfare, inizialmente concepite da Ronald

Reagan. Più indietro nel tempo, fu Richard Nixon a lanciare un programma di ecologia, in un'epoca in cui il tema dell'ambiente era percepito dalla sinistra come una trappola destinata a distogliere l'attenzione dalla guerra in Vietnam. Fu sotto e grazie a Nixon che venne anche promosso l'«Affirmative Action», destinata a favorire l'ingresso nelle università delle minoranze, soprattutto i neri[29].

Da cosa deriva la difficoltà che hanno gli europei a capire il modo in cui si realizzano le riforme e il progresso sociale negli Stati Uniti? Dalla seguente specificità culturale: in Europa, dall'inizio del XX secolo, il quadro d'interpretazione della storia è forgiato dall'ideologia socialista, anche – in sordina – in coloro i quali non sono socialisti. Per parlare sommariamente (ma le opinioni politiche sono nella maggior parte dei casi assai sommarie), riposa sulla nozione di lotta di classe come unico motore del progresso sociale. Il capitalismo condurrebbe alla ricchezza di una minoranza, accrescendo la povertà di una massa sempre più estesa di lavoratori che vengono spogliati di tutto. Dunque, l'obiettivo del socialismo non può essere altro che abolire il capitalismo, con l'appropriazione collettiva dei mezzi di produzione e di scambio, e l'obiettivo del liberismo non può che essere l'impedimento di questa appropriazione, difendendo la proprietà privata. Certo, parallelamente al socialismo rivoluzionario, che preconizza la via insurrezionale che può portare solo alla «dittatura del proletariato», sin dalla fine del XIX secolo sorse un socialismo cosiddetto revisionista o riformista. Ma differiva dal primo per i mezzi d'azione che raccomandava e non per gli obiettivi ai quali mirava. Questi ultimi restavano gli stessi. Tuttavia i marxisti e non solo i comunisti hanno sempre visto nella socialdemocrazia una forma di tradimento dell'autentico socialismo. Ancora nel 1981, François Mitterand rimproverava ai socialisti svedesi di non aver «colpito al cuore il capitalismo» e, proprio alla fine del XX secolo, nel partito socialista francese si giudicava con severità il New Labour di Tony Blair, versione «degenerata» della dottrina. Al primo turno delle elezioni presidenziali francesi nel 2002, quasi il 25% dei voti espressi vanno a candidati estremisti di sinistra, trotzkisti o pseudo-ecologisti, che rifiutano il mercato al quale sono altrettanto ostili gli elettori dell'estrema destra protezionista del Fronte nazionale (16,86%). Inoltre è indubbio che almeno la metà degli elettori del partito socialista (ossia circa l'8%) condannano il libero mercato, la mondializzazione, cioè il capitalismo e la libertà economica.

Questa concezione della società, suddivisa in due poli irriducibilmente antagonisti, è estranea al pensiero collettivo americano. Subito gli analisti europei si sono posti la domanda che funge da titolo al classico libro del 1906 firmato dal celebre sociologo tedesco Werner Sombart: *Perché negli Stati Uniti non c'è il socialismo?* [30]. Le risposte di Sombart sono innanzitutto che il suffragio universale è stato instaurato negli Stati Uniti sin dall'inizio del XIX secolo. Contrariamente a ciò che avveniva nello stesso periodo in Europa, la classe operaia americana potè dunque partecipare quasi subito alla vita politica, integrarsi immediatamente e attivamente in associazioni e partiti, in breve sfuggire al sentimento di esclusione che, nel proletariato europeo, accompagnò lo sviluppo della società industriale. Un'altra ragione dell'assenza del socialismo negli Stati Uniti è che le classi lavoratrici erano composte in maggioranza da immigrati giunti dall'Europa, dunque potevano paragonare cosa si erano lasciati alle spalle con ciò che trovavano in America, cioè una società che, malgrado le disuguaglianze economiche o di diversa natura e i conflitti spesso violenti, era assai meno anchilosata di quella del vecchio mondo e molto più flessibile, propizia alla mobilità e all'ascensione sociali. Questa mobilità è stata oggetto di numerosi lavori sociologici americani. Fra i più noti e influenti figurano quello di Seymour Martin Lipset[31]. Spesso questa mobilità viene negata come mitica dagli europei, che volentieri la deridono, ritenendo che il «sogno americano» sia solo un'illusione. Tuttavia, come scrive Pierre Weiss nella sua introduzione a Sombart[32], «l'operaio americano fa e si ritiene parte di un sistema socio-economico che gli assicura un grado soddisfacente di integrazione» e parallelamente, sin dall'inizio del XIX secolo, «la sua vita civica fa di lui un cittadino attivo». Economicamente, il sogno americano non è solo quello del manovale che pensa di poter diventare milionario, è quello – realizzato molto prima e più completamente che in Europa – dell'osmosi fra il proletariato e la media borghesia.

Così, Sombart aveva ragione vedendo sin dal 1906 nello statuto economico, politico e morale del mondo operaio americano una prefigurazione di ciò che sarebbero divenuti molto più tardi, dopo il 1950, i salariati europei. Se l'America non è mai stata socialista «rivoluzionaria» nel senso bolscevico del termine (il partito comunista è sempre stato microscopico e principalmente composto da intellettuali e agenti del KGB), in compenso è stata ampiamente socialdemocratica. In effetti, cos'è il New Deal di Franklin Roosevelt se non una grande politica socialdemocratica, perpetuata da Kennedy e da Johnson, e in seguito anche da presidenti repubblicani, come abbiamo visto? Va notato, a questo proposito, che gli americani hanno superato l'Europa, dove – dopo la seconda guerra mondiale e soprattutto durante gli ultimi due decenni del XX secolo – i vari partiti socialisti europei hanno più o meno e di buon grado o meno abbandonato la retorica rivoluzionaria e si sono allineati gli uni dopo gli altri, raggiungendo così il riformismo rooseveltiano del New Deal.

In questo modo crolla uno dei capi d'accusa preferiti dalla sinistra europea contro gli Stati Uniti. Vale a dire che la «sinistra americana», come si diceva con disprezzo, anche per bollarli come «social-traditori», non era un'autentica sinistra, perché non voleva cambiare società ma solo cambiare *la* società, accontentandosi di qualche ritocco apportato al sistema capitalista vigente[33]. Se si considera con attenzione la storia degli ultimi due secoli, la società americana ha, nel lungo termine, conosciuto un cambiamento molto più precoce, continuo, costante e realista delle società europee, le cui convulsioni, che di rivoluzionario avevano solo l'apparenza, hanno generato più spesso regressione che progresso. Negli ordini politico, economico, sociale e anche culturale, la nostra arroganza condiscendente e il nostro conformismo ripetitivo informavano sulle nostre debolezze piuttosto che sulle lacune che attribuivamo agli americani. Qui si vede bene a cosa ci servono gli americani: a consolarci dei nostri fallimenti, raccontando la favola che loro fanno ancor peggio di noi – e che ciò che va male da noi lo dobbiamo a loro. Sono responsabili di tutto ciò che va male a questo mondo e gli europei non sono i soli al mondo a vederli in questa luce.

---

[1] Revel trae la definizione dal Littré, il classico dizionario francese, curato da Paul-Émile Littré. [*N.d.T.*]

[2] «In China, a big appetite for Americana», di Elizabeth Rosenthal, «International Herald Tribune», 26 febbraio 2002.

[3] Ripresa da «Le Monde», 25-26 novembre 2001. [Sofres è un'importante società di studi di marketing e d'opinione, *N.d.T.*]

[4] «Le Point», 28 settembre 2001.

[5] *Ivi.*

[6] Cfr. l'articolo di Olivier Postel-Vinay sulla rivista *La Recherche*, aprile 2002. La Francia è al quattordicesimo posto fra i paesi dell'OCSE (Organizzazione per la cooperazione e lo sviluppo economico).

[7] Emmanuel Todd, *L'enfance du monde*, Seuil, Paris 1984.

[8] Nel 1848 in Francia. Fu però esercitato in condizioni assai particolari di «inquadramento», sotto il Secondo Impero. Solo a partire dalla III Repubblica funziona realmente, grazie al pluripartitismo.

[9] Jean-Marie Colombani, *Tous Américains*, Fayard, Paris 2002.

[10] «Le Monde», 12 settembre 2001.

[11] Cfr. Tad Szulc, *Fidel: il caudillo rosso*, SugarCo, Milano 1989 [*N.d.T.*]

[12] Thierry Meyssan, *L'incredibile menzogna*, Fandango, Roma 2002. [*N.d.T.*]

[13] Cfr. il lungo e dettagliato articolo di Robert Malley e Hussein Agha, *Camp David: The Tragedy of Errors*, «The New York Review of Books», 9 agosto 2001.

[14] Con la felice eccezione, bisogna felicitarsene, del ministro francese degli Esteri, Hubert Védrine, che su «Le Monde» del 18 aprile 2002 esprime un giudizio equo, intelligente e calibrato sul bilancio e l'estrema difficoltà della missione di Powell, così come sulle interessanti lezioni da trarne per l'avvenire.

[15] Cfr. per esempio Fareed Zakaria, *Colin Powell's Humiliation*, «Newsweek», 29 aprile 2002.

[16] «Le Monde» 4 aprile 2002.

[17] Elisabeth Lévy, *L'antifascisme ne passera*, «Le Figaro», 24 aprile 2002. Cfr. il libro della stessa autrice, *Les maîtres censeurs*, Lattès, Paris 2002.

[18] Per una descrizione dettagliata di questa tattica, mi permetto di rinviare a due miei libri: *La Gran Parade* (Plon, Paris 2000) e *La nuova censura* (Rizzoli, Milano 1978). Nel primo, in particolare, riassumo l'ignobile trattamento diffamatorio inflitto dalla sinistra al *Libro nero del comunismo*, Mondadori, Milano 1998.

[19] «Le Figaro», 26 aprile 2002. [Hec è l'acronimo di Hautes Études Commerciales, *N.d.T.*]

[20] Inviato speciale di «Le Monde» in Cambogia nel 1975, Patrice de Beer si era distinto tessendo le lodi dei Khmer Rossi, al momento dell'invasione di Phnom Penh da parte di quei noti filantropi.

[21] Probabilmente in questo caso l'autore intende dire «la sinistra». [N.d.T.]

[22] 25-26 novembre 2001.

[23] «The Economist» si basa, fra gli altri, su un rapporto del Congressional Budget Office, reso pubblico nell'aprile del 2002.

[24] *Reagan fu un vrai socialiste!*, «Les Échos», 5-6 maggio 2000. Izraelewicz è caporedattore ed editorialista del quotidiano.

[25] *Think again: Rich special interests don't rule in America*, «International Herald Tribune», 19 aprile 2000.

[26] American Association of Retired Persons.

[27] American Society of Associations' Executives.

[28] Jonathan Rauch, *Government's End, why Washington stopped working*, Public Affairs, New York 1994.

[29] Cfr. Steven F. Hayward, *The Age of Reagan, the fall of the old liberal order*, Forum-Prima, New York 2002.

[30] Werner Sombart, *Perché negli Stati Uniti non c'è il socialismo*, Etas, Milano 1975. [N.d.T.]

[31] Cfr. in particolare Seymour Martin Lipset, *La mobilità sociale nelle società indistriali*, Etas, Milano 1975.

[32] Sombart, *Perché negli Stati Uniti* cit.

[33] Cfr. Seymour Martin Lipset, *L'americanisation de la gauche européenne*, «Commentaire», autunno 2001.

Conclusione

L'antiamericanismo
principale fattore di superpotenza

A causa dell'ossessione antiamericana, il male o l'inconveniente che si vorrebbe abbattere e che si sostiene di combattere, cioè l'«unilateralismo» attribuito agli Stati Uniti, si aggrava o addirittura viene suscitato. In effetti, a forza di criticare gli americani qualunque cosa facciano e in ogni occasione, anche quando hanno ragione, noialtri europei (non siamo gli unici, pur conducendo il gioco) li spingiamo a ignorare le nostre obiezioni, anche quando sono fondate. Il riflesso degli americani, forgiato dall'ininterrotta valanga di anatemi che piombano loro sulla testa, li spinge a pensare: «Ci danno sempre torto; allora perché consultarli? Tanto sappiamo in anticipo che ci metteranno alla gogna».

Consideriamo per esempio l'aumento delle sovvenzioni agli agricoltori americani, deciso nella primavera del 2002. Indubbiamente merita una severa condanna. Tuttavia, espressa dagli europei risulta piuttosto sospetta, tenuto conto di due dati risaputi. Il primo è che l'Unione Europea, con la sua Politica agricola comune (PAC), ai suoi agricoltori distribuisce in cinque anni il doppio delle sovvenzioni che gli Stati Uniti distribuiscono ai propri in dieci anni. Nel budget dell'Unione Europea, il sostegno agli agricoltori figura al primo posto tra le spese. Gli europei, soprattutto i francesi, non sono dunque nella migliore posizione per rimproverare ad altri paesi di aiutare la propria agricoltura, per riprovevole che sia quest'ostacolo al libero scambio. Il secondo dato è che, dopo la maggiore apertura dei mercati internazionali avvenuta a seguito della mondializzazione, su diversi continenti si sono visti e sentiti manifestanti, intellettuali, sindacalisti e vari governi denunciare la liberalizzazione degli scambi in quanto nefasta, in particolare per i più poveri: un fattore che contribuirebbe alla disoccupazione, all'asservimento dei lavoratori al profitto capitalistico e, in fin dei conti, un mezzo statunitense per subordinare a sé l'economia mondiale. Dunque, se gli europei vedono nel liberismo solo la maschera dietro la quale avanza l'unilateralismo americano, non dovrebbero essere sfavorevoli almeno a una dose correttrice di protezionismo. Perché, malgrado ciò, condannano con tanta virulenza sia il protezionismo che il liberismo, essendo entrambi americani? Da una tale incoerenza un americano può trarre un'unica conclusione: gli europei non bandiscono il liberismo né il protezionismo, ma l'America. Conclusione tanto più legittima, ai suoi occhi, poiché anche dopo il loro aumento, in America le sovvenzioni agricole restano inferiori a quelle europee, dove la Francia è fra le prime a beneficiarne. Ciò chiarisce il discorso del commissario europeo Franz Fishler: pur annunciando l'intenzione assai opportuna e giustificata di mettere gli Stati Uniti sotto accusa di fronte all'OMC, aggiungeva: «Ma i francesi non devono sognare. In nessun caso ne approfitteremo per conservare un Pac che è troppo dispendioso»[1]. In effetti, i francesi si oppongono a ogni riforma del Pac. La lezione da trarne è sempre la stessa: se già gli Stati Uniti tendono all'unilateralismo, lo faranno ancora di più a causa di tali imbrogli. Vedono i nostri governi rivolger loro senza sosta rimproveri che non rivolgono mai a sé stessi e, per di più, che si contraddicono miserabilmente fra loro. Con interlocutori tanto pasticcioni, perché non dovrebbero essere tentati di agire da soli?

Se l'ossessione antiamericana genera incoerenza anche quando gli Stati Uniti sono dalla parte del torto, essa diviene confusione mentale quando possono sostenere le proprie ragioni. Durante tutto il 2001, George W. Bush fu oggetto di attacchi provenienti dalla Cina, dalla Russia e dall'Unione Europea, perché aveva nuovamente messo all'ordine del giorno il progetto dello scudo antimissili. In realtà, la polemica aveva preceduto Bush e risaliva al 1999. Allora il Congresso, con un voto *bipartisan*, aveva conferito il mandato al presidente Clinton di riprendere gli esperimenti con i missili intercettatori di altri missili. Le reazioni erano state accese, dapprima negli Stati Uniti, in cui il programma di «guerra stellare» aveva sempre avuto avversari risoluti, a cominciare dal «New York Times»; poi soprattutto in Francia, dove il ministro degli esteri socialista Hubert Védrine scrisse immediatamente a Madeleine Albright, il segretario di Stato americano, per esprimerle le preoccupazioni del proprio governo in merito all'«effetto destabilizzante» di un sistema di difesa balistico. Il presidente della Repubblica Jacques Chirac, sebbene politicamente avverso al governo Jospin, adottò la medesima posizione e affermò, in «piena convergenza» con i presidenti russo e cinese, che il progetto americano rischiava di «rilanciare la corsa agli armamenti».

Questa carica al gran galoppo contro lo scudo antimissili riprendeva vecchie critiche, udite all'epoca della presidenza Reagan, quando per la prima volta era stato concepito col nome di «Iniziativa di difesa strategica». Queste critiche, allora come quindici anni più tardi, si riassumono in due argomentazioni principali:

– lo scudo antimissili è irrealizzabile. È un'impostura, inventata dalla propaganda del Pentagono. Non funzionerà mai. È una «burla», mi ha letteralmente detto un ministro del governo Jospin; un «bluff», ha precisato un altro importante ministro dello stesso governo;

– lo scudo costituisce una minaccia all'equilibrio nucleare fra le grandi potenze, com'è stato definito nel 1972 dal trattato ABM (Anti-Ballistic Missile). Fa crollare tutto l'edificio dell'equilibrio di forze, garante della sicurezza internazionale.

Senza fare uno sforzo cerebrale sovrumano si noterà che la giustapposizione di questi due enunciati è un'assurdità logica. O la strategia di difesa antimissili è una mistificazione derisoria, votata a un'eterna inefficacia, come confermano i servizi segreti di vari paesi e gli esperti qualificati; oppure, al contrario, effettivamente permette agli Stati Uniti di neutralizzare l'armamento nucleare delle altre grandi potenze e dunque incita queste ultime a riprendere la «corsa agli armamenti», con l'obiettivo di rimettersi al passo del potenziale nemico.

La mancanza di serietà dei dirigenti politici e dei media che proferiscono simultaneamente queste due affermazioni incompatibili è già sufficiente per squalificarli nel dibattito geopolitico. Essa raddoppia col rifiuto deliberato di prendere in considerazione i cambiamenti epocali nel gioco strategico internazionale sopravvenuti alla fine del XX secolo. La dottrina della «mutua distruzione assicurata», sulla quale riposava il trattato ABM, era evidentemente legata alla guerra fredda. Nel XXI secolo è completamente superata. Il rischio di un attacco portato con testate intercontinentali dalla Russia contro l'America o viceversa è semplicemente scomparso, e i trattati destinati a fargli fronte sono antiquati. In compenso, sono sorte nuove minacce. Provengono da dittature che hanno acquisito e continuano ad accumulare arsenali chimici, biologici e addirittura nucleari. Queste dittature non rispettano alcun trattato e non accettano alcun controllo. Infine, il terrorismo internazionale, per la sua ampiezza e organizzazione, rappresenta anch'esso una minaccia inedita, che richiede risposte nuove. La cecità volontaria degli europei di fronte a questi radicali mutamenti rende sterile per l'America ogni tentativo di dialogo in merito a queste questioni e naturalmente la spinge ancora una volta all'unilateralismo. Come si fa a discutere un problema con persone che ne negano l'esistenza? Cosa può pensare il presidente degli Stati Uniti quando, in visita ufficiale a Berlino e poi a Parigi, alla fine del maggio del 2002, vede nelle due capitali migliaia di manifestanti che reggono cartelli sui quali c'è scritto: «No alla guerra»? Come fanno migliaia di europei ad avere la faccia tosta di proclamare così palesemente che, secondo loro, la guerra in Afghanistan ha avuto come responsabili solo gli Stati Uniti, senza che fossero stati vittime di alcuna precedente aggressione? E come possono questi stessi europei – non solo contro gli Stati Uniti, ma contro il proprio interesse, contro quello della democrazia nel mondo e contro la liberazione dei popoli oppressi – urlare che, qualunque cosa faccia Saddam Hussein, non bisognerà mai cercare di spodestarlo? Decisamente la «sinistra» europea non ha capito nulla della storia del XX secolo. Resta fanatica con i moderati e moderata con i fanatici.

Questa linea di condotta fu seguita anche dai manifestanti francesi che, il 26 maggio del 2002, schernirono la presenza di George W. Bush a Parigi, biasimando l'America e «la sua logica di guerra e di dominio». Quanto alla logica settaria e disonesta di questi manifestanti, si commisurava col cinismo con cui anch'essi eludevano la realtà dell'iperterrorismo islamico, al fine di poter attribuire l'intervento degli Stati Uniti in Afghanistan solo alla loro brama di «dominio».

Questi capovolgimenti di responsabilità ebbero eloquenti avvocati già all'indomani degli attentati di al-Qā'ida contro New York e Washington. Tre giorni dopo gli attacchi dell'11 settembre del 2001, Fidel Furtado, il celebre economista brasiliano, pubblicò su uno dei più importanti giornali del suo paese un articolo in cui proponeva la propria spiegazione dell'ipotetico disastro. Secondo lui, la distruzione delle torri del World Trade Center era attribuibile a un complotto dell'estrema destra americana. Quest'ultima contava di approfittare della provocazione da essa ordita per «prendere il potere». Si noti che nessun processo putschista del genere è mai stato registrato nella storia degli Stati Uniti, mentre in quella del Brasile… Lasciamo stare. Proiettiamo sull'America le nostre colpe, al fine di assolvere noi stessi. Il grande intellettuale brasiliano paragonava dunque le operazioni suicide contro le torri gemelle e il Pentagono all'incendio del Reichstag nel 1933, perpetrato dai nazisti e attribuito alla sinistra con l'intenzione di fornire un pretesto per instaurare un regime totalitario. L'11 novembre del 2001, il teologo anch'esso brasiliano Leonardo Boff dichiarò al quotidiano «O Globo» che era dispiaciuto che un solo aereo si fosse schiantato sul Pentagono: avrebbe desiderato vederne venticinque. Ah, la carità cristiana… Queste spiegazioni aberranti e questi appelli all'omicidio provengono da un paese che non ha nulla a che vedere con l'Islam, in cui nessun mullah predica la guerra santa a folle rese fanatiche da una isterica interpretazione del Corano.

In queste condizioni, si capisce che gli Stati Uniti si siano ritirati dal trattato costituente la Corte penale internazionale, firmato a Roma nel 1998 e in vigore dal 1° luglio del 2002.

Molti amici degli Stati Uniti hanno deplorato questa decisione. Ma viste le menzogne grossolane, le favole ridicole, le accuse immaginarie che ogni giorno sfigurano la politica americana, si può prevedere che migliaia di procuratori in tutto il pianeta si sarebbero immediatamente levati per esigere la comparizione davanti alla Corte penale della totalità dei dirigenti americani e dei membri del Congresso, per crimini contro l'umanità. L'equo funzionamento di un'istanza così delicata come un tribunale internazionale suppone, in tutte le nazioni firmatarie tale trattato, un minimo di buona fede le une verso le altre. L'America ha buone ragioni per pensare che allo stato attuale non prevalga la buona fede nei suoi confronti.

Questa «buona fede» si manifesta nei commenti dedicati ad alcuni dettagli della politica interna americana, così come a proposito di capitali evoluzioni nella diplomazia e nella strategia.

Un piccolo esempio del primo caso: l'8 maggio del 2001, il Dipartimento dell'educazione americano annuncia che d'ora innanzi *autorizzerà* (senza obbligarle) le scuole *pubbliche* a non applicare il principio delle classi miste, obbligatorio dal 1972, quando il Congresso vietò l'esistenza di scuole separate per ragazze e ragazzi. La spiegazione fornita per sostenere questa autorizzazione era la constatazione che, nell'insegnamento *privato*, ove le classi miste non sono obbligatorie, le scuole separate ottenevano migliori risultati. Sempre più genitori ritiravano dunque i propri figli dalle scuole pubbliche per mandarli in quelle private. Per bilanciare questo disequilibrio, il Dipartimento dell'educazione *permetteva* all'insegnamento pubblico di introdurre in merito una certa flessibilità, senza alcun obbligo né sanzione. A queste motivazioni puramente pedagogiche, la stampa europea ha sostituito una motivazione reazionaria e ideologica attribuita a George W. Bush. Con questa regolamentazione, del resto facoltativa, il presidente desiderava soddisfare le richieste delle associazioni della destra cristiana, che vogliono vegliare sulla castità dei propri figli. Sino a che punto questo teoria fosse assurda è testimoniato, fra l'altro, dall'approvazione accordata alla nuova direttiva da parte di una fra le più intransigenti militanti femministe degli Stati Uniti: nientemeno che la senatrice democratica di New York, Hillary Rodham Clinton.

Quanto al capitolo della diplomazia e della strategia, il processo all'«unilateralismo» avrebbe dovuto essere logicamente sospeso, almeno provvisoriamente, quando George W. Bush fece nel maggio del 2002 il giro delle capitali europee per consultare i propri alleati. E l'accusa che rifiutasse ogni riduzione degli armamenti avrebbe anch'essa dovuto attenuarsi, quando il 24 di maggio gli Stati Uniti firmarono a Mosca un accordo con la Russia, col quale le parti si impegnavano a ridurre il proprio arsenale nucleare a una cifra compresa fra millesettecento e duemiladuecento ogive entro il 2010, a fronte delle seimila e delle settemilatrecento reciprocamente dispiegate nel 2002. Anche in questo caso, i commentatori europei, politici e giornalisti, arricciarono il naso, ritenendo che queste due iniziative americane non provavano né la volontà di concertazione né la rinuncia alla «corsa agli armamenti». Secondo loro, Bush restava ossessionato dalla «crociata» antiterrorismo, ispirata da timori probabilmente infondati, come verificarono a proprie spese gli europei, visto che a Djerba, in Tunisia, e a Karachi, in Pakistan, i terroristi avevano appena ucciso alcune decine di tedeschi e di francesi. Dare torto agli Stati Uniti, qualunque cosa facciano e qualunque cosa ci accada, porta le nostre élite a trattare i cadaveri alla stregua di profitti e perdite. Se Bush insiste sul pericolo terroristico, secondo noi, è la prova che questo pericolo non esiste e che i nostri concittadini non sono stati assassinati, all'incirca.

È necessario – l'ho ripetuto innumerevoli volte nelle pagine precedenti – contenere i reali o eventuali straripamenti della superpotenza americana e per ciò, da parte del resto del mondo, occorre vigilanza critica e partecipazione all'elaborazione delle decisioni che concernono tutti i paesi. Ma questa vigilanza e questa esigenza non hanno alcuna possibilità di essere prese in considerazione dagli Stati Uniti se le critiche e le rivendicazioni loro rivolte non sono pertinenti e razionali[2].

Gli eccessi spesso deliranti dell'odio antiamericano, le imputazioni dei media, derivanti talvolta dall'incompetenza e talaltra dalla mitomania, la malevolenza ostinata che stravolge il significato di ogni evento, in modo tale da interpretarlo senza eccezione in maniera sfavorevole agli Stati Uniti, non possono che convincere questi ultimi dell'inutilità di ogni consultazione. Il risultato è l'opposto di quello che si era falsamente ricercato. Sono le menzogne della parzialità antiamericana a costruire l'unilateralismo americano. L'accecamento tendenzioso e l'ostilità sistematica della maggior parte dei governi che hanno a che fare con l'America li rendono più deboli, allontanandoli sempre più dalla comprensione della realtà. Questi stessi governi, nemici o alleati, sostituendo all'azione l'animosità e all'analisi la passione, si condannano all'impotenza e, per contrappeso, rinvigoriscono la superpotenza americana.

[1] «Figaro Économie», 14 maggio 2002.

[2] Prendiamo ad esempio il discorso pronunciato da Bush il 24 giugno del 2002 a proposito del Medio Oriente. Si condannò il presidente perché avrebbe voluto mettere da parte Arafat e «imporre» ai palestinesi altri dirigenti. Ma non intendeva *imporre* nessuno, bensì procedere a *elezioni*, auspicando che «il popolo palestinese elegga nuovi dirigenti non compromessi col terrorismo». Cos'ha di scandaloso un tale auspicio? Soprattutto quando Bush, nel medesimo discorso, dichiara che una volta instaurato un autentico Stato palestinese, gli israeliani dovranno tornare alle frontiere del 1967 e accettare l'esistenza di una parte palestinese di Gerusalemme, il che equivale a contrastare totalmente i disegni di Sharon.

Indice

I Draghi

Finito di stampare
nel mese di ottobre 2004
presso Stargrafica - Grugliasco
per conto di Lindau - Torino